BIBLIOTHÈQUE BRÉSILIENNE

TRADUIRE HANNAH

Ronaldo WROBEL

TRADUIRE HANNAH

Traduit du brésilien par Sébastien Roy

Éditions Métailié
20, rue des Grands Augustins, 75006 Paris
www.editions-metailie.com
2013

Obra publicada com o apoio do Ministério
da Cultura do Brasil / Fundação Biblioteca Nacional
Œuvre publiée avec le soutien du ministère
de la Culture du Brésil / Fondation Bibliothèque nationale

MINISTÉRIO DA CULTURA
Fundação BIBLIOTECA NACIONAL

Titre original : *Traduzindo Hannah*

ISBN : 978-2-86424-913-9
ISSN : 0291-493X

1

Rio de Janeiro, 1936

Encadré sur le mur du commissariat, le président Vargas ne quittait pas Max des yeux. “Que me voulez-vous ?” implorait le malheureux. Des problèmes de papiers, de tampons, de timbres ? Lui pourtant si ordonné et si discret. “Un entretien urgent”, telle avait été l'explication du soldat qui était venu le prendre chez lui. Un entretien avec qui, pour quoi ? On l'avait enfermé depuis plus d'une heure dans cette horrible petite pièce, sans même un pauvre verre d'eau.

L'expulsion menaçait des milliers d'immigrants qui avaient fui des guerres, des tyrannies, des pénuries auxquelles ils pouvaient être renvoyés s'ils ne se tenaient pas à carreau. Et le paradoxe : des foules de gens arrivaient chaque année à la place Mauá, certains ignorant ce qu'était cet endroit, dont d'autres n'avaient même jamais entendu parler. Pour la majorité, le Brésil n'était qu'un marécage où poussaient des bananes, et où des serpents s'enroulaient autour des jambes imprudentes.

Derrière la porte, des pas et des voix diffuses. La routine suivait son cours au commissariat : emprisonnements, arrestations, interrogatoires. En 1935, la tentative de coup d'État communiste avait précipité le pays dans un enfer sans précédent. Les matraques saccageaient maisons, ateliers, magasins et tout ce qui sentait la subversion pour les molosses du major Filinto Müller, chef de police. Un tribunal d'exception complétait le service par des rituels sommaires, condamnant la moitié des gens sans les retards de la justice ordinaire. Du nord au sud, les prisons étaient pleines. Même les navires servaient de pénitenciers, dérivant sur l'Atlantique avec leur cargaison nocive. Max se voyait déjà en haute mer, traité de gringo et mangeant du riz froid. Mais, enfin, qu'avait-il fait de mal ?

Dans la rue Visconde de Itaúna, c'est à peine si l'on remarquait le petit comptoir qu'il ouvrait à sept heures pile pour réparer les chaussures de la place Onze avec l'application de ses ancêtres. Son grand-père attribuait cette vocation au sort errant de la famille : de bonnes chaussures venaient à bout du froid et des distances. Et qu'avait donc fait le peuple juif au long des derniers millénaires, si ce n'est errer à travers le monde ou ajourner la prochaine expulsion ? À combien d'"entretiens urgents" ses ancêtres n'avaient-ils pas dû faire face en Russie, en Espagne ou au pays de Vargas ?

Non, Max n'arrivait pas à l'accuser des tensions nationales. Comment désigner des causes où tout n'était que conséquences ? C'était le monde qui tournait mal, emportant le Brésil dans son sillage. Pour le cordonnier, Getúlio n'était rien d'autre qu'un laquais, moins commandant que commandé, tampon d'un canon forgé au long des siècles. Personne, pris isolément, ne pouvait être tenu pour responsable, ni chargé de résoudre un imbroglio qui avait commencé bien avant qu'Hitler ne proclame ses folies et que Staline n'extermine ses propres alliés. Moins pardonnables en revanche étaient les projets urbains du président. L'autre jour, on parlait encore de construire une grande avenue entre l'Arsenal de la Marine et la Cidade Nova, sonnant le glas de sa chère place Onze. *Oï veï**, il ne manquait plus que ça : finir rasé !

Un ventilateur sur pied grinçait nerveusement et l'horloge indiquait 4 h 30. Pour la première fois, Max avait fermé son atelier plus tôt. Qu'allaient dire les clients, les commères, les *clientelshiks*, les dames qui venaient le saluer ou les idéalistes avec leurs causes perdues ? Qui pouvait imaginer le cordonnier bouclé au commissariat, convoqué pour un "entretien urgent" ? Tout le monde savait que Max n'avait pas de cause plus noble que ses chaussures, toujours hostile aux controverses de la colonie. Communisme ou capitalisme ? Israël ou diaspora ? Yiddish ou hébreu ? Peu lui importait. Un jour, il avait insulté un communiste en casquette et salopette qui essayait de l'embrigader à son comptoir de la Visconde de Itaúna. Un doigt dressé :

* Les mots en italique sont expliqués à la fin du livre.

– Si tu veux réparer le monde, apprends tout d'abord à faire tes lacets !

Et il lui rappela la parabole de Rebe Zussia qui, dans sa jeunesse, avait voulu lui aussi réparer le monde, mais qui, en voyant qu'il était si grand et si complexe, se résigna à réparer son pays. Cependant, comme son pays aussi était grand et complexe, Zussia décida de réparer sa ville. À l'âge mûr, il batailla pour réparer sa famille, et ce n'est que sur son lit de mort qu'il confessa à un ami : "Aujourd'hui, tout ce que je souhaite, c'est me réparer moi-même."

– C'est une histoire triste, dédaigna le communiste. D'après ce que j'ai compris, Rebe Zussia a fini par devenir égoïste.

– Détrompe-toi ! Il voulait encore réparer le monde, sauf qu'il avait changé de tactique.

Cinq heures de l'après-midi, le soleil qui se déversait par la fenêtre ne rehaussait déjà plus le président Vargas. Max ruminait une prière quand un officier entra dans la petite salle. Corpulent, il lui tendit la main :

– Comment ça va, Kutner ?

C'était le capitaine Avelar, un client sporadique mais cordial du cordonnier. Il portait un képi rouge, un uniforme kaki et des bottes noires. Il avait la peau brune et le ventre gros. Il tourna autour de la table d'un pas rigide, tout en extirpant un petit papier de sa poche :

– Trouvé sur la place Onze. Qu'est-ce que c'est ?

Max lut un court texte en lettres hébraïques.

– Les Juifs, grogna le militaire. Qu'est-ce qu'ils ont inventé cette fois-ci ?

Le cordonnier tenait une innocente liste d'ingrédients.

– Quel genre d'ingrédients ? – Avelar alluma une cigarette.

Et Max, avec un accent prononcé :

– *Quatre betteraves, deux patates, un kilo de viande…*

– Des betteraves ?

– … de la crème fraîche. C'est une recette de *bortsch*, capitaine. Une soupe rouge.

– Rouge ? Communiste ?

– Parce qu'elle contient des betteraves.

Avelar ôta son képi et se lissa longuement les cheveux. Il était hors de lui, prêt à étrangler ce petit Juif insolent. Ou bien le vaillant capitaine de la police, illustre patriote, décoré pour tant d'héroïsmes, fin connaisseur de tous les hymnes et de tous les drapeaux, serait-il devenu un chasseur de betteraves ?

Pour contourner la crise, le cordonnier improvisa :

– Vraiment délicieuse. Elle peut être salée ou sucrée, chaude ou froide…

Un coup de poing sur la table trancha la discussion :

– Une soupe de merde ! Qu'elle soit chaude, froide, sucrée, salée…

Le cordonnier hasardait déjà un soupir de soulagement quand le capitaine s'éclaircit la voix :

– Je t'ai envoyé chercher pour une autre raison, Max Kutner. – Raclements préliminaires. – Rien de grave, tu es un bon Juif. D'ailleurs, c'est pour ça que nous avons besoin de toi. Tu vois cet homme ?

Il désignait Getúlio Vargas.

**

L'horloge frôlait minuit quand Max rentra chez lui. Il avait marché sans but sur les trottoirs de la place Onze, ressassant l'ordre du capitaine :

– As-tu déjà entendu parler de la censure postale ? Nous avons des traducteurs qui vérifient le courrier dans toutes les langues et tous les dialectes de cette planète. Ils travaillent sans relâche pour le bien du Brésil. Tu parles couramment le jargon judaïque, n'est-ce pas ? Es-tu prêt pour une mission patriotique ?

Avelar se référait au yiddish. Parlé par des Juifs de l'Europe orientale, c'était un allemand bâtard en alphabet hébraïque, écrit de droite à gauche. Pendant mille ans, le "dialecte" s'était forgé dans les banlieues de l'Histoire, loin des académies et des pouvoirs. Au siècle dernier, le yiddish était monté sur les scènes et les étagères du monde entier, horrifiant ceux qui n'y voyaient qu'une conspiration maligne, une toile astucieusement tissée par les Sémites pour dominer l'humanité. Il n'y avait ni communisme, ni fascisme, ni démocratie qui fût épargné par le "danger mosaïque". Des livres comme *Les Protocoles des Sages de Sion* prédisaient que, un jour, Moscou, Washington et Berlin se verraient soumis au credo et aux manies de ces hommes barbus, qui parlaient yiddish et ne mangeaient pas de jambon.

Le cordonnier avait adhéré à la "mission patriotique" faute de pouvoir faire autrement – ce qui, d'ailleurs, était consolateur. Y avait-il culpabilité sans libre arbitre ? S'il avait refusé la mission, les remplaçants n'auraient pas manqué, ni les tampons pour sa déportation sommaire. Mais il était effrayant de se voir jeté dans le chaudron de l'Histoire, transformé en marionnette des puissants. Travailler pour la police marquerait la fin d'une routine aimable, sans aspirations ni polémiques. Depuis son arrivée au Brésil, en 1928, Max aimait vivre comme l'herbe rase : au-dessous des lignes de tir, quoique piétiné par les circonstances. Il évitait même les gentillesses, sachant que l'enfer pouvait être pavé des meilleures intentions. L'épisode du miroir avait été emblématique.

La matinée s'écoulait paisiblement quand Roberto Z., un monsieur distingué, surgit dans son atelier en demandant à Max de réparer la poignée de la mallette dans laquelle il rangeait l'attirail qu'il vendait de porte à porte : tissus, cosmétiques, stylos. Bref, encore un *clientelshik* qui bataillait dans les rues de la ville. Max ne demanda rien pour la réparation, et Roberto Z. le rétribua d'un miroir de poche au dos duquel se trouvait une rose émaillée en porcelaine. Extrêmement reconnaissant :

– Un héritage de ma belle-mère, ça vaut de l'or !

Quelques jours après, en se regardant dans ce miroir, Max vit un homme sommé de faire justice. Non seulement il savait où habitait Roberto Z., mais aussi avec qui : Frida avait dû tabasser son mari en éprouvant le manque de ce miroir. Le moment était venu de racheter le pauvre vendeur, décida le cordonnier.

Dans Lapa, il appuya sur la sonnette avec un sourire angélique.

– Qu'est-ce que c'est que ça? s'étonna Frida. Comment c'est arrivé entre vos mains?

– Votre mari me l'a donné…

La grimace de la femme lui fit soupçonner le bobard: héritage, mon œil! En frémissant:

– Eh bien, excusez-moi, je crois que je me suis trompé… Bonne année, madame Frida!

– Bonne année?? Nous sommes en mars, monsieur Kutner! Et roulant ses petits yeux, les mains sur les hanches: J'ai déjà tout compris, tout, tout!

Max esquissa un sourire de soulagement avant que Frida ne lui arrache le miroir et ne tambourine à la porte de sa voisine:

– Ouvre tout de suite, traînée! Ouvre, catin!

Quand une rousse lui ouvrit, Frida lui jeta le miroir au visage:

– Laisse mon mari tranquille, délurée du diable! Messaline!

Et la rousse, en ramassant les éclats:

– Alors c'est lui qui me l'a volé! Sale voleur! Mon miroir de Limoges!

Résultat: Frida et la délurée furent hospitalisées. Quant à Roberto Z., on n'entendit plus parler de lui.

Deux heures du matin, l'ordre du capitaine Avelar affligeait le cordonnier insomniaque. Un seul luxe décorait sa petite chambre: le portrait du grand-père Shlomo, regretté conseiller. Et maintenant, *zayde*, est-ce acceptable ou pas de surveiller ses compatriotes? Qu'est-ce qu'en disent les sages? Shlomo dressa l'index, en rappelant les trois types d'erreurs appris à l'école: la consciente, l'involontaire et la rebelle. Max attrapa le portrait: et l'erreur forcée, *zayde*?

– L'erreur forcée n'est pas une erreur, expliqua le grand-père. S'il n'y a ni mauvaise foi ni mépris, pourquoi s'accuser? Ce sont eux qui commettent une erreur à travers toi.

Max réagit:

– Ça alors! Et qui donc insultait les "exécuteurs d'ordres" qui tuaient et volaient au nom du tsar? Qui m'a toujours enseigné que la conscience est ce qui distingue l'homme des animaux ? Combien de héros ont donné leur vie pour que d'autres ne commettent pas d'erreurs à travers eux ?

En secouant le portrait :

– Ça veut dire que tu pardonnes au soldat russe ?

Shlomo se tut, revenu à l'hiver 1915. La Guerre dévastait l'Europe et les Polonais avaient fui vers l'ouest. Les Russes étaient sur le point d'envahir le village, mais l'entêté Shlomo restait planté à l'endroit où il était né, où il avait prié pendant quatre-vingts ans et où il comptait bien marier son petit-fils. Il errait à travers les rues désertes, feignant de ne pas entendre le tonnerre des canons, critiquant ses compatriotes. "Si les macchabées avaient été aussi lâches, le judaïsme serait fini depuis des millénaires !" Un jour, Shlomo s'était assoupi au salon quand il entendit la sonnette. Il alla même jusqu'à donner l'accolade au Juif russe qui se tenait à sa porte, un soldat roux et couvert de taches de rousseur.

– *Shalom !* le salua le vieillard, qui fondit en gentillesses avant qu'un coup de poing ne le terrasse. À terre, il eut du mal à comprendre la fureur avec laquelle le jeune homme pillait sa maison. Aliments, ustensiles, vêtements, même les cendriers étaient mis dans un sac de toile.

– *Guevalt !* – C'est tout ce que Shlomo put dire. – Comment peux-tu faire ça à un frère ?

Il fit de Rebeca une veuve à cet endroit même.

**

Le commissariat central occupait tout un pâté de maisons de la rue de la Relação, avec ses trois étages et ses portails en fer. C'était dans cet endroit que le major Filinto Müller dirigeait sa troupe d'élite, entraînée dans l'Allemagne nazie pour combattre la "subversion moscovite".

Le va-et-vient accablé des couloirs étouffait les cris des sous-sols pendant que, escorté par deux hommes en uniforme, Max montait un escalier. Il tourna à droite, à gauche, il entra et sortit d'allez savoir où, avant d'arriver dans une petite pièce avec une table carrée, une chaise et l'implacable portrait de Getúlio Vargas.

– Je m'appelle Onofre, dit un petit gars rachitique à moustaches noires. Il apportait un paquet étiqueté : Argentine.

Onofre en retira une liasse de lettres, un crayon de papier et un cahier quadrillé à compléter en portugais. Les documents, qui arrivaient déjà tout dépliés et sans enveloppe, devaient être manipulés avec le plus grand soin.

Max débuta sa "mission patriotique" par une lettre datée de la pampa. Sobre et concis, un boucher demandait des nouvelles de son fils. Dans une autre lettre, les détails d'un mariage aux confins de la Patagonie : friandises, flûtes, dentelles. Depuis un froid marécage, quelqu'un demandait de l'argent dans la troisième lettre. Max suait des tempes : qu'est-ce que tout cela avait à voir avec la souveraineté brésilienne ? Mon Dieu, pourquoi espionner des innocents ?

– Vous semblez nerveux, dit Onofre. Au début, c'est comme ça, après on s'habitue.

Max épia le jeune homme avec un vague dédain. Les Brésiliens n'avaient pas de vocation pour les rigueurs de la caserne : il leur manquait le port, l'ossature, la froideur. Non pas que cela fût rassurant. Bien au contraire, des soldats inaptes pouvaient être aussi dangereux que les pires cosaques. Max essuya ses tempes, médita, rechercha la paix qu'il n'arriverait plus jamais à trouver, même si le passage des jours diminuerait sa culpabilité – et ses réticences à recevoir le salaire mis sous enveloppe par la Police centrale.

Son travail au commissariat lui prenait deux après-midi par semaine. Il entrait et sortait emmitouflé dans des chapeaux et des manteaux, confiant son atelier à un jeune homme qu'il avait engagé en hâte pour apaiser la clientèle – non, le cordonnier n'était pas malade ! Veillant pendant la nuit, Max entretenait son insomnie en réparant des chaussures et en se remémorant le passé.

Une fois, son grand-père lui avait dit que "si la parole est d'argent, le silence est d'or". Ce que Max ne comprit qu'à douze ans. À quatorze, il osa contredire son grand-père, en prétendant que la parole n'était ni d'argent ni d'or, parce que "le silence qui cache des bêtises peut aussi taire le savoir".

Mais les élans de la jeunesse auraient la vie brève. À vingt ans, Max décida de ne dire et entendre que l'indispensable, évitant les regards insinuants, fuyant les rages et les commérages qu'on chuchotait au comptoir de l'atelier. À quoi bon savoir la dernière ? Peu lui importaient les dernières, les avant-dernières ou les avant-avant-dernières. Il adorait vivre seul et vivrait ainsi pour toujours. Des femmes, uniquement en payant et sur rendez-vous. Il n'était pas non plus adonné aux courbettes. À quoi bon sourire sans le vouloir ? Que sourient les *clientelshiks*, avec leurs valises pleines de babioles, qui vous persuadaient d'acheter ce dont personne n'avait besoin avec l'argent que peu de gens possédaient ; ou que sourient les défenseurs de causes perdues comme l'État juif que les sionistes prétendaient implanter au Moyen-Orient.

– C'est un coffre du *Keren Kayemet LeIsraël*, avait souri la fille, la veille, en brandissant une caisse en fer bleuâtre. Contribuez à la création de l'État juif !

– L'État juif ? – Max martelait une semelle. – Quel rêve idiot !

La fille trembla :

– Un rêve idiot ? C'est comme ça que vous parlez d'Israël ? Ben Yehuda a ressuscité l'hébreu, Tel-Aviv s'agrandit, Jérusalem possède une université hébraïque et des milliers de frères font *alyah*. Vous appelez ça un rêve idiot ?

Max ne répondit pas. Et la fille, plus curieuse qu'irritée :

– Kutner, avez-vous un rêve dans la vie ?

Sans la regarder :

– Réparer des chaussures.

Max n'était ni beau ni laid. Il portait des chemises blanches et des pantalons noirs – pourquoi faire plus ? Même s'il se plaignait de sa calvitie et de sa pâleur, il trouvait pratique d'incarner cela et de vivre sa vie sans séduire personne. L'amour, pas question. Les amours n'étaient que des traînées de poudre. Ils remplissaient tout d'abord les places, puis les temples, les maternités et, finalement, les bordels. Le célibat était encore le plus court chemin vers les putes. Quand il en avait usé, Max aimait se balader sur les fronts de mer, fixant l'horizon, rendu à un quant à soi qui n'affleurait que dans le silence.

Car maintenant, et maintenant seulement, à trente-sept ans, il se doutait que la parole n'était ni d'argent ni d'or, mais un grand gisement aux filons colorés.

Romantiques ou triviales, épiques ou futiles, les lettres parlaient de tout : santé, privations, religion, argent. Le fils d'Unetelle était né, Untel avait grossi, des nazis avaient défilé dans Buenos Aires. Un jeune homme se plaignait de sa femme à son frère, auquel la débauchée s'offrait dans une autre lettre. Des jeunes citaient Baudelaire, des vieux, le *Talmud*. On possédait beaucoup ou peu, jamais assez : le riche manquait d'amour, et l'amant, de richesses. Personne n'était satisfait. À vrai dire, ceux qui avaient plus qu'il ne fallait étaient justement ceux auxquels il fallait plus qu'ils n'avaient. Chaque âme renfermait un monde. Il y avait les lacs tranquilles et les mers déchaînées, les sommets et les plaines. La condition humaine se racontait en paragraphes très souvent annexés à des mèches de cheveux ou des dessins d'enfants. Parfois Max tombait sur des choses imprécises – ASBIB, LJ, HPS –, qu'il s'empressait de recopier dans le cahier quadrillé. Les phrases complexes ou incohérentes connaissaient le même sort. Il avait pour fonction de traduire, pas d'interpréter ni de censurer. Le soir, il quittait le commissariat en éprouvant une douce fatigue. Avant de prendre le tramway, il passait chez un Chinois de la place Tiradentes et mangeait des beignets de viandes douteuses, sa secrète adoration.

La correspondance avec l'Argentine n'épargnait pas son poignet (rien qu'à Buenos Aires, il y avait plus de Juifs qu'au Brésil). Parfois, Max essayait de calculer combien de collègues étaient chargés de traduire le reste du monde. Ses propres clients en faisaient peut-être partie ? D'après le capitaine Avelar, l'Amérique du Nord et l'Europe étaient attribuées à une "commission" à laquelle Max serait promu si jamais il travaillait bien. Mais, pour le cordonnier, la seule promotion désirable était l'affranchissement.

Ou non ?

**

Aïda ouvrait la saison lyrique du Théâtre municipal. Max contempla les vitraux et l'opulence des portes qui donnaient sur Cinelândia, le Broadway carioca. Il marcha sur les trottoirs, épiant les bars bondés et le va-et-vient acrobatique des garçons avec leurs plateaux de demis. L'élégance faisait la queue à la porte des cinémas, d'où les amoureux sortaient enlacés pour aller occuper les bancs de la place et roucouler avec les pigeons. Dans les alentours, il y avait des théâtres, des salles de billards, et des cafés où les acteurs donnaient la réplique au public et où les hommes politiques conspiraient ce que des journalistes notaient dans leurs carnets.

Max s'arrêta devant le Ciné Odéon pour regarder une affiche de Charlie Chaplin. Le clochard légendaire était compressé par les roues dentées d'une machine. En lettres capitales, *Les Temps modernes*. L'autre jour, quelqu'un avait taxé le film de “pamphlet communiste” se moquant du capitalisme. Qui, quand ?

Six heures, la lumière migrait du ciel vers les enseignes, les lampadaires, les fenêtres. En haut du Corcovado, le Christ Rédempteur estompait les premières étoiles et bénissait la splendeur à ses pieds. La capitale du Brésil s'illuminait pour un nouveau spectacle, émerveillant des gens du monde entier. Mais tout n'était pas qu'enchantement et hospitalité. Rio pouvait être cruelle avec ceux qui ne s'adaptaient pas à son ambiance festive. Cette fête ne rappelait en rien les journées troubles de la Pologne, avec ses gens repliés et la neige jusqu'aux chevilles. Des compatriotes nostalgiques essayaient de recréer une Europe dans les clubs et les bars de la place Onze, en écoutant des musiques et en prenant du *bortsch*. C'étaient des tranchées grises assiégées par la pagaille. D'autres préféraient oublier le Vieux Continent, émerveillés par ces tropiques. Les religieux, quant à eux, voyaient Rio avec réserve, conscients que le plus grand danger se trouvait dans les impasses désertes, dans la luxure œcuménique qui, de février à février, faisait le pont entre deux carnavals. Les colonisateurs ibériques l'avaient bien dit : le péché n'existe pas sous la ligne de l'équateur. L'esprit grégaire des Brésiliens était ce qui avait manqué pour disperser le Peuple Élu et effacer de la Terre son héritage millénaire. Ni les guerres ni les massacres n'avaient obtenu ce qu'une demi-douzaine de métisses avaient allègrement réussi : dix-huit divorces rien qu'à l'automne dernier ! Aussi Adam S. le marieur professait-il : "L'ennemi de notre foi n'est pas la discrimination. Au contraire, elle s'est toujours révélée notre alliée."

Dans Lapa, Max chercha une Bahianaise dont l'étal avait la meilleure *cocada** de Rio. Tout près, on pouvait manger une viande grillée bien tendre et bien assaisonnée au Club des démocrates. Qui aimait la morue se devait de visiter un bistroquet de la rue des Inválidos et de boire ses liqueurs maison. En somme, Max était devenu un spécialiste en bars, restaurants et étals – non pas parce qu'il les fréquentait, mais grâce à Carlos, un cuisinier de Nilópolis qui cuisait son propre pain et envoyait des recettes à ses parents en Argentine.

Au fait, c'était une certaine Amália W. qui avait critiqué Charlie Chaplin et qui suivait toutes les sorties de Hollywood, cataloguant les stars, comparant les prestations, les décors, les vêtements et les musiques. Les commentaires d'Amália W. abordaient des détails techniques comme la lumière et les enchaînements, donnant au cordonnier l'envie d'entrer dans un cinéma pour la première fois.

À 9 heures du soir, Max se promenait sur le front de mer de la Glória. Il était pensif, contraint de vivre avec les savoirs intrus que les lettres lui inculquaient. Cela n'avançait à rien de mépriser les secrets de Mme Berta, sa vieille cliente, ni la santé fragile du *mohel* qui circoncisait les bébés de la place Onze. Il avait eu un choc en découvrant que la pétulante Rosa F. détestait son gendre, un menuisier superstitieux qui lui confectionnerait son cercueil. Isaac P. se vantait quant à lui d'une richesse qu'il n'avait pas. Et la pauvre Helena, qui se privait de tout sauf de problèmes ? Elle était très heureuse. De lettre en lettre, Max dévoilait des mystères, les bénédictions

* Friandise à base de noix de coco râpée. *(Toutes les notes sont du traducteur.)*

qui rôdaient autour des maudits, et les malédictions qui rôdaient autour des bénis. Un même fait obtenait des versions divergentes et des allégations pas toujours défendables. Beaucoup avaient leurs raisons sans, nécessairement, avoir raison. La rose qui parfumait Raquel piquait Samuel. Et l'amour, décanté en prose et en vers, n'était souvent rien d'autre que deux solitudes compatibles, unies par les liens sacrés de l'oppression.

Bien sûr, Adam S. le marieur ne pensait pas de même. Personnage habituel du comptoir de Max, il feuilletait son album de bonnes jeunes filles :

– Celle-ci a déjà sa robe, il ne lui manque qu'un mari. Celle-là est veuve pour la troisième fois, richissime.

Et aussitôt il s'indignait :

– Tu comptes rester célibataire pour toujours ? Tu veux la fin du peuple juif, Kutner ? "Croissez et multipliez-vous", c'est bien le premier des commandements, n'est-ce pas ?

Max avait coutume de renvoyer l'homme en l'injuriant. La scène se répétait en fin d'après-midi, quand Adam S. avait fini de tourmenter les célibataires des alentours. Mais ne voilà pas qu'un jour, l'inhabituel se produisit ? Adam S. se méfia en tombant sur un sourire affable et une tasse de café dans la rue Visconde de Itaúna. Ils échangeaient des amabilités tandis que Max appréciait les jeunes filles. Au bout d'un moment, en fermant l'album :

– L'une d'elles, par hasard, ne s'appellerait pas… Hannah ?

Adam S. se gratta le menton :

– Pas que je me souvienne… Célibataire ou mariée ?

– Je ne sais pas.

– Il en existe beaucoup, des Hannah. Comment elle est, cette Hannah ?

– Je ne sais pas.

– Tu ne sais pas ? Comment ça, tu ne sais pas ?

Max changea de sujet. Et le marieur, après une pause solennelle :

– Ne me prends pas pour un idiot, Max Kutner ! Quarante années sur la Terre m'ont appris certaines choses. Celles qui ne figurent pas ici ne sont pas à marier !

Rangeant son album :

– Rappelle-toi le septième commandement pendant qu'il en est encore temps. Ne va pas détruire la vie des autres !

Belle, intelligente, sage, courageuse. Guita ne se lassait pas de complimenter sa sœur dans ses lettres. "Personne ne te rencontre par hasard, Hannah. Et qui te rencontre, ne t'oublie jamais. Comment peux-tu être aussi merveilleuse ?" Dans la lettre suivante, Guita réitérait : "Le monde est devenu meilleur le jour où tu es née. Un comédien d'ici, de Buenos Aires, a dit qu'il vaut mieux épouser une femme physiquement acceptable et spirituellement agréable, plutôt qu'une femme physiquement agréable et spirituellement acceptable. Mais qui te connaît, Hannah, n'éprouve aucun dilemme. Tu es splendide sous tout rapport."

Hannah brillait par l'humilité. "Merci de tes attentions, chère sœur, mais je ne me sens pas à la hauteur de tes éloges. Comme disent les poètes, la valeur est dans les yeux de ceux qui la voient." Quinze jours plus tard, Guita insistait : "Ne sois pas modeste, Hannah ! Tu séduis tout le monde. Ton premier mari était complètement fou de toi. Bon, c'est du passé. Maintenant, parle-moi de José. Où l'as-tu connu, qui est-il, que fait-il ?" Hannah définit son fiancé comme un homme "pauvre, mais décent", précisant qu'ils se contenteraient d'un mariage civil parce que, à trente-quatre ans, elle ne se voyait pas avec une couronne et des rubans. De plus, les lois judaïques lui interdisaient de se marier une nouvelle fois.

Les lois judaïques ? s'étonna le cordonnier. Pourquoi Hannah ne pouvait-elle pas se marier à la synagogue ?

Si Max avait été en Pologne, il aurait bien trouvé quelqu'un pour lever ses doutes. Dans les villages de province, la vie tenait dans un certain nombre de commandements et l'on faisait appel aux rabbins pour prévenir ou résoudre les disputes, sinon pour sceller la paix. Toutes les communautés avaient leurs sages, toujours plongés dans des livres en parchemin. Mais au Brésil tout était différent. La religion était plutôt un ornement, un bibelot, un prêche fortuit. On faisait des lois dans les parlements, allez savoir comment ou pourquoi, conspirées et amendées dans des cabinets ou au snack-bar des hôtels. Qui les enfreignait n'avait pas à supporter la culpabilité, mais les embarras bureaucratiques, les amendes, les tribunaux, les prisons.

Max déambulait sur le front de mer de Flamengo, pensant aux absurdités de la vie moderne, pendant que la brise salait ses lèvres et que Niterói scintillait sur l'autre rive de la baie de Guanabara. Des bateaux de pêche ponctuaient la mansuétude de ces mêmes flots où, un jour, il avait navigué.

1928. Une barque s'approcha du transatlantique, près du Pain de Sucre. Le décor était plus coloré que le vitrail de la synagogue de Katowice. "Police!" avait-on crié à bord. Passeports en main, les passagers s'étaient mis en rang sur le pont. Max voulut se jeter à l'eau, prier, disparaître. Les autorités feuilletaient les livrets, vérifiaient les photographies, discutaient dans cette langue étrange. Parfois, ils s'en prenaient à l'un ou à l'autre, qu'ils emmenaient dans un réduit à l'écart. Max claquait des dents, quand il fut abordé dans un yiddish irréprochable et inhabituel :

– Juif?

– Oui.

– Passeport.

Vérifiant le livret :

– *Shalom*, monsieur Kutner. De la famille, des amis au Brésil ?

Personne.

– De l'argent, des projets?

Rien. L'homme lui remit une carte de visite : *Relief*.

Avant d'accoster, les passagers furent amenés sur l'île des Fleurs et examinés par la Santé publique. Ils écartaient leurs mâchoires, leurs bras et leurs jambes devant des inspecteurs zélés en blouse blanche. Deux familles furent mises en quarantaine. Dieu voulut que Max n'eût aucun problème et que, peu après, il foulât le continent dans une torpeur émerveillée, noyé parmi la foule du quai de la place Mauá, jusqu'au moment où il vit la pancarte "*Relief*". On le conduisit en voiture jusqu'à une maison de la place de la Bandeira, où il fut surpris par la prévenance de ses compatriotes, avec leurs archives, leurs coffres et leurs machines à écrire. C'était une organisation judaïque destinée à aider les derniers arrivés, qu'on appelait les verts. On lui demanda sa profession, son âge, son état civil. En moins d'une heure, on lui dégota un hôtel dans l'Estácio, lui remettant de l'argent et une brochure contenant les rudiments du portugais qu'il apprendrait au *Relief* même. Le mois suivant, Max trouva un emploi dans l'atelier d'un compatriote et, trois ans plus tard, il achetait la boutique de la rue Visconde de Itaúna.

Malgré les difficultés, la communauté avait ses clubs, ses bars, ses bibliothèques et même ses factions rivales, avec les synagogues où les uns n'entraient pas et les journaux que d'autres ne lisaient pas. Dans les bars, les discussions se poursuivaient jusqu'au matin, chacun voulant sauver le monde à sa façon. Une troupe typique rôdait dans les rues : les rabbins, les matrones, les *clientelshiks*, les marieurs et même les putes maudites – qu'on appelait vulgairement les "polaques". Pour la première fois, Max vit des Juifs *séfarades*, avec leurs coutumes et leurs synagogues, qui parlaient couramment un dialecte hispanisant appelé ladino. D'habiles commerçants aidaient les marchands ambulants *ashkénazes* en leur donnant en consigne des tissus que ces derniers vendaient de porte à porte. On trouvait des Juifs dans les banlieues les plus écartées, fourrés dans des baraquements et des impasses. Les plus riches habitaient des appartements bien situés, et passaient l'été dans leurs bungalows des banlieues sablonneuses d'Ipanema et Leblon.

On peut dire que la place Onze était le cœur de la communauté, mais l'appeler un "ghetto juif" frisait le mensonge. Ici cohabitaient des Italiens, des Portugais, des Libanais et même des Brésiliens. À proximité, on trouvait la gare de chemin de fer Central do Brasil, avec sa profusion de types qui allaient et venaient. Au loin, la colline de la Providência entassait bicoques, terrains de *macumba**, et commerces clandestins. Des enfants de toutes couleurs et origines couraient sur les trottoirs, s'amusant au cerceau, jouant au football et criant dans leur espéranto. La

* Culte afro-brésilien.

place qui donnait son nom au quartier – qu'on avait baptisée ainsi en hommage à la Bataille du Riachuelo, qui s'était déroulée le 11 juin 1865, pendant la Guerre du Paraguay – avait des arbres, des jardins, un kiosque et une fontaine, tandis que les maisons coloraient les alentours de tons pastel et de pierres de taille. Des montagnes vertes faisaient ondoyer l'horizon, ombrageant les vallées à leurs pieds, cernées de nuages qui s'étiraient sur leurs versants et redessinaient le paysage. On découvrait alors un contour, un éclat, une splendeur momentanée.

Parfois, Max devait se rendre dans des bureaux moisis pour renouveler ses papiers d'immigration, imprimer ses empreintes digitales, signer des formulaires. Simples formalités. Finalement, le paradis aussi a ses règles.

**

Buenos Aires, 3 janvier 1937

Hannah,

Comment ton fiancé gagne-t-il sa vie ? Je te l'ai déjà demandé plusieurs fois ! Et ne viens pas avec des phrases évasives du genre "peu importe" ou "je veux seulement la paix". Cela importe, si ! Au cas où tu ne le saurais pas, la paix n'est pas dans la pauvreté. Tu es belle, intelligente. Tu mérites une star de Hollywood !

Est-ce qu'il plaît à Iôssef ?

Ta chère Guita

*

Rio de Janeiro, 21 janvier 1937

Guita chérie,

Pourquoi parler de mon fiancé ? Ne m'oblige pas à expliquer ce que je ne m'explique pas à moi-même. José est un homme bon, point final.

J'ai beaucoup travaillé. Les ventes de Noël ont été excellentes et mon patron parle d'ouvrir une filiale. (…)

Iôssef était déprimé, mais il va mieux.
Bises, Hannah

*

Buenos Aires, 15 février 1937

Ah, Hannah, si je pouvais te rendre visite ! Mais je dois rester en Argentine auprès de mon mari. Demain, nous allons dans notre ferme près de Rosario. Les récoltes de maïs et de blé n'ont pas donné ce qu'on attendait. Jayme pense acheter des terres à São Paulo, il veut investir dans le café et les oranges.
(…)
Je te jure que j'essaie de te comprendre ! Ne confonds pas décence et pauvreté, Hannah ! Il existe des riches décents, et des pauvres indécents ! Je sais que, pour toi, la décence est indispensable. Mais l'indispensable n'est pas toujours suffisant. Dis-moi donc une bonne fois pour toutes ce que José fait dans la vie et arrête de me faire des cachotteries !
Ta Guita

*

Il est facile de juger sans comprendre, Guita.
Mais il est difficile de comprendre sans juger.
Hannah

**

– Que puis-je pour vous ? – La femme sourit sèchement. Max avait tâté tous les tissus de la boutique.
– Pourrais-je parler à… Hannah ?
– Un instant, se calma la femme. Et elle alla la chercher.
Max épongea son front et se frotta les mains. Peu après, surgit une petite vieille, aux cheveux crépus et au tablier défraîchi. L'accent lusitanien :
– Vous désirez ? Je suis Ana.

Encore un fiasco. Le cordonnier arpentait le centre à l'heure du déjeuner, en quête de boutiques dont les ventes de Noël avaient pu être "excellentes". Dans aucune d'elles il n'avait trouvé la sœur de Guita. Il avait déjà parcouru presque toute la rue de l'Alfândega, sans parler des magasins de la place São Francisco et de la rue du Ouvidor. Serait-il devenu fou ? Jamais il n'avait eu d'obsessions, ni de causes plus nobles que son atelier. Qu'est-ce qui se passait ? Jusqu'où cela irait-il ?

Il arriva tête basse au travail.

– Bonjour, monsieur Kutner. – Mme Beth essuyait ses yeux en pleurs. – Regardez ça.

C'était une paire de bottes aux semelles criblées de clous et de débris.

– Elles sont à mon fils. Vous êtes déjà au courant, bien sûr...

– Au courant de quoi ?

La police avait envahi à coups de matraques la Bibliothèque israélite pendant un événement sioniste. Résultat : quinze prisonniers, des décombres, des livres et des meubles brûlés. Une légion de mères campait dans le hall du commissariat, une autre légion priait dans les synagogues. Mme Beth tira de sa poche une *mezouzah* roussie.

– Elle était par terre. – En larmes : – Pourquoi nous traitent-ils comme ça ? Qu'est-ce que nous leur avons fait de mal ?

Max rumina sa certitude. Il se rappelait clairement la mention qu'un jeune homme avait faite de la bibliothèque où son cousin allait voir des amis "étranges". C'était une lettre tellement bavarde et tellement sotte que son auteur semblait *meshouguene*, mais qu'est-ce que Max avait à voir avec ça ? Devait-il ausculter les verbes et spéculer sur les sens, ou bien n'était-il qu'un simple traducteur de la rue de la Relação ?

La *mezouzah* roussie contenait peut-être la réponse.

Max s'enfuit de Mme Beth, se précipita dans sa chambre et agrippa Shlomo à son chevet. Que faire, *zayde* ? Dis-moi ! Lutter contre le pouvoir ? Défier les généraux, *zayde* ? Réponds-moi, pour l'amour de Dieu !

Le vieux caressa sa barbe :
– Pas de précipitation, mon garçon. Agis calmement. Il faut retourner la vase, pas la battre.

Le lendemain, Max fut interpellé par le capitaine Avelar à son arrivée au commissariat :
– Suis-moi. – Dans une pièce sans fenêtres : – Arrache-moi des aveux à cette vermine qui ne parle pas portugais.
Par terre, un "sujet israélite" accusé d'avoir volé des oranges.
– J'ai volé, oui, dit-il en yiddish. Pas une, ni deux, mais trois oranges, avalées avec la peau et le reste.
Raclements effrayés :
– Et tu trouves ça... juste ?
– Non ! Elles étaient amères !
Avelar tapota le cordonnier :
– Qu'est-ce qu'il a dit ?
Se rappelant la *mezouzah* roussie :
– Qu'il n'a volé aucune orange !

Quelques semaines plus tard, Max traduisait sa moisson quotidienne quand il trouva un portrait de petite fille dans une lettre.
– Au verso, le prévint Onofre. Il y a quelque chose au verso.
"Regarde bien cette enfant", disaient des lettres dactylographiées. "Juif mercenaire, fasciste de merde ! Ses parents sont en prison par ta faute !"
Max pâlit, le souffle coupé. Suant à grosses gouttes :
– Je peux aller aux toilettes ?
Dans un miroir ébréché, il ne vit pas un lâche servile, mais un héros infiltré dans les troupes ennemies. Il n'avait pas le choix, encouragé par les mots d'un philosophe récemment traduit : "Pour que le mal domine, il suffit que les hommes de bien baissent les bras." De plus, le contre-espionnage ne tarderait pas à savoir, si jamais il l'ignorait encore, que Max Kutner traduisait des lettres pour la police. En déduire d'autres choses ne serait qu'un jeu d'enfant.

Max admit la dure vérité : la révélation de son plus grand secret n'était qu'une question de temps. Il prévoyait déjà les chantages, les messages, les regards fuyants. Il pouvait entendre la voix du peuple :

– Tu ne sais pas la dernière ? Max Kutner n'est pas Max Kutner !

**

Pologne, janvier 1928

Il gelait à Katowice. On se disputait le bois et les pommes de terre à la porte du cimetière où Max Goldman enterrait son père. Il ne pleurait pas, et ne pleurerait pas durant les sept jours de deuil. Le huitième, il donnait les affaires de Leon et cherchait un agent de voyages : il voulait déserter la Pologne, voire même l'Europe. Fini, la misère ! L'agent ouvrit un épais dossier et feuilleta le monde. Les États-Unis avaient fermé leurs portes à la suite d'une loi contre l'immigration. L'Australie était chère et lointaine. Il y avait des colonies agricoles en Amérique du Sud et aussi en Palestine. Max allait réfléchir.

En février, l'agent frappa à sa porte avec une proposition qu'on ne pouvait refuser.

Un riche entrepreneur de Pinsk – Max, comme le cordonnier – devait se rendre au Brésil en mars. Seulement, la veille d'embarquer, sa voiture était tombée dans les rapides d'une rivière et son corps avait disparu. Goldman n'aurait qu'à assumer le rôle du défunt avec le passeport que l'agent se proposait de falsifier.

– C'est sans risque. On n'a même pas attesté la mort de cet homme.

– Combien voulez-vous ? – Max s'enthousiasma.

Il vendit tout, solda ses dettes, prit le train pour le nord et appareilla du port de Dantzig sans se retourner. Adieu, la Pologne !

Il défaisait sa valise dans la cabine du navire quand un employé apporta des serviettes :

– Celles-ci sont pour Mme Kutner.

Stupeur :

– Mme Kutner ?

L'homme vérifia sa liste :

– M. et Mme Kutner.

– Eh bien… – Raclements. – Elle a renoncé au voyage.

Max eut envie de tuer l'agent. Il ne manquait plus que ça : avoir à voyager avec une veuve ou, pire, avec à sa place une mystificatrice. La peur dura jusqu'à ce que les dangers se dissipent à l'horizon. Le deuxième jour, Dieu merci, ils quittèrent la Baltique et la mer du Nord leur ouvrit une splendeur perpétuelle. Alors, le passé devint du passé et la Pologne perdit son acidité, comme les oignons que sa grand-mère faisait cuire au village.

– Max Kutner, déclamait le cordonnier.

Étendu sur le pont, il se prit à apprécier le clair de lune et les vents de jour en jour plus doux, tout en écoutant les langues et les accents d'autres mondes. Le navire était une Babel flottante avec ses trois classes, sa salle de jeu et même un groupe de nains albinos qui jouaient du charleston.

Incroyable. Ses seuls voyages, jusqu'alors, il les avait faits sur une charrette entre Katowice et le village de ses grands-parents. Ce qu'on voyait en chemin, c'était une continuité triviale, une extension mesurable d'arbres et d'arbustes, avec deux cours d'eau et une ferme où les voyageurs s'arrêtaient pour les petites urgences. On n'était jamais assez loin de la routine, des chaussettes trouées, des choux et de la police. Mais maintenant, la vie flottait sur du saumure et des nains jouaient du charleston pendant la nuit. Que d'eau, *main Got* ! Que de ciel, d'air, de lumière ! Au bout de tout cela, il y avait le Brésil.

– Brésil, soupirait-il sur le pont.

Que pouvait-il attendre de ce lieu ? Ses odeurs, ses couleurs, ses dimensions. Et son peuple, qu'est-ce qu'il portait, mangeait, chaussait ? Étaient-ils gros ou petits, noirs ou blancs ? Aimaient-ils les Juifs ? Quel son avait le portugais ?

Les gants et les châles tombèrent en désuétude quand on accosta à Lisbonne. Aux îles Canaries, on pouvait déjà voir des jambes dénudées et, la première nuit de mars, on porta un toast à l'équateur. Quelques jours plus tard, le Pernambouc pointait à l'ouest pour une escale de quatre heures.

Des fruits, des crabes vivants et couverts de boue, des noix grillées sur l'heure : le port de Recife était une profusion d'exotismes avec ses vendeurs métis et demi nus. La chaleur puait et l'humidité collait à la peau. Max parcourut un quartier où les seins et les fesses se louaient pour des prix modiques. Il aurait adoré renifler ces femmes à la peau brune, aux cheveux noirs et aux hanches larges, qui lui souriaient avec une candeur virginale. Mais l'imminence sifflait sur le quai.

Cependant, il avait à peine mis le pied sur la passerelle que, sans savoir pourquoi, un vertige lui donna de mauvais pressentiments. Il en devint pâle, les jambes flageolantes. Il ne sortirait pas indemne de cette farce. Le passeport entre ses mains était une facture qu'il lui faudrait acquitter par des prestations perpétuelles.

Depuis lors, il suffisait qu'il lui arrive quelque chose de mauvais pour que Max ait l'impression que le passé lui demandait des comptes, aussi impitoyable qu'un *clientelshick* à la porte d'un mauvais payeur.

**

Rio de Janeiro, 5 avril 1937

Guita,

Ça n'a pas été compliqué, un papier et rien d'autre. Un après-midi au Jardin zoologique a été notre lune de miel. Le soir, une soupe de carottes avec du pain de seigle.

Bises, Hannah

*

Buenos Aires, 13 avril 1937

Une lune de miel au Jardin zoologique ? La simplicité a des limites, ne sois pas ridicule. Fêter le mariage est un

commandement sacré. Parfois, je pense que tu as hérité de la folie de maman. Finalement, où as-tu rencontré cet homme ?
Guita

*

Buenos Aires, 14 avril 1937

Hannah, j'ai mal dormi cette nuit. Avez-vous besoin d'argent ? N'hésite pas à demander de l'aide !
Ta Guita

*

Rio de Janeiro, 24 avril 1937

Merci, Guita, mais nous n'avons pas besoin d'argent. Ton amour nous suffit.
Bonne nouvelle : Iôssef apprécie beaucoup José.
Bises, Hannah

**

Les cosaques envahirent le village désert. Ils parcouraient toute la Russie à la recherche de soldats pour la guerre de Crimée.

– Personne n'habite ici ? douta le chef. Impossible. Fouillez les maisons !

Quand on eut retourné le village, on traîna le peuple dans la rue : femmes, vieillards, enfants.

– Nous voulons des hommes jeunes !

– Ils sont tous partis travailler dans les champs du sud, répondit une jeune femme.

– Alors, appelle-moi celui qui a fait ça ! – Le cosaque désignait un mur avec cinq flèches dans des cibles blanches.

Un jeune garçon entra en scène, avec un air de défi :

– C'est moi ! – Les mains sur les hanches : – Il y a un problème ?

Éclats de rire. Le vieux Môshe était hilare dans son short rouge. Une paire de chaussettes remontaient jusqu'à ses genoux tremblants.

– Assieds-toi, Môshe, dit quelqu'un dans le public.

L'asile reprit en chœur :

– Assieds-toi, assieds-toi !

L'infirmière traîna une chaise, Môshe s'assit. Raclements :

– C'est moi, mais je tire très mal !

Le cosaque montra les flèches :

– Comment expliques-tu ça ?

Môshe vacilla, tancé par l'incertitude. Il regarda le public.

– Explique-moi ça ! – Le cosaque éleva la voix : – Dépêche-toi !

Silence. Dans le public, une vieille dame tapota Max :

– Vous voyez, mon cher ? La jeunesse est une couronne de fleurs. La vieillesse, une couronne d'épines.

– Môshe, dépêche-toi ! grogna le cosaque.

Et Môshe, dans un spasme héroïque :

– Eh bien… d'abord, je tire les flèches, ensuite, je peins les cibles.

Rires, applaudissements. L'infirmière conclut l'histoire :

– C'est ainsi qu'un jeune rusé trompa les cosaques. Maintenant, allons goûter !

Max avait commandé des gâteaux salés à une cuisinière juive. Il applaudissait le théâtre des vieillards, repris par ses trucs expiatoires pour apaiser la culpabilité contractée au commissariat. Non seulement il rendait visite aux asiles, mais il réparait aussi gratuitement des chaussures, donnait de l'argent et achetait les stocks des *clientelshiks*. Cependant, ses bontés n'entraînaient pas toujours les effets attendus – ou ne les entraînaient pas de la manière attendue. Voyez l'histoire de la *menorah*.

L'auteur de la lettre s'appelait Sílvio T. Soixante-dix et beaucoup d'années, vivant au Méier, il mettait en vente une *menorah* allemande du XVIIe siècle. Avec l'argent, il paierait les nuits qui lui restaient dans la chambre d'une pension. Il détaillait la pièce à un magnat de Buenos Aires, en se plaignant que, au Brésil, il n'y eût pas d'intéressés – c'est-à-dire, de favorisés. Des lignes tordues trahissaient l'arthrose. Contre l'avis des médecins et des conseillers, Sílvio brandissait la *menorah* devant les misérables et les radins de la place Onze. “Ô ciel !” s'exclamait-il. “Aurais-je vécu presque quatre-vingts ans pour finir ainsi ?” L'espoir s'évanouissait et les jambes promettaient une chute spectaculaire devant des damnés qui ne tendraient même pas la main – si ce n'est, bien sûr, pour voler la *menorah*. Mais Sílvio T. était un batailleur. Il finissait ses journées en vantant la relique dans le restaurant Schneider.

La lettre en main, Max sentit une douleur au cœur. Quelle logique était capable d'expliquer une telle souffrance ? D'ailleurs, pourquoi Dieu l'avait-il mis au courant de cette agonie ? Rien n'arrive par hasard, cher Max ! Où dépenseras-tu les mil-réis puants versés par la police ? Où, si ce n'est au restaurant Schneider ?

Le lendemain soir, le cordonnier quitta son atelier avec un orgueil missionnaire.

Le baratin assommait les garçons tandis que Sílvio T. voyait la divine providence s'incarner devant lui. D'un sac élimé, il sortit la *menorah* que Max acheta sans mégoter. Là, gisaient trois cents ans d'Histoire. La dorure du métal ne brillait plus. Combien d'endroits et lesquels cette *menorah* n'avait-elle pas décorés avant de fendre les mers et de tomber entre les mains de Max ?

Le lendemain matin, le bijou luisait dans l'atelier. L'orgueilleux cordonnier vérifiait les décorations pour lesquelles sa clientèle ne tarissait pas d'éloges. Un sage n'hésita pas :

– Du gothique tardif.

Quelqu'un :

– Pépé avait la même.

Quelqu'un d'autre :

– C'est une copie.

Oï veï, une pareille chose serait-elle possible ? Il aurait acheté du toc, une ferraille prétentieuse ? Il sortit avec la *menorah* sous le bras, pour la montrer à des antiquaires et à des spécialistes dont les rapports furent unanimes : pièce authentique, XVIIe siècle. Une, deux, trois semaines s'écoulèrent et l'automne aéra la ville. Tout allait pour le mieux, jusqu'à ce qu'une paire de cernes violets reluque le cordonnier et lui dise, laconiquement, que la *menorah* lui appartenait. Protestations :

– Je l'ai achetée moi-même !

Les cernes violets ne voulaient pas de discussion – juste la *menorah*. Max insistait :

– Je l'ai achetée l'autre jour !

– À Sílvio T., ce *shmok* ! – L'homme cracha sur le comptoir. – Eh bien sache que Sílvio T. me doit une belle somme et que cette *menorah* est la garantie de sa dette. Sache aussi que cette dette arrive à échéance aujourd'hui, à l'instant même, et qu'il s'est envolé. En-vo-lé !

– Mais…

– Donne-moi la *menorah*. – L'homme se pencha sur le comptoir. – Tout de suite !

Il attrapa le candélabre et s'enfuit.

Max en eut le souffle coupé. Il ferma son atelier et fit le tour du voisinage, bouillant de colère. Avait-il manqué de précaution ? Avait-il été trompé ? Dans ce cas, par qui : Sílvio T. ou les cernes violets ? Cela faisait-il partie des pratiques commerciales de demander au vendeur à qui il devait de l'argent ? Sur le moment, le créancier n'avait même pas prouvé le moindre droit. Max s'insulta dans toutes les langues. Dans le célèbre restaurant Schneider, il s'enivra jusqu'à ce que le monde se mette à tourner, sans parvenir pour autant à détester Sílvio T. Il rentra chez lui en trébuchant. Après avoir uriné au coin d'une rue, imité par un chien errant, il traversait la rue Frei Caneca quand il éprouva un terrible choc.

Onze heures du soir. Nul autre que Sílvio T. et les cernes violets étaient assis côte à côte dans le tramway. Ils ne parlaient pas, et se touchaient à peine, sans aucune intimité apparente. Max régla ses pupilles incrédules : c'étaient bien eux. Incroyable ! Cela n'avait aucun sens de les voir là, dans un silence amical, sur la banquette d'un tramway. Le hasard lui-même ne pourrait jouer un pareil tour. Le tramway démarra, emportant avec lui son mystère.

Mais ce qui impressionna vraiment le cordonnier, ce n'était pas le culot des deux comparses, filous de premier choix. Il connaissait par cœur la pourriture humaine. Le plus impressionnant, c'était l'inattendue, la profonde, l'inédite paix qui l'envahit. Plus de culpabilité, ni d'anxiété, rien ! Max lévitait en pleine Frei Caneca.

Il avait expié ses péchés.

**

Rio de Janeiro, 4 mai 1937

Guita, tu te trompes. Je ne suis pas rebelle, je ne suis pas fâchée avec la Torah. *J'ai d'étroits liens avec notre foi, conformément à ce que papa m'a enseigné. Mais ma façon de l'honorer c'est, justement, d'adapter ses commandements à la réalité.*

Tu te rappelles quand je me suis vue condamnée à l'exclusion ? J'ai souffert toute la douleur du monde, mais j'ai appris une chose fondamentale : ce qui ne tue pas fortifie. Un jour, j'ai rejeté les dogmes qui, bien qu'ils ne m'aient été d'aucun secours dans les heures difficiles, ont su me réprimander quand je cherchais ma propre voie.

Aujourd'hui, je suis la maîtresse de ma foi, Guita. Je fais le bien sans bréviaire ni ambitions. Le discernement me suffit. Comment expliquer que beaucoup fassent de même sans instruction formelle ou religieuse, sans compensations réelles ou imaginaires ? Comment expliquer qu'on n'enseigne pas, mais qu'on apprend à être bon ? Peut-être que l'amour sincère est le Dieu des gens sensés.

Bises,

Hannah

**

Rio était un champ de mines. Des troupes de fanatiques s'empoignaient dans les rues, sans toujours comprendre ce qu'elles prêchaient, même si elles haïssaient ce que prêchaient leurs rivales. Une bagarre avait perturbé la rue du Catete, les écoles vivaient sur le pied de guerre, des intégristes s'habillaient en vert et vociféraient "*anauê*[*]", enragés contre les Juifs. Certains disparaissaient au cœur de la nuit, d'autres en plein jour. Il n'était pas rare de voir des gens menottés mis dans des fourgons de police, qui démarraient en trombes toutes sirènes hurlantes. Qui, quoi, quand, comment? spéculaient les rumeurs. Seuls les audacieux se demandaient aussi pourquoi.

Curieusement, la ville bouillonnait de théâtres, cafés, casinos, tous lieux notoirement infiltrés par les espions et les intérêts cachés. Dans les ambassades, le cristal tintaient dans des cocktails dont les invités trafiquaient des secrets. La diplomatie allemande menait une campagne vigoureuse pour conquérir le Brésil, présentant *Herr* Hitler comme l'unique leader capable de contenir l'avancée communiste.

Mais qu'est-ce que le cordonnier avait à voir dans tout cela? Rien, absolument rien. Hitler, Staline, Roosevelt? Max haussait les épaules; il méprisait le cours que prenait la planète. Seule Hannah l'intéressait: où la rencontrer, comment la reconnaître? Si jamais elle parlait de légumes verts, il courait fouiller les marchés; si elle parlait de plage, il retournait les sables de la Zone sud. Il lisait et relisait ses lettres, en essayant de la visualiser, de la toucher, de l'embrasser. Il était même allé jusqu'à renifler le papier, diaphane et parfumé, joliment signé à l'encre de Chine. Un jour, il avait demandé à Onofre de lui montrer les enveloppes, en vain: le soldat recevait les lettres déjà dépliées.

Dans son atelier, le travail allait tout de travers: Max ne respectait plus les délais, mélangeait les choses et même se blessait bêtement. Le dimanche, on aurait dit un *meshouguene*, gesticulant tout seul aux coins des rues, absorbé par des réflexions inquiètes.

Un jour, Hannah donna un renseignement précieux. Elle raconta à sa sœur que, même si José avait des "problèmes" et qu'il se servait de béquilles, tous deux fréquentaient des "milieux juifs". Max en conclut trois choses. La première, que José était juif; la deuxième, que les rencontrer ne serait

* Salutation d'origine tupi, signifiant "me voici", adoptée par les fascistes brésiliens.

qu'une question de temps ; la troisième et la plus palpitante, que Hannah pouvait s'être mariée par pitié, et non par amour.

Max devint un habitué des conférences et des pièces communautaires. Il visitait des clubs, des écoles, lisait les journaux ligne après ligne. Des veillées funèbres, il allait directement dans des bals, des bars, des synagogues. Aux services de *Kabbalat Shabbat* du temple *Beit Israël*, il récitait les prières avec une feinte dévotion, en profitant pour épier les alentours et, qui sait, l'entrapercevoir. Rechercher Hannah n'était pas seulement sa raison d'être, mais de vouloir être ce qu'il n'avait jamais été : heureux.

Guita se fâcha en apprenant les nouvelles de son beau-frère et barbouilla de ratures la lettre dans laquelle elle demandait si José était "viril". "Explique quels sont les problèmes de ton mari !" Max vibra en imaginant que sa muse semait ses bontés sans que rien, en elle, ne fût semé. Guita recommanda à Hannah de s'adresser à un rabbin, à quoi sa sœur répondit qu'aucun rabbin ne pourrait l'aider car elle était une *agouna*. Max tressaillit : *agouna* ? Qu'est-ce que c'est ?

Agouna, agouna ? ruminait-il en rentrant chez lui. Il n'en avait jamais entendu parler. Une maladie, un stigmate, un péché ? Le mot faisait mal aux oreilles, ça ne pouvait pas être quelque chose de bon. Quel malheur pouvait avoir fait de Hannah une *agouna* ? L'avait-elle toujours été ou l'était-elle devenue ? Quand ? Pourquoi ? Oh, les étiquettes ! Nous sommes des articles, pas des personnes. Même Dieu a ses catégories ! Quoi qu'il en fût, Max ne cesserait pas de l'aimer. Les jeunes pouvaient bien se repaître de perfections, les gens mûrs quant à eux préféraient la condescendance. À vrai dire, Max n'avait ni l'âge ni la réputation pour la critiquer.

Six heures et demie, un groupe de jeunes gens vendait les journaux du soir aux arrêts du tramway et la bohème commençait dans les bars. Aux mystères du jour succédaient ceux de la nuit. Rio changeait de plumage et la Bibliothèque israélite était fermée. À qui demander ce que pouvait bien être une *agouna* ?

À l'atelier, le travail ne manquait pas. Son assistant balaya le sol après avoir mis en ordre les chaussures reçues cet après-midi-là. Max feuilleta le bloc portant la signature des clients, le délai et le montant perçu par l'assistant. Il y avait deux sacs à main, une ceinture et pas moins de douze paires de chaussures, certaines inutilisables, d'autres presque. Comme si cela ne suffisait pas, une dame demandait une "urgence maximale".

– Elle viendra les chercher demain, après le déjeuner, dit l'assistant.

Il s'agissait d'une paire de talons cassés – ou plutôt détruits. Impossible de les réparer en si peu de temps. Que sa cliente le pardonne : précipitation et qualité n'allaient jamais de pair. D'ailleurs, Max en avait assez des femmes hystériques avec leurs fausses urgences. À la veille d'un mariage, son comptoir prenait des allures de guerre civile. Des chaussures marron étaient cirées en noir, des vieilles voulaient rechaper des reliques, les cadets héritaient de ce que leurs frères avaient hérité des parents. Combien de cris à cause de boucles écaillées ou de cuirs tailladés ! Parfois, Max se comparait aux stylistes frivoles de la rue du Ouvidor, qui satinaient les grandes dames et écoutaient leurs fadaises. À ces moments-là, il se rappelait sa vieille Pologne, où les chaussures servaient à chausser les pieds, et non à les décorer.

Max vérifia le bloc de commandes, page après page. Presque toujours les mêmes clients avec leurs manies. N'avait-il pas déjà recommandé à Mme Sara d'acheter un nouveau sac à main ? Et Jonas K., qui demandait un autre trou à sa ceinture, il n'arrêtait donc pas de grossir ? Un bon asile de fous vous remettrait tous ces gens d'aplomb ! Il épiait la dernière page quand il sentit la piqûre.

– *Oï main Got!*

Il s'arrêta, ferma les yeux.

– *Oï, oï!*

Il étancha son souffle : ce n'était pas possible ! Il avait dû délirer, évidemment. Son assistant le retint par l'épaule :

– Vous allez bien ?

Vertige :

– *Oï, oï!*

Max s'affala sur une chaise et demanda de l'eau, le sang bouillonnant dans ses artères. Il prit une gorgée et bava sur sa chemise, ce qui horrifia son assistant :

– Je vais appeler une ambulance !

Max invoqua Dieu, invoqua son grand-père Shlomo. Il n'hallucinait pas, il connaissait bien cette signature. Bien sûr qu'il la connaissait, impossible de la confondre avec une autre. Combien de fois avait-elle parachevé les textes d'une manière si délicate ? Peinte à l'encre de Chine, c'était une clé, une fleur enivrante. Bien sûr qu'il connaissait cette signature.

Hannah.

2

Max vivait et travaillait avec son père à Katowice. La routine leur faisait la faveur de les lier pour le pire et le meilleur de l'atelier où ils réparaient des chaussures. Max devenait euphorique quand, ayant accompli une tâche avec succès, il recevait de Leon un regard d'approbation. Dans ces moments-là, il l'aimait si intensément qu'il en rougissait. Ensuite, il pâlissait peu à peu, gardant des provisions d'affection jusqu'à la prochaine bouffée. C'était une relation fonctionnelle : Leon ne disait que le strict nécessaire. Parfois, il interrogeait le garçon sur ses études, ou le félicitait le jour de son anniversaire. À la maison, il demandait à Max de dormir dans le salon quand des "copines" venaient lui rendre visite. Assidues et pouponnées, elles apportaient des bonbons qui occupaient le garçon pendant qu'elles travaillaient dans la chambre à côté. Les filles avaient le don de réjouir son père, et restaient habituellement pour prendre un thé avec du pain. Une fois, l'une d'elles parla de son fils, et Max s'imagina comment ce serait d'avoir une mère aussi colorée. À vrai dire, ce qui l'impressionnait le plus, ce n'était pas les couleurs de cette mère, mais qu'on pût avoir une mère, n'importe quelle mère. Comment ce serait de vivre à la maison avec une femme qui l'appellerait son fils ? Comment ce serait d'avoir une mère qui préparerait les dîners, laverait le linge et qui épousseterait les meubles ? Était-il vrai que les mères donnaient des médicaments à leurs enfants, qu'elles les couvraient chaudement et les grondaient ? À huit ans, Max demanda à son père de lui parler de Reisele. Une larme anticipa sa réponse.

Leon et Reisele Goldman s'étaient mariés à trente ans et quelques. Ces noces tardives amenèrent le rabbin à suspecter que l'un des deux fût veuf ou divorcé. Ils passèrent leur lune de miel avec Shlomo et Rebeca, dans le village où on leur répéta sans cesse : et l'enfant ? Ils n'étaient pas pressés, disaient-ils, changeant de sujet. Ils vivaient une routine tranquille à Katowice, Reisele apportant le déjeuner tout chaud à l'atelier dont Leon revenait en fin d'après-midi. Tout marchait à merveille. Le samedi, ils se promenaient main dans la main, ne concédant au monde que des regards fortuits. Et l'enfant ? insistaient leurs compatriotes. Leon et Reisele aimaient le silence, la paix, cet équilibre conjugal que les enfants s'empressaient de saboter avant même de naître.

Un jour, Reisele tomba enceinte. Les médecins émirent des réserves car elle avait dépassé les quarante ans : repos absolu et nourriture renforcée. Leon revenait de l'atelier plus tôt pour aider son épouse, assumant le four, le lavoir et le balai, en plus du travail qu'il apportait à la maison (mais seulement ce qui ne pouvait pas la déranger). Reisele arriva au terme de ses mois de grossesse sans encombre, démentant les mauvais augures, jusqu'au jour où le garçon naquit, en avril 1899 et, goulu, acquit la vigueur que sa mère allait perdre durant leur unique semaine de vie commune. Ce fut une tragédie. Le veuvage anéantit Leon Goldman, qui n'en vint pas à culpabiliser son fils car il ne se hasarda même pas à le juger.

Les jours fériés, Max était ballotté dans la charrette entre Katowice et le village où vivaient ses grands-parents paternels. On lui offrait de la nourriture, des jouets, des vêtements. Là, oui, l'amour coulait généreusement. Shlomo lisait des fables et racontait des histoires drôles dont l'enfant riait, avant tout, parce qu'il avait quelqu'un qui le faisait rire. C'est à travers ses grands-parents que Max apprit à aimer. Et il aurait aimé n'importe qui en échange des bougies allumées pour *Hanoukah* ou des friandises de *Pourim*. Il se serait même, au besoin, aimé lui-même.

Mais la guerre tua ses grands-parents et détruisit le village. En 1916, Max se débarrassa de l'armée polonaise en mangeant des graines grillées jusqu'à peser moins que les 50 kilos minimum exigés pour le recrutement. Il était devenu un sac d'os, les yeux enfoncés et les oreilles pendantes. Il n'était pas beau et ne cherchait pas à l'être. Ses instincts virils, il les satisfaisait avec les copines de son père, qui lui enseignaient l'impensable à prix d'ami. L'une d'elle voulait avoir Max pour gendre, une autre le prévenait quand les bordels renouvelaient leurs stocks. Toutes avaient la peau blanche, les seins fermes et sentaient le frais. Max vécut une destinée linéaire, rémunérant son plaisir, jusqu'à l'apparition de Sofia.

Trente-six ans, elle avait des taches de rousseur, des cheveux noirs et un regard mélancolique. De sobres robes berçaient ses hanches et une paire de seins que Max tâtait dans des rêveries intrépides. Il lui faisait des livraisons à domicile, attentif à ses mains où luisait une alliance sévère. Toujours aimable, Sofia lui servait des biscuits que le jeune homme mangeait sans précipitation ni faim. Un jour, elle lui demanda de l'aider à enfiler une chaussure. Seul l'embarras de Max fut plus grand que son euphorie. Sofia feignait de ne rien voir, tout en dissimulant son rire.

Une romance intense et secrète naissait pendant que le mari de Sofia, un commis voyageur, était absent. Max adorait mordiller une tache de naissance sur le cou de sa bien-aimée, tout en lui proposant de fuir, d'avoir des enfants en Amérique et d'oublier le passé. La femme promit d'y réfléchir pour ne pas le décevoir. Un jour, elle avoua qu'elle était battue par son mari, qu'elle tolérait depuis vingt ans en vertu d'un pacte conclu entre deux familles signataires. Ce que Max mordillait était la cicatrice d'une dispute, et non pas une tache de naissance. La romance termina quand le mari rentra de voyage. Quelques semaines plus tard, le couple quitta Katowice sans laisser de traces. Max eut du mal à oublier Sofia, mûrissant sans le lyrisme des amoureux ni la crédulité des croyants. Il trouvait les autres futiles et bavardes. Au Brésil, il se mit à fréquenter une pension de la Glória, accro aux tétons violets et aux petites fesses rebondies qui modelaient les femmes noires. Il avait en horreur les mariages, les enfants, les petits-enfants. À quoi bon perpétuer une espèce si problématique, habituée aux disputes et aux mensonges ? À quoi bon compliquer ce que pouvaient très bien résoudre quelques mil-réis ?

Et voilà que maintenant – quelle absurdité ! – Max trahissait sa propre histoire. Il était un otage de plus, tombé dans ce traquenard dont personne n'était sorti indemne depuis les vers du roi Salomon. Qui aurait dit que sa mission patriotique allait dégénérer en cela ? Ah, l'amour ! Combien d'animaux soi-disant irrationnels ignoraient cette tromperie qui, sous prétexte de civiliser et propager l'espèce, réduisait en esclavage des milliards d'âmes imprudentes ?

**

À 8 heures du matin, le cordonnier était déjà à la Bibliothèque israélite.

> *Agouna*. Femme enchaînée. Selon la Loi judaïque, le mariage ne se termine que par la mort d'un des conjoints ou par le divorce accordé par le mari. La femme devient une *agouna* si jamais l'homme l'abandonne, s'il est disparu, s'il est empêché ou s'il refuse d'accorder le divorce. Les *agounot* – pluriel d'*agouna* – sont considérées mariées et, par conséquent, ne peuvent se marier de nouveau. Si jamais elles se marient, elles seront considérées adultères et leurs fils, bâtards.
>
> Source : Dictionnaire de la Bibliothèque israélite

Midi pile. Max avait usé tout un savon sous la douche, rasé sa barbe, brossé ses dents et parfumé son visage, en plus de vérifier le tombé de ses vêtements : un pantalon noir, une chemise blanche et un béret de feutre à carreaux. Il libéra son assistant et se mit à sourire à son comptoir, les mains tremblantes et le souffle irrégulier : pourquoi Hannah était-elle une *agouna* ?

À force de l'imaginer, il appréhendait à présent la vérité : était-il prêt à la connaître ? Qui sait s'il n'était pas préférable d'ajourner la rencontre et de prolonger l'idylle ? Non, la réalité ne s'était jamais montrée clémente envers les amoureux. Les rêves n'étaient des rêves que tant qu'on les rêvait. Ses grands-parents lui revinrent à l'esprit, qui entrouvraient portes et fenêtres dans l'attente du Messie. Rebeca accourait au salon chaque fois qu'un bruit suggérait l'apparition, mais c'était seulement Shlomo qui répétait ses retrouvailles avec les morts. Ils croyaient candidement à la résurrection, aux jardins paradisiaques et aux choses du même genre. Étaient-ils fous ? se demandait leur petit-fils. À cette époque, Max n'avait ni perplexités, ni remords, ni regrets qui rendissent un messie nécessaire. Tout n'était que germe, aurore, semis. Que ce qui n'existait pas n'existât pas ! Et maintenant, trente ans plus tard, que faisait le cordonnier, si ce n'était imiter ses grands-parents et faire de Hannah sa diva messianique ? Pourquoi agissait-il ainsi ? Tradition millénaire, héritage spirituel ou rien de plus qu'une mode vulgaire propagée par Hollywood ? Qu'était donc l'amour des films, des chansons et des romans, sinon un mythe salvateur ?

Max claquait des dents, dans un mélange de peur et de courage. Les croyants devaient éprouver la même chose sur leur lit de mort : et maintenant ? Verraient-ils confirmés leurs fervents pronostics sur d'autres mondes ou allaient-ils simplement mourir ? Combien sauraient maintenir leur fermeté dans les râles, sans une étincelle d'incertitude ? Car Max ne conservait pas la moindre étincelle. Il conservait des flammes !

Et si Hannah n'était pas Hannah, mais une farce, une aberration, un homme ? Pourquoi était-elle venue au Brésil, où travaillait-elle ? Elle avait des pieds grands – et exigeants. Elle chaussait des escarpins argentins, à doublure de soie. Que chaussait-elle d'autre ? Max avait passé toute la nuit à lui réparer ses talons, passant du savon sur le cuir noir et reniflant la doublure de soie. Il cira les chaussures jusqu'au lever du jour. La ville dormait encore pendant qu'il mettait les déchets dans des sacs, et qu'il rangeait ceci ou cela et, dans la mesure du possible, embellissait son atelier.

Il eut faim, mangea une pomme. Trois, quatre, cinq heures de l'après-midi. Cinq heures et demie. L'horloge coupait le temps en tranches par coups secs. Tic-tac, tic-tac. Coucous, pendules, calendriers ! Pour quoi faire ? L'existence est continue, l'essentiel ne prend pas rendez-vous. On vit, on meurt, on aime n'importe quand. À vrai dire, Max n'avait pas attendu tant que cela cette très heureuse imminence. Il attendrait davantage, bien davantage, si jamais Dieu n'abrégeait pas son angoisse. Tic-tac. Hannah arriverait dans un tic ou dans un tac ? Et le monde, dans lequel des deux avait-il surgi ? Combien de tics complètent une vie ? Et une mort ? À quel moment le destin se joue-t-il, les dés sont-ils lancés ? Tic ou tac ? Temps, temps, temps. Saignement déchaîné ! Navire sans gouvernail ! Sentence sans recours !

– Excusez-moi, bonjour.

**

Le petit diable demanda à son père de lui apprendre à faire des méchancetés. Et son père, didactique :

– Tu n'es encore qu'un enfant. Commence par faire de petites méchancetés.

Son fils saliva :

– Lesquelles ? Lesquelles ?

– Empêche les gens de réaliser leurs rêves.

– C'est tout ? grimaça le fils.

– Du calme ! Plus tard, tu feras bien pire.

Le petit diable s'appliqua à faire des méchancetés : ceux qui voulaient se marier, ne se marièrent pas, ceux qui allaient voyager, ne voyagèrent pas. Quelques années plus tard, son père vint le féliciter :

– Maintenant, tu as atteint ta majorité, tu peux donc faire de grandes méchancetés. Les pires, les plus terribles.

– Lesquelles ? Lesquelles ?

– Aide *les gens à réaliser leurs rêves.*

Hannah était belle, absolument belle. Plus que belle, elle était parfaite. Un chef-d'œuvre, un caprice de Dieu, sa fille préférée. Grande, svelte, élégante. Ah, quelle femme ! Elle avait les yeux verts, la peau rosée et les dents très blanches. Hannah était plus que parfaite, elle était, elle était…

– Celles-là. S'il vous plaît, monsieur…

Elle montrait l'étagère derrière le cordonnier. À son annulaire, une alliance.

– Kutner, balbutia-t-il. Max Kutner.

Elle recula, légèrement surprise. Elle parlait un yiddish articulé, d'une voix douce :

– Kutner ? Celles-là, monsieur Kutner.

Châtains et abondants, ses cheveux retombaient en boucles dorées. Et ses lèvres ? Que dire de ses lèvres ?

– Celles-là, les noires.

Elle portait une robe jaune, au col et aux poignets de futaine blanche. Les ongles rose clair.

– Vous allez bien, monsieur Kutner ?

Max lui remit les chaussures. Et elle, vérifiant les talons :

– Ils sont parfaits ! Je pensais qu'il n'y aurait pas moyen, merci beaucoup.

Il vibra :

– De rien. – Raclements : – Quel bonheur que ça vous plaise !

– Vous êtes polonais, vous aussi ?

– De Katowice, en Galicie.

– Je suis née à Bircza.

– Près de l'Ukraine ?

– C'est ça.

Poliment, Hannah attendit l'encaissement qu'il retarda par des questions et des commentaires sur le passé. Nostalgique :

– Mon père était religieux, il aidait le rabbin à la synagogue. Vous êtes marié ?

– Célibataire. – Max ouvrit un sourire avenant.

Hannah prit son portefeuille :

– C'est combien ?

– Dix mil-réis. Quand êtes-vous arrivée au Brésil ?

– Il y a huit ans. Ou neuf ? Je ne sais plus...

– Vous vous plaisez ici ?

Hannah compta les billets.

– Si je me plais ici ? – Elle réfléchit avant de répondre. – Il serait difficile d'aimer le Brésil, s'il était facile d'aimer un autre endroit.

– En effet, tout n'est pas facile...

– Tout ne l'est pas, non. – Rangeant son portefeuille dans son sac à main : – Que peut-on espérer d'un monde où Carmen Miranda n'est pas brésilienne, Hitler n'est pas allemand, et Staline n'est pas russe ?

Rires.

– Félicitations pour le travail, monsieur Kutner. Tenez.

Max essaya de prolonger la conversation, mais Hannah était pressée. Il prit l'argent à contrecœur.

– Revenez quand vous voudrez !

– Je reviendrai, oui, merci.

Et elle mit ses chaussures dans un sac.

– Je peux vous livrer à domicile !

– Ça n'est pas nécessaire. – Hannah lui concéda un dernier sourire. – *Shalom*, monsieur Kutner.

Et elle s'en alla.

Max ne put se retenir quand il la vit tourner à l'angle de la rue. Sans perdre une seconde, il sauta par-dessus son comptoir et courut derrière elle à travers la place Onze agitée. Il dribbla des voitures, effraya des passants et trébucha sur des chiens, se cachant derrière des arbres et des poteaux, avant de se retrouver pendu sur le marchepied d'un tramway en direction de l'Estácio. Hannah se trouvait sur la première banquette, caressée par la brise, étrangère à son admirateur qui, agrippé à une poignée graisseuse, piochait dans sa poche de la monnaie pour le receveur. Le tramway balançait, freinait, des gens montaient et descendaient. Tout à l'avant, Hannah bougeait à peine, la chevelure ondoyante.

Elle descendit dans Rio Comprido, près de la place Estrela. Elle traversa la rue, regarda les journaux dans un kiosque, sourit à un enfant et attira les regards d'un troquet où elle acheta des cigarettes et un fume-cigare. Elle commanda une boisson jaune – bière, *guaraná** ? –, ajusta le fume-cigare à une cigarette et se mit à fumer au comptoir, le regard vague. Max se dissimula derrière un amandier. Hannah était sereine, presque triste – et belle ! À quoi pensait-elle ? De qui se souvenait-elle ? Elle fumait et buvait sans hâte. Ses mouvements étaient un ballet, une poésie gestuelle indifférente au monde, à la souriante malice du troquet. Mieux valait qu'elle ne sourît pas : les femmes comme elle n'avaient pas besoin de trucs ni de mimiques pour exhaler leurs charmes – comme les papillons qui, dans le repos de leurs ailes, révèlent leur splendeur ténue.

---

* Boisson stimulante faite à partir d'une plante du même nom.

Quelque temps après, elle prit une dernière bouffée et éteignit le mégot dans son verre.

Elle habitait dans l'immeuble Topázio qui voisinait le troquet. C'était un bâtiment neuf de cinq étages en ciment, étroit et haut. Encore un de ces prodiges modernes qui surgissaient du jour au lendemain. La ville s'étendait à grands pas et l'on parlait de plus en plus de construire une avenue entre Cidade Nova et l'Arsenal de la Marine. Des collines entières étaient abattues, Copacabana était un chantier de construction. Soudain, ce village n'existait plus, ces maisons n'étaient plus que des décombres. La tradition agonisait partout où le futur plantait ses pieux avides.

Mais rien de tout cela n'importait pour le cordonnier. À quoi bon réchauffer le passé ? C'est le hibou qui regarde derrière lui ! Villages, palais, immeubles, maisons ? Qu'on les démolisse tous, un à un, pourvu qu'on épargne l'immeuble Topázio, car c'était là que Hannah écrivait ses lettres. Quel appartement avait le privilège de l'accueillir ? Où se reposait-elle de ses vertus ?

**

Deux semaines plus tard

Le président de la République avait visité les chantiers d'une usine hydroélectrique, informait le reporter sponsorisé par des dragées contre les douleurs du pancréas et de la vésicule. Dans son discours applaudi, le leader prévoyait un avenir glorieux pour le Brésil. Il exaltait les forêts et les gisements de ce pays appelé à progresser, avec ses trois fuseaux horaires et la plus grande côte atlantique des Amériques. Il n'avait pas à proprement parler une voix grave, mais nasale, prête à annoncer les tempêtes et les accalmies avec la même intonation monotone. Aimé par ceux qui ne le haïssaient pas, et haï par ceux qui ne l'aimaient pas, il était craint par tous. Après le discours présidentiel, l'euphorique locuteur souligna que, avec ses précieux minerais et son peuple organisé, la nation or-et-vert exigeait de bons pancréas et de bonnes vésicules. Un spot publicitaire strident concluait le reportage.

Une demi-heure après, la radio s'intéressait aux sports. Le barbier en profita pour insulter l'arbitre qui avait scellé le score du dernier Fla-Flu*. Il parla de l'arrière latéral, de l'avant-centre et de l'ailier gauche, sans distraire son client rembruni, auquel on avait déjà coupé les cheveux, taillé la barbe et hydraté le visage avec une crème à l'hamamélis. Maintenant, Max demandait à la manucure de couper ses vingt ongles et leurs cuticules respectives. La pince à la main, l'indiscrète demoiselle lui demanda pourquoi il ne quittait pas des yeux l'immeuble d'en face. Max fit la sourde oreille.

Oui, la rencontre avec Hannah avait confirmé ses meilleurs présages. Dans sa dernière lettre à Guita, elle commentait les exploits de José à la Quinta da Boa Vista. Il avait parcouru plusieurs lieues sur ses béquilles et avait ensuite ramé sur un petit lac. Un athlète ! Ou non ? Max était nerveux : le portier du Topázio lui avait assuré qu'aucun boiteux ou infirme nommé José n'habitait l'un de ses cinquante appartements. Comment ça ? José n'existait pas, n'utilisait pas de béquilles ? Et Iôssef, qui était Iôssef ? Le portier l'ignorait.

Dans son avant-dernière lettre, Hannah disait avoir réuni ses amis pour un pique-nique de *Shavouot*. Ils avaient chanté, dansé, et Hannah récita par cœur les Dix Commandements. Max fut surpris : comment pouvait-elle s'adonner si vivement à une foi qui l'avait transformée en "femme enchaînée" ? Les *agounot* étaient mal vues, aussi bien à l'intérieur qu'à l'extérieur des cercles féminins. Elles portaient le stigmate de l'abandon et le doute de leur mérite, quand ne planait pas sur elles l'accusation d'avoir fait disparaître leurs maris. Maudites, calomniées, on les traitait même de sorcières. Et malgré tout, Hannah ne tournait pas le dos au judaïsme. Quelle femme fantastique ! Combien de personnes, pour beaucoup moins, n'avaient pas déserté leurs traditions en quête de croyances faciles ? Combien de faux messies ne bradaient pas le paradis

---

* Match de football opposant les équipes du Flamengo et du Fluminense.

avec fanfares et trompettes ? Comme si la foi n'exigeait pas d'épreuves, comme si la vie était une eau tranquille et translucide, et non pas un torrent qui emportait tout, sauf les pierres solidement fixées dans le lit !

Il était 10 h 30 quand Max eut un choc. Le capitaine Avelar en personne entra chez le barbier, avec le torse bombé et un képi de feutre.

– Max Kutner, qu'est-ce que tu fais là ?

– Je fais… les ongles, couper.

– Dans Rio Comprido ?

– Oui.

Une pause réticente. Avelar tâta ses cheveux :

– J'habite à deux rues d'ici.

Et comme le cordonnier ne réagissait pas :

– C'est bien qu'on se soit rencontrés. Il faut qu'on se parle, mais pas maintenant. Sois dans mon bureau à 4 heures.

*

Une ample carte détaillait le Brésil. Des dossiers, des stylos et des médailles ornaient le bureau d'Avelar. En feuilletant un livre noir :

– "Nous formerons d'ici peu d'énormes monopoles, de colossaux réservoirs de richesses, dont dépendront les fortunes des chrétiens eux-mêmes." – Avelar brandit le livre, une veine frémissant à son front. – Tu sais ce que c'est, Kutner ? *Les Protocoles des Sages de Sion*. Tout est là, la bible secrète des Juifs ! Mais ce n'est pas de ça que je veux parler.

Il s'éclaircit la gorge avant de remettre au cordonnier un papier annoté. "Groupe *Bnei Israël*, n°23, rue Feliciano, Madureira."

– Un groupe comme n'importe quel autre ? demanda le capitaine. Peut-être bien que oui, peut-être bien que non. Un réduit moscovite ? Qui sait… Découvre ce que c'est. Un doute ? Parfait. Demain, il y aura une… – Il choisit ses mots : – Réunion amicale. Qui sont-ils, combien sont-ils, que veulent-ils ?

*

Des maisons, des immeubles, des temples recouvraient les collines de la banlieue. Dans ces parages, la capitale fédérale était vraiment laide. *Oï veï!* Max était mort de peur, ballotté depuis presque une heure dans le wagon du train, maudissant sa “mission patriotique” confortablement commencée dans la rue de la Relação et qui, maintenant, s'étendait à Madureira.

Il descendit sur un quai sans ombre ni bancs, dans le voisinage d'une colline misérable qu'on n'avait jamais vue sur les cartes postales. C'était l'envers du Corcovado – l'Antéchrist ! Il longea des rues aux maisons et aux cours arborées. Des cerfs-volants gigotaient dans le ciel, des enfants criaient au loin. C'était un de ces lieux de vie et de terrains vagues, où les horloges bâillent et les poules meurent de vieillesse.

Max demanda à Dieu de rencontrer des gens aimables et charitables dans la rue Feliciano, sans les mystères ourdis par le capitaine Avelar. Il consulta la carte de la police, contourna une place où un gamin jouait tout seul, gravit un raidillon, et pénétra dans une rue inhospitalière, au bout de laquelle il y avait une bicoque bleu clair aux portes et aux fenêtres closes. Dans la cour, des canards et un chat endormi. Silence absolu. Max se gratta la tête : et maintenant ? Il vérifia l'adresse, regarda d'un côté et de l'autre, épongea sa sueur. Personne en vue. Il voulait s'en aller, oublier l'affaire. Courage, Max ! Un vent soudain secoua les arbres et répandit des feuilles dans la cour, réveillant le chat. Le cordonnier ouvrit un portillon, salua les canards et contourna une procession de fourmis sur le sol en terre. Deux plantes agonisaient dans des pots cassés, encadrant une porte à laquelle il s'apprêtait à frapper avec son poing quand il entendit le grincement. La porte s'ouvrit vers l'intérieur et Max vit un visage pâle, des yeux laiteux et un sourire sarcastique. Avant qu'il ne s'évanouisse :

– *Shalom*, Max Goldman.

Le lendemain, le capitaine Avelar s'installait sur son trône en jacaranda pendant qu'un jeune homme en uniforme tendait la main à Max :

– Lieutenant Staub, chef du département judaïque.

– Un jeune talent prometteur, complimenta le capitaine. Assieds-toi, Kutner, nous voulons t'écouter.

Max expliqua que le groupe *Bnei Israël* n'était rien d'autre qu'une association qui se chargeait de faire des dons et de rendre visite aux malades. Les membres du groupe lui semblaient tranquilles et travailleurs, sans aucun objectif politique. Max avait même versé "une petite somme" pour les pauvres, mais avait cordialement refusé leur invitation à faire partie du groupe.

Le capitaine et le lieutenant échangèrent un regard.

– C'est tout ?

– Oui.

– Rien de suspect ?

– Rien.

– Vous en êtes sûr ?

– Absolument.

Le lieutenant Staub posa encore trois ou quatre questions, jusqu'à ce que la sereine conviction du cordonnier abrège l'interrogatoire.

– Tu es un fidèle ami du Brésil, le salua Avelar.

– Merci, capitaine.

– Des Juifs comme vous sont les bienvenus.

– Merci, lieutenant.

Staub invita Max à faire un "tour". Ils parcoururent des couloirs, gravirent des escaliers, visitèrent des cabinets entre salutations et garde-à-vous, Staub expliquant les fonctions et la structure de chaque organe, département et secrétariat. Ils se trouvaient dans un Brésil fait de corps rigides, de brassières et de brodequins lustrés. Finalement, le lieutenant invita Max à prendre un café dans son bureau. Avec emphase :

– C'est bien ce que dit le Méphisto de Goethe : le peuple ne perçoit pas le diable, même quand il lui met la corde autour du cou. Comment les révolutionnaires expliquent-ils les massacres de Staline, les exils en Sibérie ? – Pause rhétorique. – Ils ne les expliquent pas, car la propagande opprime davantage que mille armées. Les communistes ont même aboli la religion pour ne pas avoir à concourir avec d'autres utopies. Méfiez-vous de ceux qui prêchent l'égalité, mon cher. La richesse de l'homme est dans la différence.

Max s'étonnait d'une telle courtoisie : pourquoi le lieutenant perdrait-il son temps avec un simple traducteur ? Y aurait-il entre eux deux une lointaine sympathie ? Peut-être Staub voulait-il dire quelque chose que la prudence taisait. Quoi ?

Leur conversation fut interrompue par un soldat pressé :

– Lieutenant Staub ! – Il se mit au garde-à-vous. – Le major Müller souhaite vous parler !

– J'arrive.

Staub sortit un miroir de sa poche, coiffa ses cheveux et arrangea son uniforme. Quand ils se séparèrent, Max surprit une bonté inquiète dans son regard.

**

Les hivers cariocas étaient plus chauds que les étés polonais. Dans les jours tièdes de Katowice, les maisons s'ouvraient et les gens souriaient sous n'importe quel prétexte, faisant défiler leur blancheur au bord de la rivière. Les places et les bois se remplissaient de fleurs, de papillons et de bêtes sautillantes. Des familles faisaient des pique-niques, des amoureux se promenaient en se donnant la main.

En Europe, les mois de l'année étaient comme les personnes, chacun avait son tempérament, son caractère : les uns grognons, les autres gentils. Les grognons camouflaient leurs bontés, et les gentils, leurs travers. Tout avait une odeur, une texture, une couleur – et une durée. Le vert pulsait avec une vigueur éphémère car, dès septembre, l'automne déteignait les champs et les humeurs. On avait l'impression que le froid se tenait aux aguets et que la chaleur n'était qu'une concession passagère, un souffle vital. Personne ne se faisait d'illusion à Katowice : de juin à août, le monstre gris n'était qu'assoupi (on entendait ses ronflements), et se réveillerait bientôt avec une vigueur renouvelée pour répandre le gel pendant six mois. Alors les fruits céderaient la place aux conserves et aux viandes grasses, le bois brûlé serait la seule odeur, les gens s'enfermeraient dans leurs manteaux et le ciel pèserait sur leurs chemins. En novembre, la neige viendrait éteindre couleurs et reflets. Les arbres, ne faisant plus d'ombre à personne, ne seraient que des squelettes tordus jusqu'au printemps suivant.

Rio de Janeiro était bien différente. Les saisons se ressemblaient les unes aux autres et les cycles de la nature n'apparaissaient que dans les marchés et les primeurs avec leurs offres saisonnières. De temps en temps, un ipê violet ou un amandier jaune coloraient le paysage, alors les boutiques s'empressaient de vendre les "modes de la saison", histoire de renouveler leurs stocks. On pouvait aller à la plage ou se promener en forêt à n'importe quel mois. L'été, des tempêtes châtiaient la ville à coups d'inondations et d'éboulements. Puis, de magnifiques arcs-en-ciel ravissaient les témoins mouillés et tout redevenait normal. L'hiver était si doux qu'on donnait même des fêtes en plein air.

Cet après-midi-là, par exemple, Max traduisait les détails d'un mariage dans une maison de campagne de Jacarepaguá – friandises, gâteaux salés, violons. Un rabbin avait officié en gardant l'œil sur les petits singes qui, dans les branches d'un saule, menaçaient de salir les invités. Près de l'orchestre, un cours d'eau trempait les enfants, pendant que les adultes dansaient et criaient *Mazel Tov*. Les garnitures du gâteau reçurent tellement d'éloges qu'une tante aveugle voulut y toucher. Max faillit rire. Il aurait même été ému si la fête avait vraiment eu lieu ; si tout cela n'avait pas été qu'une farce tramée depuis huit jours au n° 23, rue Feliciano, Madureira.

*

Trois verres d'eau sucrée lui firent recouvrer ses esprits. Dans la bicoque bleu clair, Max fut installé sur une chaise, les jambes flageolantes et la calvitie en sueur. Dans le salon, il y avait des dames grassouillettes, des jeunes, des sages et des idiots. Le groupe *Bnei Israël* était, de fait, une association de bienfaisance. On y collectait de l'argent, des manteaux, des aliments. La police n'aurait rien eu à redire si ces gens ne s'étaient occupé, tout spécialement, de Juifs victimes de la répression. Emprisonnements, déportations et disparitions déchiraient les foyers, ruinaient les affaires, dissipaient les horizons. Combien de parents, d'enfants, de conjoints étaient condamnés à la pénurie, au désespoir, sans savoir si leurs proches gisaient dans des cellules ou dans des tombes ? Comment les aider ?

Mme Ethel cita le *Talmud* :

– *Kol Israël arevim zeh bazeh.* Les Juifs sont responsables les uns des autres.

Un gros nez prit la parole :

– Nous assurons les études de quarante enfants, les traitements de vieillards. Nous recherchons des nouvelles de prisonniers et de déportés. Les jours saints, nous recevons nos frères dans nos maisons. Nous ne voulons rien savoir de la politique. Gauche ou droite, peu importe. Nous sommes juifs depuis quatre mille ans. Qui est de gauche depuis aussi longtemps ?

Mme Ethel :

– Les *goyim* inventeront toujours des raisons pour nous persécuter.

Un vieillard sourit :

– J'ai connu tes parents, Max Goldman. Reisele était une princesse. – Perdant le sourire : – Toujours célibataire à ton âge ?

Et le gros nez :

– Nous avons de bons espions, y compris dans la police. L'un d'eux t'a attiré jusqu'ici.

Un orthodoxe sauta sur l'occasion :

– Les espions se sont montrés très utiles et courageux dans notre histoire. As-tu déjà entendu parler des *meraglim* que Moshé envoya à Canaan ?

Et Max, plus perplexe qu'éclairé :

– Que voulez-vous de moi ?

Le gros nez joignit les mains :

– Nous avons des frères poursuivis par la police. Ils sont bien cachés et nous allons les faire embarquer pour l'Argentine avec de faux passeports. Les instructions pour nos camarades se trouvent dans cette lettre cryptée que tu vas traduire dans les prochains jours. Nous y parlons d'un mariage à Jacarepaguá, un pur mensonge. Ne traduis pas les noms des invités.

Mme Ethel :

– C'est compris, Max Goldman ?

Le cordonnier n'eut pas de réaction.

– Parfait, se félicita la femme. Tiens, voici mon adresse. Maintenant, tu es des nôtres.

*

Quand il eut traduit le mariage, Max but de l'eau et passa à la lettre suivante.

Depuis Buenos Aires, Guita relatait le banquet que Jayme et elle avaient offert au gratin de la ville. Une nuit mémorable. Et puisque, d'après Guita, "les événements ne valent que pour leurs imprévus", les voici : les *hors-d'œuvre** finirent parce qu'un ministre alla les dévorer dans la cuisine ; des perles baroques coïncidèrent en des proportions alarmantes ; deux ambassadeurs ne se saluèrent pas.

Guita concluait par une étincelle de réalisme : "Puisque personne ne m'admire, qu'au moins on m'envie ! C'est une consolation pour quelqu'un dont l'unique vertu est d'être ta sœur."

La semaine suivante :

Rio de Janeiro, 14 août 1937

Chère Guita,

N'essaie pas de contrôler ce que les autres pensent de toi. C'est comme essayer de modeler les nuages en soufflant dessus. Les uns t'aiment en secret. Les autres te détestent de la même manière. Les raisons de chacun ? Mieux vaut les ignorer. Les sentiments des autres sont un marécage que notre orgueil essaie de fleurir. Sauf que les marécages aussi ont leurs fleurs.

Bises, Hannah

**

* Les mots en italique suivis d'un astérisque sont en français dans le texte.

Un jour, Max se réveilla transformé. Il lui manquait quelque chose, la tête étrangement légère et le corps souple. Le miroir de la salle de bains reflétait un homme déterminé. Où étaient passées les épaules courbées, les lèvres ternes, la tristesse innée ? Était-il fou, mort ? Il prit une douche, tâta son visage, sa poitrine, son sexe, ses jambes. Il tâta son esprit, et se tâta sans douleur ni crainte. Alors il se douta que non pas lui, mais quelque chose en lui était mort. De nouveau face au miroir, Max crut voir un homme sans culpabilité. L'air ne lui pesait plus – il le revigorait. Au chevet de son lit, le grand-père Shlomo récita les mots du rabbin Hillel : "Si je ne le fais pas pour moi, qui le fera ? Et si ce n'est pas maintenant, quand ?"

Max en avait assez des dilemmes et des censures raffinées. C'était la bête humaine qui rechignait contre les finesses de l'esprit. Est-ce que la morale ne servait qu'à interdire et châtier ? Pourquoi ce flirt millénaire entre la douleur et la décence ? C'est Guita qui avait raison, au milieu de ses paillettes mondaines, et non pas de ce linceul précoce où certains s'enroulaient avec un prétendu héroïsme. Max en avait assez de traîner des chaînes dans des rites expiatoires. Il voulait, ça oui, être heureux, être plein, être un homme – et être moral ! Parce que le véritable défi de l'homme moral n'était pas d'obéir aveuglément aux commandements sacrés, mais d'être fidèle à leur essence.

Oui, Max traduisait Hannah, violait des secrets, se servait d'un faux nom. Oui, Hannah était mariée. Et après ? Quel était le poids de tout cela dans un monde insensé, où des guerres faisaient la guerre à d'autres guerres ? Max se voyait jeté dans l'arène, au corps à corps avec des lions qui ne priaient pas le *Shema* et ne baisaient pas d'amulettes. C'était tuer ou mourir. Qu'il s'en empare définitivement au lieu de jouer aux échecs avec les vents, tournoyant au hasard, tandis que d'autres pièces avançaient et modifiaient le score.

Il assortit son pantalon avec sa chemise. Il était 7 heures en cette première matinée sans culpabilité.

La place Onze s'étirait. Le long des trottoirs, on voyait les bouteilles que les laitiers du matin avaient semées de porte en porte. La somnolence quittait les baraquements, les maisons et les impasses, tandis que les coins de rue sentaient le café, que des enfants en uniforme semaient la pagaille sur le chemin de l'école, et que les trains lâchaient déjà leurs troupeaux dans la gare Central do Brasil.

À huit heures, Max répétait des concours de circonstances derrière un amandier de Rio Comprido : "Vous ici, quelle adorable coïncidence !" Il aurait fait une livraison pas loin d'ici. Au fait, il réparait aussi les sacs à main, les portefeuilles, les valises et les ceintures. S'il aimait son travail ? Assez pour ne pas s'en dégoûter ; ça payait ses factures. Le judaïsme ? Il n'était pas religieux, mais il célébrait toutes les dates, priait en hébreu et insultait en yiddish. D'ailleurs, on était sur le point d'entrer en l'an… l'an… (calculs fiévreux). Voilà : 5698 ! *Ghit Iur!*

Huit heures et demie, les portes du Topázio s'ouvrirent et Hannah apparut dans une sobre robe noire et blanche, les cheveux rassemblés en chignon. Elle salua le portier et foula le trottoir dans ses escarpins récemment réparés. Elle était simple, très élégante, marchant avec hâte. Dans quoi travaillait-elle ? La mode, les bijoux, les cosmétiques ? Elle entra ici, tourna là, acheta une pomme chez un primeur, sortit en mangeant et jeta un coup d'œil aux journaux pendus à un kiosque. Une ceinture marquait sa taille et soulignait ses hanches, étirant le plissé noir jusqu'à ses genoux.

La voiture était déjà sur la place Estrela, une limousine noire. Un chauffeur à képi ouvrit la portière arrière et Hannah entra rapidement. La voiture partit sans s'attarder, intriguant le cordonnier : que faisait Hannah dans une limousine ?

Il rentra chez lui, abasourdi : une prolétaire en limousine ? On aurait plutôt dit une pompeuse aristocrate, et non pas la Hannah des lettres. À vrai dire, Hannah ressemblait plutôt à Guita elle-même. Pourquoi cette hâte et ce chauffeur ? Où étaient passés José et l'énigmatique Iôssef ?

Max en demeura troublé toute la journée, imaginant des choses absurdes.

Le lendemain après-midi, il salua le soldat Onofre, ouvrit le cahier quadrillé et débuta son travail par un frisson. Maintenant Hannah se traçait sur du papier jaune.

Rio de Janeiro, 27 août 1937

Guita,

Rosh Hashana arrive, époque de renouvellement.

Sais-tu à qui j'ai pensé aujourd'hui ? À la tante Sabina ! Toujours meshouguene. *Elle passait son temps devant une coiffeuse remplie de pots, de fioles, de brosses, dans l'attente de "l'homme parfait". Elle avait gardé un parfum, un flacon scellé, pour le grand jour.*

Cependant, chaque année, tante Sabina brossait des cheveux toujours plus blancs, et le parfum se dégradait dans son flacon. Du "grand jour", aucun signe. Une fois, je suis allée jouer avec ses affaires et… j'ai brisé le parfum. Exactement ! J'ai brisé le parfum du grand jour. Oï veï ! *Maman m'a battue, papa est devenu furieux, tante Sabina s'est sentie si mal qu'on a appelé le médecin, le rabbin, et même le fossoyeur. Quelle pagaille, mon Dieu !*

Cependant, tante Sabina n'est pas morte. Mieux que ça. Elle a pris un balai et a résolu de nettoyer sa chambre.

Qui l'eût cru, Guita ! Le lendemain, tante Sabina s'est réveillée vingt ans plus jeune. Elle était libre ! Elle est arrivée chez nous en disant qu'"il vaut mieux vivre sans rêver que rêver sans vivre".

Tante Sabina avait raison, tout à fait raison. Aujourd'hui, je comprends ce qu'elle a voulu dire. Je comprends, mais je n'apprends pas.

Mon parfum s'est brisé depuis des années, mais qu'ai-je fait sinon en conserver les tessons ? Je pleure toutes les nuits en pensant à cet accident stupide, à la rivière où Max a coulé avec sa voiture. Je suis, en effet, une agouna, *littéralement enchaînée. Parce qu'aucun homme ne peut ni ne pourra me le faire oublier.*

La vie est cruelle, ma chère sœur. Si cruelle que, l'autre jour, j'ai rencontré un autre Max Kutner. Crois-moi ! Un cordonnier de Galicie. Oh, le pauvre type, un homme tellement quelconque… Comment ose-t-il porter le même nom que mon bien-aimé ?

Iôssef te salue bien!
Plein, plein de bises,
Hannah

3

Un crucifix doré, des saints d'argile et de céramique, l'écusson d'une équipe de football. Max régla son objectif : que faisait-il sur ce canapé ? Il avait mal partout.

– Ça va mieux, m'sieur le Juif ? – Une petite grosse lui apporta du café.

La première gorgée lui brûla la langue.

– Je suis Dina, la mère d'Onofre. J'ai enlevé vos chaussettes, car ça porte malheur de dormir avec elles. Vous vous êtes évanoui à votre travail, mais mon fils a réussi à vous amener ici. – Une pause malicieuse. – Comment elle s'appelle ?

– Hannah.

– Venez prendre une soupe.

À table, Max épia les amulettes de Dina avec un vague – et inédit – respect. Si, auparavant, il évitait les prophéties, se contentant du hasard, il se demandait à présent pourquoi le destin l'aurait fait tomber amoureux de la veuve de l'authentique Max Kutner. Oui, il y avait là une cohérence fatidique. C'était la justice céleste qui mettait les points sur les i, en punissant Max pour la farce du passeport. C'était le défunt en personne qui venait se venger à travers sa veuve !

– Allumez une chandelle de deux couleurs sur un papier portant son nom, dit Dina.

– Mais… je suis juif.

Mépris :

– Il n'y a au monde que les amoureux et les mal-aimés, tout le reste n'est que fadaise.

Max hésita à demander ce qu'il n'aurait jamais demandé auparavant, se moquant même de qui l'aurait demandé :

– Faites en sorte que Hannah m'aime.

Dina épongea son double menton avec un mouchoir :

– Apporte-moi un verre, une cigarette, n'importe quoi que Hannah ait touché avec sa bouche. Quelque chose me dit que cette femme est d'*Oxum**. Je résoudrai le problème en trois jours. Maintenant, suis-moi !

C'était une cour avec des plantes, des rebuts et des chats. Dina leva ses bras potelés :

– Oh, sainte Rita des Impossibles ! Quel est l'avenir de ce Juif ? Voix du peuple, messagers fortuits, dites l'avenir de ce Juif !

Elle serra les mains du cordonnier :

– Maintenant, pars ! Prête attention à ce que la rue te dira, car la vérité est dans la voix du peuple. Le hasard est le meilleur des prophètes.

Max descendit un escalier jusqu'à la place de la Cruz Vermelha. Ses tempes battaient et ses jambes flageolaient dans l'avenue Mem de Sá, où une ronde de samba interprétait du Noel Rosa. Cordes, boîtes et conserves rythmaient le chant :

– Savoir mentir est une preuve de noblesse / Pour que la franchise ne blesse personne / Le mensonge n'est pas un crime / C'est bien sublime tout ce qu'on dit / Quand on ment pour rendre heureux.

**

Buenos Aires, 31 août 1937

Chère Hannah,

Tu es un ange ! Qu'en 5698 tu continues de faire le bien dont tant de gens ont besoin, à commencer par moi !

Guit Iur*!*

Guita et Jayme

*

Rio de Janeiro, 9 septembre 1937

Guita,

Merci pour ton mot ! Toi aussi tu es un ange.

---

* Divinité afro-brésilienne.

D'ailleurs, les anges sont nombreux et partout, attendant l'occasion de nous aider avec leurs mains anonymes. À vrai dire, nous sommes tous des anges occasionnels. Ce sont les circonstances qui sont angéliques, et non pas les personnes.

Mais une chose est sûre. Les anges, si jamais ils existent, ont aussi leurs propres anges. Ce sont, justement, ceux qui leur offrent la possibilité de les aider. Bénies soient les personnes auxquelles je tends la main, car en vérité, c'est elles qui me tendent les leurs. Comme l'enseigne le Talmud *: celui qui donne est celui qui reçoit le plus.*

Bises,

Hannah

**

Max avait onze ans quand ses grands-parents reçurent un voyageur dans leur village. L'homme avait exploré les confins de l'Afrique et navigué sur le Gange, en Inde. Il avait vu Tel-Aviv jaillir des dunes, au nord de Jaffa, avant d'escalader une pyramide égyptienne près du Caire. Bref, un aventurier. La grand-mère Rebeca servait le dîner à table quand le visiteur mit le grand-père au défi de lui dire si l'être humain poussait vers le haut ou vers le bas. Et Shlomo : vers le haut, évidemment !

– Belle erreur ! s'amusa l'autre. Nous poussons de tous les côtés, y compris vers le bas. Le monde s'étend à partir d'un noyau essentiel. C'est une illusion de croire que notre périple est évolutif. – Et à l'adresse du petit garçon abasourdi : – Tu as compris ?

"Oui", répondrait Max vingt ans plus tard. Il avait découvert que, pour chaque bien, il y avait un mal équivalent, que chaque centimètre vers le haut en présumait un autre vers le bas. Le savoir n'excluait pas l'ignorance, ni la satiété, l'insuffisance. Le Brésil en était le meilleur exemple : énorme, fertile, chaud. Tout poussait, tout jaillissait dans l'immensité, même la misère, sans doute parce qu'il existait une correspondance entre le manque et l'excès. L'abondance parrainait la pénurie – ou bien était-ce le contraire ? On ne mourait pas de faim ni de froid à Rio de Janeiro, où de grandes dames jetaient des pièces à des clochards plus costauds que des dockers de Pologne. Des fruits tombés des arbres pourrissaient près de mendiantes qui allaitaient leurs enfants. Des favelas côtoyaient des villas, qui côtoyaient des baraquements, qui côtoyaient des palais. Seuls des regards étrangers pouvaient s'étonner de l'étrange harmonie de la capitale brésilienne, un patchwork bien tropical.

Les Juifs s'étaient greffés à ce décor où des métis baragouinaient le yiddish et des politiciens pariaient à la loterie. Les déclamations d'un bistrot berçaient les prières de la synagogue à l'étage au-dessus. Même les intégristes n'effrayaient guère avec leurs pathétiques *anauês*. Les Brésiliens ne savaient pas haïr. Max pouvait, à l'occasion, essuyer des offenses ou des menaces, non pas parce qu'il était juif, mais parce que tout le monde s'offensait et se menaçait selon des rites de guerre et de paix. On riait tout le temps, pour n'importe quelle raison. On buvait beaucoup : bière, *cachaça**, vin bon marché. La sensualité viciait les regards, remplissant les bordels et les bals populaires.

Le pays était une aimable pagaille, un baraquement hospitalier, pourvu que ses règles – ou leur absence – fussent respectées. Et le Juif typique, imprégné de culpabilité et de craintes, traditionnel intrus dans la maison d'autrui, se rapprochait par volées discrètes, comme un groupe isolé qui se joint à la fête et qui, tôt ou tard, fait ronfler la *cuíca*** de la fraternité.

Et quelle fraternité ! À Manaus, la tombe d'un rabbin soi-disant miraculeuse attirait des pèlerins de l'Amazonie. Dans le sertão du nord-est, on trouvait des vestiges du judaïsme banni par l'Inquisition. Et les tambours de la macumba, secrètement adorés par l'élite ? D'ailleurs, si le pays était une fête œcuménique où chacun convoitait la foi de l'autre et cédait un peu de la sienne, pourquoi Max aurait-il fait exception ?

* Alcool de canne à sucre.

** Instrument de musique.

Sur la colline de la Providência, il monta jusqu'à une place où la racaille buvait dans un bistrot. Les raidillons et la boue faisaient de la vie une acrobatie obstinée. Il acheta la chandelle que Dina avait commandée : "Ni une, ni trois : deux couleurs !" Que Shlomo le pardonne, mais en Pologne aussi les croyances défiaient les orthodoxies, allant même jusqu'à augmenter le prix des aliments. Dans certains endroits, l'ail et l'oignon servaient plus à chasser les démons que la faim.

Il est bien vrai que, dans le fond, Max doutait que des chandelles et des prières pussent changer le monde. Cantiques, amulettes, encens. Dieu était-il vraiment sensible à ces tours bon marché ? Son omniscience et sa bonté ne suffisaient-elles donc pas pour juger des personnes plus préoccupées de le cajoler que de se montrer raisonnables ? Combien de religieux, dans leur attachement aux traditions, ne finissaient pas par oublier la valeur qui en faisait le fondement ? Combien de rites n'étaient que des simagrées, des gestes mécaniques et hypocrites ? Combien de dévots adressaient des prières à Dieu faute de pouvoir l'affronter avec des épées et des fusils ?

Chez lui, Max écrivit "Hannah" sur une feuille, éteignit la lumière et gratta une allumette. La flamme dansa timidement sur la mèche, agonisant presque avant d'éclater dans une flambée capable de brûler les scepticismes. Même Shlomo en transpira dans son portrait. Dina l'avait bien dit : "Cette femme est d'Oxum" – plus précisément, une *agouna* d'Oxum.

**

"Un verre, une cigarette, n'importe quoi que Hannah ait touché avec sa bouche." Max déclamait l'ordre de Dina, adossé au bon vieil amandier. Il fallut attendre deux heures avant que sa bien-aimée apparaisse dans une gracieuse robe bleu clair, sac à main et chaussures blancs. Elle marchait sans hâte, les mains et le regard libres. Elle ne rappelait en rien la dame pressée qui l'autre jour était entrée dans une limousine. Et ne la rappellerait pas : à l'Estácio, Hannah embarqua dans un *taioba*, le fameux tramway de marchandises qu'empruntaient les lavandières et les foraines avec leurs baluchons et même des animaux. Max en resta bouche bée. Les gens de bonne famille ne mettaient pas le pied dans ces porcheries qui n'avaient même pas de fenêtre, tels des cercueils ambulants.

– Taxi ! Suivez ce *taioba* !

Le wagon se rendit dans le centre par Cidade Nova, traversant la place de la República et la place de la Carioca, avant de s'arrêter devant la galerie Cruzeiro, au cœur de l'avenue Rio Branco. Hannah acheta des cigarettes dans un bureau de tabac et s'engagea dans des rues dont l'étroitesse compressait les foules. Elle marcha joliment, tout en regardant les vitrines de la rue Gonçalves Dias, avant d'entrer dans la pâtisserie Colombo et de commander quelque chose au comptoir des confiseries. Au loin, Max vibra : prendre une fourchette ou une serviette serait un jeu d'enfant ! Jamais il n'aurait cru qu'il serait aussi facile de la conquérir. Que le Dieu de Moshé lui pardonne ses offenses, mais la concurrence avait des offres plus séduisantes.

Des petits cris. Une blonde donnait l'accolade à Hannah au comptoir. Max affûta ses pupilles : une amie ? Elles discutaient avec animation pendant que Hannah tenait une petite assiette et portait à sa bouche la fourchette destinée aux sorcelleries de Dina. La blonde riait et gesticulait, Hannah écoutait et Max fixait sa proie luisante, rendue au comptoir avec la petite assiette. Hannah dit quelque chose à la blonde et traversa la salle, ouvrant son sac à main tout en faisant la queue pour payer. C'est le moment d'agir, décréta le cordonnier. Au nom des *orixás** !

Max était une lance infaillible en direction du comptoir. Il heurta tous ceux qu'il fallait jusqu'à ce qu'un choc le paralysât. Il frémit au milieu du salon : il vit une chose horrible, incroyable. Seule au comptoir, la blonde curait l'assiette et avalait la fourchette à petits coups discrets. Ce n'était pas possible ! La voleuse regardait de chaque côté pendant que Hannah payait l'addition. Putain des enfers ! Et en plus, elle s'essuya la bouche avec le dos de la main et se lécha tous les doigts. La cochonne !

* Divinités afro-brésiliennes.

Dans la rue, Hannah et la voleuse se firent la bise et se séparèrent. Des hordes couraient dans tous les sens, comme des flèches aux trajectoires entrecroisées, visant des cibles d'où elles seraient de nouveau tirées de tous côtés. Hannah parcourut trois pâtés de maisons, et finit par s'asseoir sur un banc de la place de São Francisco, la robe en désordre tandis qu'elle allumait une cigarette. Elle croisa les jambes et, avec ses mains, se mit à réciter sa poésie gestuelle. Elle fumait lentement – attentive aux pigeons qui picoraient autour d'elle ? Non, Hannah ne les contemplait pas ; son regard coïncidant n'était qu'un pur hasard. Hannah vivait dans un autre monde, et ses incursions dans celui-ci n'étaient que des exils momentanés, un mal nécessaire.

Au loin, Max faisait semblant d'étudier les billets de loterie qui pendaient à un kiosque. Non, il ne brillait plus par la pureté, et pouvait parier que Hannah mentait à Guita. Était-elle vraiment mariée ? Dans quoi travaillait-elle ? Et Iôssef, qui était Iôssef ? Bref, qui était Hannah ?

Max allongea son visage quand elle prit la dernière bouffée et, d'une pichenette, jeta par terre le mégot incandescent. Avait-elle bâillé en se levant et en s'en allant ? Du regard, Max repéra l'emplacement du mégot. Mais sa stratégie échoua : il y avait des milliers de mégots par terre. Des milliers ! *Dreck*, et maintenant ? Bien sûr : le rouge à lèvres de Hannah ferait la différence ! Max s'accroupit et marcha à quatre pattes au milieu des pigeons pour examiner les mégots, un à un, au soleil de midi. Cinq, dix, vingt mégots, et aucune marque rosâtre, aucun rouge à lèvres. Il flairait les pointes et palpait les bouts, imité par un mendiant qui attirait déjà un public moqueur. Un policier s'ouvrit un passage, moins rigide que curieux. Il était sur le point d'interpeller le monsieur à quatre pattes, mais ce n'est pas lui qui foudroya le cordonnier :

– Monsieur Kutner ?

C'était Hannah. Elle était revenue pour prendre le paquet de cigarettes oublié sur le banc.

– Vous allez bien ?

Max ne bougea pas.

– Vous cherchez quelque chose, monsieur Kutner ?

– Non…

Hannah lui tendit la main, Max se releva. Il était pâle.

– Je ne cherche rien. – Nausées : – Rien, rien.

Le public se dispersa. Max se racla la gorge pour gagner du temps, les os tremblants et la bouche sèche. Hannah le regardait avec délicatesse, sans exiger d'explication.

– Les anges !

– Les anges, monsieur Kutner ?

– Oui, les anges ! Ils sont parmi nous.

Hannah dissimula sa stupeur. Et Max :

– Car ce sont les circonstances qui sont angéliques. – Vertige : – Mais ne vous y trompez pas : les anges aussi ont leurs anges.

– Vous avez bu ?

– J'ai besoin de vous ! Tendez-moi la main !

Hannah l'emmena dans un bar et commanda du pain avec du beurre. Il mâcha pour mâcher.

– Ça va mieux, monsieur Kutner ?

Max acquiesça, la bouche providentiellement pleine.

– Tant mieux. – Hannah soupira. – Restez en paix.

Et elle disparut.

**

Tous se levèrent pour écouter le son du *shofar*. Recouvert d'un châle blanc, un homme monta sur le pupitre de la synagogue et souffla dans la corne de bélier. C'était *Yom Kippour*, le Jour du Pardon, quand les Juifs jeûnent et expient les fautes commises pendant l'année.

Récemment inauguré, le Grand Temple israélite faisait la fierté de la colonie, avec ses vitraux et sa mezzanine pour les femmes. Même Buenos Aires n'avait rien de semblable. Une mosaïque flanquait l'arche contenant les rouleaux de la *Torah*, enveloppés de blanc pour le jour saint. Mais peu d'entre eux prévoyaient des réjouissances pour la nouvelle année. Le gouvernement Vargas accusait les Juifs de tramer un coup d'État pour implanter le communisme au Brésil. Révoltes, émeutes et assassinats auraient fait partie de la "conspiration sémite" découverte par les militaires, plus connue sous le nom de Plan Cohen. Max savait que tout cela n'était qu'une farce destinée à leurrer le peuple et à justifier des violences telles que l'expulsion d'Olga Benário, la bolchevik rendue à Hitler.

Après la cérémonie de *Yom Kippour*, il y eut les salutations. Ce fut par un discret signe de tête que Max salua Mme Ethel, du groupe *Bnei Israël*. Peu après, sur les marches qui conduisaient à la rue, quelqu'un lui offrit un caramel pour rompre le jeûne. Peu à peu, le cordonnier s'habituait aux regards biaisés, aux murmures dans les coins. À cette époque, même les arbres de la place Onze savaient qu'il travaillait pour la police. C'était sans doute pourquoi la majorité l'évitait, ou n'imaginait même pas l'inviter pour le dîner de *Yom Kippour*. Et après ? Il apprendrait malgré tout comment s'étaient déroulés ces mêmes dîners – plats, couverts, humeurs. Il y aurait toujours un importun pour aigrir les esprits avec des vérités déplacées, ou quelqu'un dont la santé inquiéterait. Il y aurait toujours un poisson trop salé ou un délicieux gâteau aux noix et aux raisins.

Max était étrangement intime de tous ces gens-là, attaché à leurs vies comme une âme en peine. Comment pouvaient-ils être à la fois si semblables et si différents, se cachant les mêmes secrets les uns aux autres, pour que personne ne se doutât de ce que tout le monde savait ! Ils géraient leurs réputations avec des mains de fer – et des jambes de bois. Y compris le cordonnier lui-même.

Il rentra chez lui, perdu dans ses pensées. Pourquoi avait-il jeûné pour la première fois depuis la Pologne, s'il n'éprouvait aucune culpabilité et s'il n'était pas religieux ? La réponse lui vint pendant qu'il faisait cuire un œuf sur son fourneau. Jeûner avait été un acte de communion avec son père, avec ses grands-parents, avec la grande et intemporelle famille à laquelle Hannah appartenait elle aussi. Il trinqua au nouvel an. Mais, finalement, quelles nouveautés 5698 lui réservait-il ?

Ses compatriotes étaient moins nombreux au comptoir, à présent fréquenté par des brodequins et des ceinturons. Des voitures noires stationnaient à la porte de son atelier avec leur habituelle indiscrétion. Même le capitaine Avelar aimait secouer ses médailles sur les trottoirs de la Visconde de Itaúna. Pour ces raisons et d'autres, Max s'attirait l'ostensible antipathie ou le prudent respect de ses voisins. Une fois, une mère était venue implorer des nouvelles de sa fille emprisonnée, et Max s'était empressé de l'éconduire. Il ne manquait plus que ça : devenir une succursale de la police ! Pendant ce temps, dans la rue de la Relação, il gravissait les échelons, chargé d'interroger les Juifs ne sachant ou ne voulant pas parler portugais, et qui généralement étaient étrangers ou avaient une dette envers la loi.

– Qu'ils nous laissent en paix! supplia un jeune *gaucho**, arrêté pendant qu'il cherchait du travail à Rio. Nous ne menaçons personne! Nous sommes si peu nombreux que nous n'avons même pas besoin d'être pacifiques. Par contre, ils devraient se méfier des Allemands du Sud. C'est là qu'est le danger !

Il avait raison. Dans Santa Catarina et au Rio Grande do Sul, des milliers d'Allemands et de leurs descendants refusaient de parler portugais pendant que, dans les écoles, leurs enfants étudiaient dans des livres venus de Berlin. Pour eux, l'annexion du Brésil au Troisième Reich n'était qu'une question de temps, et la croix gammée ne tarderait pas à flotter sur le palais du Catete. Chaque année, en avril, ces communautés fêtaient l'anniversaire du Führer avec des défilés, des orchestres et des fanfares.

Max dissimula sa compassion en griffonnant dans un petit cahier :

– Tu cherches du travail à Rio, mon gars ? Où es-tu logé ?

Le lendemain, le *gaucho* fut contacté par un vieux menuisier qui avait besoin d'un assistant. Non, le menuisier n'était pas un ami de Max, et il n'avait pas non plus passé d'annonce dans les journaux. Comment Max était-il au courant ? Grâce aux lettres, naturellement.

**

---

* Qui vit dans la zone rurale de l'État du Rio Grande do Sul.

Rio de Janeiro, 1er octobre 1937

Chère Guita,

Simhat Torah *est la fête du savoir. C'est pourquoi je dédie cette lettre à un thème spécial : l'ignorance. Finalement, l'ignorance est la mère de la sagesse ! Apprendre à ignorer, c'est apprendre à savoir. L'ignorance nous enseigne à tolérer le mystère, la douleur, le refus. Et à admettre qu'il n'y a pas ou qu'il n'y a pas eu de réponse pour tout. Nos sages disent qu'une bonne question contient déjà la moitié de la réponse.*

Apprécie le silence. C'est en lui qu'affleurent les bonnes réponses. Certaines sont intuitives, elles viennent d'autres mondes et ont peur de celui-ci. Elles fuient au moindre bruit. Méfie-toi des réponses agréables ou absolues, qui font taire les questions. Nos doutes ne sont pas des cratères, mais des horizons. Pourquoi ne pas les contempler au lieu de les remplir avec n'importe quel mortier ?

Ben Sira nous enseigne : "Ne cherche pas ce qui t'est caché et ne comprends que ce qui t'est permis." Cohabiter avec le doute, c'est peut-être mieux que de le combattre. Les gens qui ne tolèrent pas le mystère courent encore un risque supplémentaire : celui de poser des questions qui tiennent dans leurs réponses, élaborées à l'avance pour y satisfaire. Dans la vie de ces gens, ce sont les réponses qui induisent les questions, pas le contraire. Les questions ne servent que de préambules à leurs pauvres certitudes.

Pour célébrer Simhat Torah, *j'ai fait du porte à porte pour demander des livres en yiddish. Je vais en faire don à un asile de personnes âgées la semaine prochaine.*

Iôssef te salue bien ! Bises,

Hannah

**

Toujours en haillons, Mendel F. inspirait plus de peine que d'indignation quand il insultait les passants. Il prenait son bain dans la fontaine de la place Onze et ronflait à gorge déployée aux coins des rues. D'un âge incertain, il aurait survécu à un massacre en Ukraine et n'arrivait pas à se rappeler comment il était arrivé au Brésil. Bref, encore un *shlepper*.

Le fait est que, cet après-midi-là, Mendel F. était étonnamment calme et même courtois le long des trottoirs, arborant des chaussures lustrées et disant que Max Kutner était un saint. À grands cris :

– Payez le cordonnier avec des livres ! Des livres en yiddish !

En quelques heures, l'atelier fut transformé en bibliothèque. Prose et vers, commentaires rabbiniques, dictionnaires, et même des morceaux d'encyclopédies rémunéraient le cordonnier. En fin de soirée, Max remplit toute une valise de savoirs : Tolstoï, Scholem Aleichem, Dostoïevski. Il alla même jusqu'à les feuilleter, jusqu'à lire des strophes et des paragraphes. Dans l'une des œuvres, Ivan Ilitch racontait sa propre mort. Dans une autre, un pauvre tailleur gagnait à la loterie. *Oï main Got*, comme c'était bien écrit ! Si différent de ces lettres vulgaires et pleines de fautes ! Rien de tel que l'excellence des maîtres pour remettre la place Onze à sa juste place. Max en vint à pousser un soupir dédaigneux et à se plaindre de son sort, avant d'admettre, avec une certaine réticence, que dans son for intérieur il préférait encore ces bonnes vieilles petites lettres. Assez brouillonnes, il est vrai, mais toujours humaines, sans écussons ni prétentions littéraires. Dans le fond, Max préférait les bavures et les ratures à la typographie industrielle, comme si la graphie de ses compatriotes parlait d'elle-même et, souvent, contredisait son propre contenu. "Je suis calme", disait une écriture tremblante. Sans parler des larmes tombées goutte à goutte, des parfums, des baisers rouges. Combien de phrases ne mettaient-elles pas Max au défi de les réinterpréter dans son cahier quadrillé, hasardant des sens ? Un jour, faisant la queue à la boucherie, il faillit demander à Abram G. ce qu'il voulait dire avec une parabole hassidique. Un autre jour, il ne put tenir sa langue quand Dorinha K. vint chercher des chaussures : "Celui qui a tué la vieille, c'est Raskolnikov, et pas Fiodorovitch." La cliente se gratta la tête, troublée par cet étrange avertissement.

Le grand problème du cordonnier, c'étaient les choses intraduisibles. Il n'existait pas de parité fiable entre le yiddish et le portugais, deux mondes bien distincts. De par sa propre origine populaire, le yiddish tendait à un ronchonnement affable et particulier. Les critiques, les indiscrétions, les ironies du "jargon judaïque" étaient imprégnées d'une intimité si fraternelle et sous-entendue qu'elle vous dispensait des politesses de la norme cultivée. Parfois, le yiddish ressemblait davantage à une dispute de famille, avec tous les traumatismes, les mythes et les manies qui entourent les foyers. Aussi, Max mordillait-il le bout de son crayon, plongé dans des dilemmes. Souvent, le lieutenant Staub le faisait appeler pour éclaircir des doutes moins techniques que philosophiques, suscités par des contes, des paraboles, et même des blagues transcrites dans le cahier quadrillé. Dans le tramway qui le ramenait chez lui, le cordonnier en arrivait à tenir des discussions imaginaires, revoyant des opinions et révoquant des certitudes. Y compris sur lui-même.

Hannah, par exemple. Qu'avait-elle fait, sinon révéler un Max amoureux et sensible ; sinon épaissir un sang dilué par l'apathie ? Le problème pouvait être bien plus simple et tout cela, si romantique et existentiel, ne se ramenait peut-être qu'à un pauvre désir – de ceux qui mettent l'homme au niveau de l'animal –, élevé à la transcendance pour dissimuler la crudité de l'instinct. Quoi qu'il en fût, il était 10 heures du matin quand le taxi s'arrêta à la porte de l'immeuble Topázio.

– Trois cent dix, dit le portier.

Max traîna la valise à travers le hall sans déguiser sa nervosité. Que dire ? Tout simplement : un client – il ne se rappelait plus lequel – l'aurait prévenu que Hannah faisait un don de livres à un asile pour *Simhat Torah*. Or, ça ne lui coûtait rien de céder une partie de son fonds, qui était aussi vaste et varié car il adorait la littérature. Son loisir préféré, c'était apprendre, affiner ses savoirs et, surtout, ses doutes, car finalement "il faut accepter le mystère et admettre que les bonnes réponses affleurent dans le silence". Qui avait dit cela ? Ben Sira ou tante Sabina ?

Non, mieux valait ne pas inventer de bêtises. Pourquoi pas un propos simple et amical ? Regarde-la dans les yeux sans masque, comme on aimerait regarder Dieu et, surmontant blessures et perplexité, avoue-lui ton doute : pourquoi ?

Il appela l'ascenseur, qui descendit en soufflant un vent infect par la fenêtre de la porte. Ben Sira ou tante Sabina, lequel des deux avait enseigné que la bonne question contient la moitié de la réponse ? Lequel appréciait les fleurs des marais tout en gardant un parfum pour le "grand jour" ? Max essuyait ses mains moites. La cabine montait lentement, en frottant des chaînes, et s'arrêtant à d'autres étages avec des soubresauts qui précédaient un grincement de portes digne d'un pantographe. *Oï veï*, quelle lenteur !

Trois cent dix, trois cent dix. La valise devait peser dans les trente kilos, pour le supplice de la poignée qui lui blessait la main. C'était un couloir labyrinthique sous des lampes qui répandaient plus d'ombre que de lumière. Il épongea sa sueur, arrangea ses vêtements. Il saluerait le mari de Hannah ainsi que Iôssef, soucieux des bons usages. Ils échangeraient des amabilités ou, du moins, des convenances. Max saurait se lever (si jamais il s'asseyait) et s'en aller au bon moment. Patience et méthode distinguent le bon semeur.

Trois cent dix, pouvait-on lire en petit caractères dorés. Sur le montant de droite, une discrète *mezouzah*. Max inspira profondément, très profondément, pris de vertige. Quel serait le dénouement de cette entourloupe ? Il pouvait encore l'éviter, faire demi-tour : Adam et Ève prescrivaient l'ignorance depuis des millénaires. Il posa la valise par terre et sonna à la porte, un trille mélodieux. Cinq, dix, quinze secondes. Personne à la maison ? Il sonna de nouveau, séchant ses mains à un mouchoir chiffonné. "*Bom dia*" ou "*boa tarde*"* ? À sa montre, il était 12 h 15. Bruits, pas, talons sur le sol avant qu'un judas de verre ne s'ouvre et qu'un regard vigilant ne scrute le cordonnier. Le judas se referma rapidement. Chaînes, verrous, torsions, et Max se trouva en face d'une dame grassouillette et maquillée qui l'examinait de la tête aux pieds. Remarquant la valise :

– *Clientelshik*, non merci ! – Et elle referma la porte au nez du cordonnier.

* Deux manières de dire "bonjour" en portugais, selon qu'on est avant ou après midi.

Max sonna de nouveau à la porte. Quand le judas de verre s'ouvrit, en un bon yiddish :

– Je ne suis pas un *clientelshik*, je suis venu parler à Hannah Kutner.

– Ah, bon... – Tournant la poignée : – Eh bien entrez, s'il vous plaît. Entrez vite, allons. Excusez ma méprise.

Elle devait avoir dans les cinquante ans et parlait un yiddish chantonnant, vêtue d'un bleu clair couvert de coquillages, d'étoiles de mer, de poissons et d'hippocampes. La femme avait l'air d'une *moqueca**, roulant ses hanches dodues jusqu'à une petite pièce où pendaient, dans une cage, un perroquet et un cacatoès.

– Asseyez-vous, je vous prie. Je m'appelle Fany.

– Je m'appelle Fany, je m'appelle Fany ! cria le perroquet.

– Ferme-la, Iôssef ! – Rouge de haine : – Maudite bête !

Iôssef, un perroquet ? Le cordonnier s'assit dans un fauteuil bordeaux, la valise entre les jambes et les yeux stupéfaits. Où était-il ? Beaucoup de Juifs partageaient des maisons, quand ce n'était des baraquements, qu'ils appelaient des "pensions", arrangeant leur vie comme ils pouvaient. Des familles entières se serraient dans des chambres et se disputaient la même salle de bains, pendant que les salons et les cuisines se transformaient en assemblées bruyantes. Max lui-même, par exemple, vivait dans l'improvisation au fond de son atelier.

Même comme ça, quelque chose sonnait faux dans cette salle, et ce n'était pas l'odeur sucrée ni le perroquet Iôssef.

Fanny apporta un rafraîchissement et demanda si Max avait pris rendez-vous, car Hannah était "très occupée". Il répondit "non", aussi lui demanda-t-elle de patienter et épia sa valise, les petites mains pleines de bagues et – *oï veï !* – chaque ongle vernis d'une couleur différente. Dédaigneuse :

– Que faites-vous dans la vie ?

– Je suis cordonnier. Je travaille dans la Visconde de Itaúna, près de la place.

– Et cette valise, là, qu'est-ce que c'est ?

– Des livres.

* Plat à base de poisson et de fruits de mer.

– Des livres, pour quoi faire ?

Soudain, des cris. Ils provenaient de l'autre pièce, aigus et ressassés.

– Qu'est-ce que c'est ? – Max s'agita. – Qu'est-ce que c'est ?

Fany faillit rire avant qu'un autre cri n'arrache le cordonnier du fauteuil. Se cognant contre des meubles, tendant l'oreille :

– D'où ça vient, d'où ça vient ? D'où, mon Dieu !

– Tout va bien, monsieur ! Calmez-vous, s'il vous plaît ! – Et elle agrippa le déboussolé.

– Qu'est-ce que c'est ? C'est Hannah ?

– Oui, bien sûr !

Panique :

– D'où ça vient ?

Les deux s'empoignèrent avant que Max ne la repousse et ne fasse irruption dans un couloir à gauche. Hannah hurlait comme une louve derrière la porte que le cordonnier essaya d'ouvrir. Elle était fermée à clé. Il se mit à la forcer :

– Hannah, Hannah !

Quelqu'un toussait convulsivement à l'intérieur. Qu'est-ce qui pouvait bien se passer ? Lui faisait-on du mal ? Fany supplia Max de revenir dans la salle, enfonçant ses ongles colorés, le traitant de tous les noms susceptibles de l'offenser. Mais, avant que la logique ne vînt à son secours, la porte s'ouvrit et les toussotements révélèrent leur auteur : le corpulent capitaine Avelar, enroulé dans des draps, et puant le sexe à plein nez. À côté de lui, très en colère, Hannah demandait ce que diantre il pouvait bien se passer. Elle était nue, complètement nue.

Max sentit venir l'évanouissement quand tout commença à faire sens.

– Monsieur Kutner ? – Ce fut la dernière chose qu'il entendit.

4

Pologne, 1896

Artur fut réveillé par un ronflement étrange. Il regarda la bougie à son chevet, éteinte par le vent à 5 heures pile. Il aurait préféré ne pas avoir entendu cela. Les coqs entonnaient leur chœur quand il trouva son frère mort dans le lit à côté. Il soupira tristement, en caressant le visage inerte. Puis il marcha sur les planches grinçantes pour appeler ses parents. La mère accourut au fourneau pour réchauffer le thé des visiteurs, pendant que le père, de porte en porte, prévenait le village. C'était un garçon doux, affectueux. Il déclinait depuis des années, tuberculeux, crachant du sang et infestant la masure où quatre personnes – maintenant trois – se serraient.

Les voisins nettoyèrent et enveloppèrent le garçon dans un drap blanc. Tout fut vite fait, personne ne pleura ni ne déchira ses vêtements. Au cimetière, le père récita le *kaddish* et le corps fut descendu dans la tombe sans cercueil. Les prières domestiques durèrent une semaine, mais le deuil fut abrégé car il fallait travailler.

À seize ans, Artur connaissait les rites funèbres : on mourait plus qu'on ne vivait dans ce village. Et pas seulement dans celui-ci. La faim, le froid, la misère, les massacres enterraient des millions de Juifs dans l'Europe orientale. Une communauté entière avait été exterminée en Russie, accusée de contaminer rivières et puits, en plus de sacrifier des enfants chrétiens pour utiliser leur sang dans la préparation des *matzot* de *Pessah*. Beaucoup fuyaient, s'en allant "faire l'Amérique", où l'on mangeait des oranges tous les jours et où les immeubles avaient l'air de montagnes. "Argentine" aussi était un mot magique, avec l'État juif que certains parlaient d'édifier au Moyen-Orient. "Des rêves, des rêves !"

dédaignait son père, toujours enroulé dans des châles et des bandelettes de cuir, confiant dans le Créateur. Par contre, son fils incrédule aurait préféré s'enrouler dans des bijoux et des jolies femmes – ce qui, définitivement, n'existait pas à Lowicz. Il regardait l'horizon, intrigué par les voyageurs qui apportaient des nouvelles de Varsovie.

Les jours se ressemblaient. Le soleil s'était à peine levé sur le village que, pataugeant dans la boue, une douzaine d'hommes barbus s'en allaient prier dans la maison du *shammes*. Ils en profitaient pour parler de la *Torah* et se raconter des blagues. Alors seulement, instruits et bénis, ils s'adonnaient à des travaux qui leur apporteraient quelques pains ordinaires et des poules le samedi. La majorité partait dans les environs, léguant le village aux femmes et aux enfants. Les garçons étudiaient dans la maison du *shammes*, entre les livres moisis et les biscuits qu'il grillait dans un four à bois. Les filles restaient à la maison. Le père d'Artur était menuisier : il sciait, martelait, et polissait tout le bois de Lowicz. Artur gagnait quelques sous en désherbant des terres chrétiennes. Il gardait des troupeaux et volaient des aliments pour sa famille, malgré les avertissements de sa mère : cela finirait mal.

Cela arriva en septembre. “Au voleur !” cria un fermier, escorté par des hommes de main et des chiens enragés. Artur courut, se débarrassant de quatre pommes de terre, trébuchant sur des touffes et des pierres avant d'être tabassé, presque tué par les Polonais. Il se morfondit pendant des semaines dans son lit, pleurant sans larmes, tordant ses mains osseuses et se demandant quoi faire. L'heure était venue de réagir, de retrousser ses manches ! Une ambition sans initiative, c'était comme une cloche sans battant. Et, puisque l'odeur de la campagne lui donnait la nausée, il s'en irait renifler les villes.

L'aube rosissait le village et les barbus pataugeaient dans la première neige de 1897, quand Artur fit son baluchon, mangea du pain, embrassa sa mère et prit la route. Son avenir ne tenait pas dans ce trou boueux.

Ce qui impressionna le plus le jeune homme, ce fut la profusion de personnes. Dans les avenues de Varsovie, les immeubles s'alignaient en un respectueux garde-à-vous, pendant que le pouvoir, quittant ses palais, défilait dans des fiacres somptueux. Les bohèmes remplissaient les cafés, qui ne se vidaient que lorsque les laitiers préfiguraient le matin. Des places immenses étaient décorées de fontaines, de portiques, de statues. Mais l'opulence qui émerveillait, excluait aussi. Artur dut rechercher ses proportions dans une autre Varsovie, pleine de bouges et d'impasses, de moisi et de gens en haillons. Il parlait à peine polonais, brassant l'air comme un noyé, s'en tirant par des expédients douteux, mangeant des restes et dormant à la belle étoile, réchauffé par des distillés et des fermentés. Il était inquiet, presque effrayé. Ses espoirs s'effritaient, mais revenir à Lowicz n'était pas envisageable. Prier non plus : sa foi était morte avec son frère. Il lui fallait gagner de l'argent, même s'il devait tendre la main à la charité – ou à la délinquance.

Se poster devant la porte de la synagogue fut son dernier – et efficace – stratagème. En février, il trouva un emploi dans l'atelier du tailleur juif. Il caressait des cachemires, des soies et des lins que ne portait pas à proprement parler l'élite, mais son sosie. Il prit du poids, peigna ses cheveux, eut les joues colorées et étrenna le printemps avec des vêtements dignes. Il attirait l'attention par son port hautain, son regard viril. Et le mieux de tout : il n'avait besoin que de parler yiddish, car tous les clients étaient juifs. Il dégotta une chambre côté cour, dont la fenêtre donnait sur la vie d'autrui. Des jours meilleurs se profilaient, c'est ce qu'il pressentit en remarquant les femmes de la maison d'en face.

Rires, toasts, décolletés : Artur vit tout de suite que la vertu n'habitait pas à cette adresse. Il célébra la nouvelle, spéculant sur les prix et leurs saillantes contreparties. Il passa des nuits à saisir des détails, à suer et haleter, à embuer la vitre de la chambre tandis qu'il préférait telle fille ou telle autre, ne relevant des défauts que pour apaiser son envie de les prendre, de les mordre, de les pénétrer furieusement. Quelles héroïnes ! Des grisonnants, des chauves et des ridés étiraient leurs cuirs devant les pauvres malheureuses, qui n'avaient rien de fainéantes : elles travaillaient sans relâche, résignées à tant de mises à l'épreuve. Et, quand les clients battaient en retraite, les filles s'en allaient recomposer leurs charmes, en parfumant et en poudrant leurs fatigues.

Dans l'atelier, Artur commença à se tromper de tailles et à se piquer les doigts. Il lui manquait un bon miroir pour dissimuler ses cernes, plus violets que la doublure du manteau qu'on avait laissé pour une retouche. Artur fut intrigué. Il connaissait ce modèle : rayures vertes et bleues, se croisant sur un fond gris foncé. D'où ?

– Le Dr Kelevsky veut agrandir les poches, l'informa le tailleur.

– Mais les poches sont déjà grandes…

Moue :

– Le Dr Kelevsky est le Dr Kelevsky.

Un excentrique de plus à Varsovie, rumina le jeune homme.

Et le lendemain, Artur se retrouva devant un monsieur raffiné, à courtes moustaches et pince-nez. Il concéda un regard fortuit au jeune homme, qui n'hésita pas un seul instant : bien sûr ! Ce manteau avait fréquenté le bordel d'à côté – ni une, ni deux, mais plusieurs fois. Artur devina tout de suite le travail du Dr Kelevsky, qui le regardait maintenant avec des airs aristocratiques.

– Yiddish, ce garçon ?

– De Lowicz, confirma le tailleur.

– Je vois…

Kelevsky gratta sa moustache, avec un air avisé et un sourire insinuant qu'Artur lui retourna. Provocateur, Kelevsky renversa sur le comptoir un briquet d'argent, un étui à cigarettes, de l'argent et des stylos. Il demanda à Artur de mettre tout cela dans les poches agrandies et d'essayer la pièce. Ajustant son pince-nez :

– *C'est parfait*[*] !

Et il sourit, censuré par le tailleur rembruni. Un mois plus tard, l'argent du ruffian démangeait les mains de l'apprenti, son fils postiche. Celui qu'on appelait désormais Artur Kelevsky semblait taillé, physiquement et moralement, pour les missions qui feraient sa fortune, tantôt renvoyé aux bourbiers de Province, tantôt abordant les plus lointains continents.

**

Russie, neuf ans après

Golda dut boire de l'eau pour contenir son hoquet : prières et promesses faisaient effet ! Le blanc lui allait bien, ressortant sur la nuit étoilée. Célébré par un oncle, le mariage se déroulait en plein air pour que les morts, d'en haut, pussent eux aussi assister à la cérémonie. Tant mieux, car même les vivants n'auraient pu tenir dans l'unique synagogue du village, une petite maison providentiellement assez petite pour qu'un seul Dieu pût y loger. De nombreux invités portaient les coutures et les rapiècements de Golda, dont la robe avait été faite à la hâte sur la demande du marié.

Le beau gosse était tombé du ciel, aussi improbable que le messie. Après avoir fait le tour du monde en quête de l'âme sœur, il avait suffi du premier regard. C'était un jour d'automne et Golda jouait avec les enfants des environs dans la crèche improvisée dans sa cour.

– Par cet anneau, récita le beau gosse, tu m'es consacrée comme le veut la loi de Moshé et d'Israël.

– Elle est mariée, dirent les témoins.

Seuls les enfants ne cachaient pas leur tristesse. Ils la préféraient en haillons, les cheveux défaits, sans ce voile bizarre. Ils pressentaient peut-être la nostalgie – que tous, d'ailleurs, appréhendaient. Comment vivre sans Golda, la fille la plus joyeuse et la plus prévenante de Russie ?

Les mariés burent du vin et Artur brisa le verre en l'écrasant adroitement.

Mazel Tov ! Larmes et embrassades. Le premier baiser rendit jaloux hommes et femmes, qui applaudirent pour applaudir.

Tout le monde avait aidé à préparer la fête. Accordéons, clarinettes et violons résonnèrent toute la nuit. Les filles se demandaient qui se marieraient la première, les garçons couraient dans les champs éclairés par la lune, les femmes arboraient le meilleur de leurs armoires. On n'entendait aucun caquètement dans les poulaillers abandonnés car tous les animaux, jusqu'à l'unique et précieuse vache du village, rassasiaient les adultes, tandis que les vergers, transformés en compotes, barbouillaient les enfants. Pâtes, conserves et confitures complétaient la table. Les mariés tournoyèrent en éclatant de rire, applaudis par les sobres et les ivres. Ils étaient sans cesse soulevés et secoués par des bras euphoriques : *Mazel Tov, Mazel Tov !* De la Sibérie au Caucase, on entendait leur chant. Moins audible était le murmure :

– Golda est riche.

Homme d'affaires polonais, le jeune homme habitait dans une ville américaine, propriétaire d'un restaurant spécialisé dans les viandes. Entièrement *kocher*, naturellement. Il possédait même un palais avec des lacs et des jardins à…

– New York ? hasarda le père de Golda, la langue trébuchante.

Artur rectifia :

– Buenos Aires.

– C'est quand même l'Amérique ! rit le beau-père.

Le lendemain matin défia la logique. Dans le ciel, un nuage rare faisait pleuvoir pendant que Golda les embrassait l'un après l'autre, calmant les angoisses et accumulant les promesses. Sa grand-tante lui offrit une robe bleu marine avec des boutons d'ivoire africain pour porter lors de son premier jour d'Amérique. On lui offrit aussi des mouchoirs, des bibelots et même un pendentif en ambre. Elle jura de revenir avec son premier enfant, mais même le gamin le plus ingénu du village, prématurément réaliste, n'espérait pas voir ce jour. Comment faire des projets, semer des futurs, dans une région où les poules picoraient les corps de leurs propriétaires ? Les *pogroms* étaient une malédiction : pillages et massacres au nom du tsar Nicolas II, des villes entières dans la ligne de mire des armes cosaques. Pure méchanceté ! Dieu merci, Golda s'enfuyait, convoquée par le futur, peut-être pour féconder le village d'un autre monde ? Une vieille femme tira Artur par le bras :

– Écoute-moi bien, jeune homme ! Ne pense pas que tu vas la laisser à la maison ! Golda est travailleuse, très travailleuse !

Artur sourit :

– Ne vous inquiétez pas, elle va beaucoup travailler !

Et comme le destin était pressé, ils montèrent dans la charrette. Golda était aphone, les yeux mouillés et le nez rouge. Elle soutint le visage de son mari, lui serra la main. C'était là son homme, si beau et si intelligent. Elle l'aimerait dans la douleur et dans la joie, dans la richesse et dans la pauvreté. Elle aimerait ses vertus, ses faiblesses. Ils auraient des enfants, des petits-enfants, des arrière-petits-enfants. Elle saurait le pardonner, le comprendre, le rendre heureux, comme le commande le *Talmud*. Et ce fut avec une étincelle d'humour que, essuyant son visage, Golda tapota le cocher. Simulant un air détaché :

– À Buenos Aires, s'il vous plaît.

**

Hambourg

Claquemurée depuis cinq jours, Golda ne savait déjà plus comment s'occuper dans cette chambre d'hôtel. Elle avait évidé des bobines en reprisant des rideaux élimés, un drap et deux taies d'oreiller. Elle frisait la folie, tournant en rond, se vidant dans un vase de nuit parce qu'il n'y avait pas de salle de bains dans la chambre. Même l'étable du village ne puait pas autant. Artur ne revenait que le soir, rapportant de la nourriture et des plaintes contre l'hiver qui bloquait le port, ajournant leur voyage en Argentine. Il sortait le matin, haletant, confinant sa femme dans le désespoir.

À midi, Golda tâta la fenêtre recouverte de neige. On voyait à peine le port, ses navires et ses grues sous une croûte blanche. C'était l'hiver le plus gelé de ces dernières années, mais cela n'arrivait pas à l'inquiéter. Elle ne pensait pas non plus au long voyage depuis la Russie jusqu'ici, six mois à serpenter dans des trains et des charrettes. Peu lui importaient les palais viennois, les Alpes tyroliennes, et l'opulence de Berlin. Golda ne pensait qu'à Artur.

Il se comportait bizarrement, toujours plus distrait et agressif. Il avait des affaires à régler partout où ils passaient, s'absentant de longues heures, parfois des jours. Il promettait de souffler en Amérique du Sud. Entre deux promesses, Golda réapprenait que l'Amérique avait un nord et un sud. Que dire de l'Europe, avec ses occidents et ses orients, ses centres et ses péninsules ?

Golda n'avait jamais imaginé des terres ni des différences aussi grandes. Elle avait rêvé, oui, d'un village sans fin – ouverte aux nouveautés, bien sûr, mais rien de comparable à cela. Elle se sentait absurde, exilée, anonyme. Dans son regretté village, tout respirait la pauvreté, mais Golda avait la maîtrise des faits, regardait dans les yeux, avait les pieds sur terre. Elle avait quitté un endroit humble, mais cohérent, pour entrer dans une succession de paysages, de gens et d'événements fortuits. Golda était une parmi d'autres, pas la Golda serviable, candide et adorée par ses compatriotes. Ses gestes n'avaient pas de résonance. Impossible de se faire comprendre, de se faire Golda – même pour son mari.

Elle était mariée à une énigme. L'aimer dans la douleur et dans la joie s'avérait un défi précocement sévère. À Vienne, Artur avait explosé en la voyant malade, les bras tachetés de rouge. Heureusement, la crise avait été soignée par un ami médecin. D'ailleurs, les amitiés ne manquaient pas : Artur saluait des policiers, des portiers, des hommes et des femmes aux allures douteuses. Il s'exprimait couramment en mille langues, négociant des choses que Golda s'efforçait d'associer au restaurant de Buenos Aires. Et, quand elle se hasardait à lui poser des questions, Artur s'en sortait par des réponses évasives, des chocolats, des bâillements.

À trois heures de l'après-midi, Golda raya la fenêtre de sa chambre. Elle voyait au dehors un Juif religieux. Il marchait contre le vent, persévérant dans son parcours blanchi. La tempête de neige malmenait son habit sombre, son chapeau à large bord. Golda n'était ni cultivée ni religieuse, ni même alphabétisée, mais elle connaissait des hommes comme celui-ci, des habitués du village. Ils faisaient un peu peur, en levant leurs mains et modulant leurs voix, pleins de sourires et de grimaces. Mais ils étaient amicaux. Golda voulait le saluer, dire *Shalom* ou n'importe quoi pour, ainsi, réchauffer son âme, épaissir son sang, obtenir des nouvelles d'elle-même.

Seulement, la porte de la chambre était verrouillée et la fenêtre, bloquée. Golda frôlait la panique quand elle entendit des pas, des clés, des gonds. Artur entra, en hâte, hennissant comme un cheval. Il déboutonna son gros manteau, jetant ses vêtements par terre, son écharpe, ouvrant son pantalon, révélant la nudité inédite. Alors, sans préambule, il agrippa Golda, lui arracha ses vêtements et tira tous les profits possibles de son corps tendre et inerte.

Golda ne cria pas, ne gémit pas, ni rien. Elle était trop troublée pour réagir. Elle supporta les douleurs sans se plaindre, sans ciller, réfugiée dans un recoin de son âme, léguant sa chair à son mari affamé. Puis, une fois qu'il eut profité d'elle, elle rumina l'étrange impression d'être, ou d'avoir été, un corps – rien de plus. La logique s'inversait. Ce n'était pas l'âme qui animait le corps, son hôte fidèle, mais le contraire. C'était la chair qui importait. Golda se découvrait simple locataire du visage, des seins, des plis et replis qu'Artur désirait réellement.

Elle se leva. La nuit était tombée, Hambourg était dans le noir. Dans le reflet de la vitre, elle voyait son mari étendu sur le lit. Elle lui demanda la permission d'aller dans la salle de bains, au bout du couloir, elle avait besoin de se laver. Artur accepta, de bonne humeur, car le port serait rouvert le lendemain.

Buenos Aires n'était qu'une question de semaines.

**

Quand le navire s'arrêta en France, Artur demanda à Golda de faire sa valise et de déménager dans un réduit grisâtre qui contenait quatre lits superposés et des latrines. Sans rien comprendre, Golda ouvrit le hublot de sa nouvelle chambre et aperçut son mari sur le quai, bavardant avec des hommes en uniforme. Quelle chose étrange : il montrait son portefeuille aux gardes tout en saluant trois femmes. Peu après, la petite porte de la cabine grinça et toutes trois entrèrent, confuses et bruyantes. Artur arriva aussitôt après :

– Tenez-vous tranquilles ! – Et, présentant un petit homme rébarbatif : – Leib va s'occuper de vous.

De même que Golda, toutes trois venaient de villages juifs. Leurs affinités ne tardèrent pas à les frapper : Artur avait épousé les quatre, promettant aux quatre le même Éden, parlant du restaurant dont la viande *kocher*, se doutèrent les filles, n'étaient autres qu'elles-mêmes. Golda eut du mal à les comprendre, cela n'avait pas le moindre sens. Alors, plus terrifiée qu'indignée, elle donna des coups de poing dans la porte et tenta de s'échapper par l'étroit hublot. Elle vit la côte française reculer lentement, se diluant dans les brumes.

Elles passèrent la première semaine entassées dans la cabine, parlant sans trêve, se disputant les latrines et la nourriture apportée par Leib, qui se référait à Artur en parlant du "chef". Golda apprit que ce chef, heureusement, avait embarqué avec eux et qu'il souhaitait revoir ses épouses au "bon moment". Cela se produirait après l'escale sur une île rocheuse, pleine de petites maisons blanches et de collines escarpées. Artur avait une canne et un costume gris anthracite, une voix douce, mais résolue :

– Sortez, vous pouvez sortir de la cabine, mais ne vous brûlez pas au soleil. La blancheur est capitale !

Golda voulut le frapper, l'insulter. Elle n'y arriva pas : elle n'avait pas le don de haïr – et, tout particulièrement, de le haïr. Elle était sûre que les choses allaient s'arranger. Derrière cette mise à l'épreuve, il y avait une raison, un sens caché, une bonté pour l'heure indéchiffrable. Et comme Golda rechignait à quitter la chambre, Artur lui prit la main :

– Fais-moi confiance, viens.

Sur le pont, elle se retrouva face à une profusion de bleus. Le monde était d'eau, des enfants faisaient une ronde près d'un vieillard courbé. Ce fut alors que Golda ouvrit une brèche dans la logique, dans le temps, dans l'espace. Pour un maigre instant, par-delà les circonstances et leurs paramètres, elle connut la paix. Il paraît que c'est au sommet du désespoir qu'on trouve le soulagement, parce que c'est là, où l'on n'espère rien, que tout se suffit. Là, le blé ne promet pas de pain, le raisin ne promet pas de vin, et l'aurore n'annonce pas le soleil. Aucune envie ni aucun présage. Là, la vie n'est ni une veille ni un dénouement. Et ce fut justement là que Golda perçut la beauté de la mer, du ciel, de Dieu. Elle sentit le vent lui caresser le visage, elle dénoua ses cheveux, ses bras, inspira profondément. Pas d'autre horizon que celui tracé devant elle, sur un Atlantique sans promesse et pourtant – ou pour cette raison même ? – merveilleux.

Quand elle recouvrit la raison, elle vit les trois femmes qui formaient un cercle souriant. La nuit rendait déjà le ciel plus épais, Artur était parti et Leib s'apprêtait à reconduire le harem à sa prison.

**

Ancrés dans Rio de Janeiro, les passagers qui poursuivaient leur voyage en direction de Buenos Aires furent retenus sur le pont car les autorités sanitaires inspectaient les cabines. Beaucoup étaient descendus au Brésil, y compris les "épouses" d'Artur et l'insupportable Leib. Golda apprécia de se savoir unique à nouveau, comme si rien ne s'était passé depuis leur embarquement à Hambourg. À présent, oui, le monde retrouvait un sens. Elle alla parler à son mari, charmée par le paysage et remplie de doutes à propos de l'Argentine. Un cigare à la main, Artur ne voulut pas discuter. Et Golda, très sérieuse :

– Peux-tu m'écouter ?

– Pas maintenant, je fume, va-t'en.

Dans un soubresaut audacieux :

– Je suis ta femme, j'ai besoin que tu m'écoutes !

Il s'irrita :

– La femme de qui ? Pas la mienne !

– Comment ça ? Nous sommes mariés !

– Les putes, ça ne se marie pas ! Ce mariage n'était pas vrai, tu as compris ? Maintenant va-t'en, je fume et je veux être tranquille.

Golda frémit, les yeux rouges. Aurait-elle halluciné ? Elle, célibataire et déflorée ? Impossible. Ils avaient échangé leurs alliances, brisé le verre ! *Guevalt*, elle n'avait jamais rien entendu d'aussi absurde ! Elle empoigna Artur, qui la repoussa d'un coup de poing et d'un juron. Golda roula par terre et fut secourue par une dame qui, scandalisée, prit sa défense et voulut appeler le capitaine.

– Ce n'est pas nécessaire, la remercia la jeune femme.

Elle se releva toute seule et essaya d'arranger le col de sa robe, les doigts tremblants. C'était la robe bleu marine que sa grand-tante lui avait offerte pour son premier jour d'Amérique. Elle resta immobile, observant son vêtement déchiré et les boutons d'ivoire par terre. Elle essuya sa morve, sa bave, ses larmes, et retira l'alliance de son annulaire. Blessée, décoiffée, défigurée, elle tituba sur le sol, le rouge à lèvres barbouillé et le regard sombre, avant de monter sur le parapet, d'ouvrir les bras et de sauter dans la baie de Guanabara. Elle tomba comme une pierre. Elle préférait la mort ou tout autre malheur à ce destin-là. Elle plongea, battue par l'eau tiède et boueuse, dont elle émergea en toussant convulsivement. Des curieux se coudoyaient sur le pont. Artur criait désespérément. C'était lui que Golda fuyait. Cosaque juif, monstre infernal ! Elle se mit à battre des bras et des jambes. À chaque geste, elle avalait des litres, elle perdait des forces et du sang par le nez. Mais elle nageait, elle nageait infatigablement, elle nageait vers son village, vers les bonnes et vieilles ténèbres, vers le monde où elle était aimée, était quelqu'un, était Golda !

Et puis elle se fatigua, elle perdit le souffle, son corps se rebellant. Elle était déjà hébétée et délirante, buvant des scories, quand elle remarqua une barque en bois et fut sauvée par des mains obscures. Les hommes criaient et ramaient. Golda se retrouva dans une flaque opaque, parmi des poissons agonisants. Elle remarqua leurs queues inquiètes, leurs yeux écarquillés. Rarissimes au village, ils arrivaient tout séchés et fumés, durs comme du fer, très utilisés pour les repas de *Pessah* et du Nouvel An. Golda n'avait jamais vu un poisson vivant. Elle aimait attraper des têtards dans l'unique ruisseau du village, mais juste pour leur raconter des secrets et leur faire des confidences.

Elle se réveilla dans un lit d'hôpital, allez savoir combien de jours après, sans comprendre les infirmières, s'épuisant en sueur et en excréments. Elle prenait des injections, recrachait des soupes, mourait de soif. Parfois, elle bavardait avec ses parents, elle trayait des poules ou faisait accoucher des vers luisants. Deux femmes jolies et bien vêtues, exagérément maquillées, venaient lui caresser les cheveux et parler, en yiddish, de choses que Golda déchiffrait avec beaucoup de peine. Sara et Zélia (tels étaient leurs noms) prendraient soin d'elle quand elle quitterait l'hôpital. Ce seraient de bonnes amies, solidaires et confidentes. Mais Golda ne voulait pas d'amies. Elle demandait sans cesse son mari – Artur, Artur, Artur – dans un filet de voix avec lequel elle tissa son dernier appel : Artur.

Elle mourut toute seule, décharnée, un matin de janvier. Fièvre typhoïde, selon le certificat. Sara et Zélia exigèrent que les employés de l'hôpital nettoient Golda et l'enveloppent dans un drap ; elles voulaient un enterrement digne et judaïque pour qu'elle repose en paix. Mais personne ne nettoya la défunte et les polaques durent en plus écouter des moqueries. Au cimetière du Caju, le cercueil descendit dans la tombe parmi les saints et les crucifix des alentours. Sara et Zélia présidaient une commission qui plaidait déjà en faveur d'un cimetière judaïque dans la ville.

Dix ans plus tard, la mairie délivra le permis du cimetière d'Inhaúma. Ce fut un après-midi solennel de 1916, avec droit à pique-nique et discours sur les lieux mêmes. Quelques femmes allèrent jusqu'à chanter et à danser, les irrévérentes démarquant déjà des concessions et spéculant sur les dates, en trinquant à l'ange de la mort. Après le tumulte, Zélia mit son chapeau et prit le tramway pour le Caju. Elle voulait mettre une pierre sur la tombe de Golda. En arrivant là, égarée parmi les granits et les allées, elle décida d'aller à l'administration pour trouver la pierre tombale. C'était une petite pièce étouffante, aux meubles vieux et sens dessus dessous. L'employée se força à sourire en fouillant des tiroirs pleins d'archives jaunies, regrettant les dégâts causés par la dernière pluie. Zélia attendit une demi-heure, quarante minutes, but de l'eau et se servit des toilettes. Mais quand ses varices commencèrent à faire mal, elle se douta qu'elle avait perdu Golda pour toujours. Elle ne se plaignit pas.

Elle alla jusqu'au bord de la baie de Guanabara, pensa à Dieu et jeta une pierre dans l'eau.

**

Pologne, 1930

Deux heures du matin, la brasserie ne donnait aucun signe de fatigue : rires, brouhahas, et va-et-vient des garçons avec leurs demis mousseux. Seul au milieu du tumulte, Artur n'avait aucune raison de trinquer. Ni l'argent, ni la santé ne lui faisaient défaut, mais il était blessant de se retrouver exilé dans la ville où tout avait commencé, à des milliers de kilomètres de la *chaise longue** de son palace de l'avenue Córdoba, siège de la Zwi Migdal. Ah, Buenos Aires ! Artur en reverrait-il un jour les cafés, les palais, les boulevards ? Écouterait-il de nouveau les chaleureux tangos de Gardel ?

Il avait mal à la tête, à l'estomac, partout. À cinquante ans, pour la première fois, Artur appréhendait la solitude. C'était un dénouement ingrat après plus de trois décennies de travaux intenses. Combien de filles distribuées à travers le monde ? Argentine, Brésil, États-Unis, Afrique du Sud, Inde, Chine. Les veinardes ! Sans la Zwi Migdal, elles auraient moisi dans des villages plus insalubres que les bordels où elles étaient bien payées. Elles n'étaient pas les seules à gagner de l'argent. Le trafic de peaux rémunérait beaucoup de monde, se ramifiant en affaires fabuleuses. Rien qu'en Argentine, l'organisation avait géré des industries et des magasins que fréquentaient bien souvent les mêmes respectables Juifs qui détournaient leur regard d'Artur sur les boulevards de Buenos Aires. Combien n'avaient pas assouvi, dans les bouges polonais, ce que leurs épouses appelleraient d'horribles perversions ? Les cyniques ! Tailleurs, avocats, courtiers en immobilier. Ils affichaient de la noblesse, craignant le dieu au nom duquel ils n'avaient jamais rejeté les délices des bas-fonds judaïques. Et qu'attendre en retour ? Qui tendrait la main, élèverait la voix en faveur des frères impurs ? On ne leur accordait pas même le droit de se marier dans les synagogues, ni d'être enterrés dans le cimetière de La Tablada !

Oui, Artur Kelevsky avait mené quelques âmes à leur perte. Tuées non par lui, mais par le choc entre leurs romantismes aliénés, qui avaient poussé dans les villages de l'Est européen, et les dures circonstances du monde réel. Artur n'était qu'un simple intermédiaire, un négociant comme tant d'autres. Il n'avait pas inventé le plus vieux métier du monde ni sa vaste et insatiable clientèle. Les filles ne manquaient ni de nourriture, ni de vêtements, ni de maquillages, ni de médicaments. Et, cependant, que faisaient ces dénaturées ? Elles critiquaient leurs bienfaiteurs, s'attiraient des ennuis, voulaient les abandonner pour "recommencer" leurs vies. Combien d'entre elles Artur lui-même n'avait-il pas sauvées des prisons, des tribunaux et du manque d'affection ? Combien n'avait-il pas envoyées dans des lupanars distants, accusées de crimes et de troubles ? À Três Arroyos ne travaillaient que des récidivistes, des enquiquineuses professionnelles. Et si jamais elles tombaient malades, qui les faisait interner dans de bons hôpitaux, sanatoriums, hospices ? Artur Kelevsky ! Celui-là même qui, dans les assemblées de la Zwi Migdal, défendait l'éducation de leurs enfants et l'emploi de leurs maris. On fit même des mariages, des veillées funèbres et des *Bar Mitsvot* dans l'avenue Córdoba. Sans parler des femmes qui arrivaient ici avec leur baluchon, sans aucun horizon, cherchant dans la prostitution ce que le monde moral leur avait refusé. Oppression ou vocation ? Les opprimées, c'étaient plutôt les épouses traditionnelles, pondeuses laides et malheureuses dans les foyers du Once. Elles devaient envier les putes auxquelles, d'ailleurs, elles ressemblaient. Elles étaient rémunérées d'autres manières, moins nettes et défendables. Elles critiquaient leurs congénères, comme si leurs parties intimes avaient été des sanctuaires et non pas des casinos ! Les polaques étaient quant à elles plus éclairées et prospères. Elles géraient leurs propres affaires – elles cousaient, elles cuisinaient. Elles le faisaient en paix, tant qu'elles ne trahissaient pas la Zwi Migdal. Il n'était pas question de coucher pour leur propre compte ni d'oublier les taxes de l'organisation.

Mais l'être humain est un authentique transgresseur, d'où les passages à tabac, les résidences surveillées *y otras cositas más*. Des punitions qu'elles-mêmes s'infligeaient à travers les agents de la Zwi Migdal, souvent des policiers. Tout aussi coopératifs étaient beaucoup d'hommes politiques, de magistrats, de diplomates et d'autorités. Des désertions pouvaient se produire, mais les pires ennuis venaient de l'extérieur.

Au long des dernières décennies, surtout dans les années 20, lutter contre ce qu'on appelait "la traite des blanches" était devenu la cause majeure d'une bande d'oisifs. Ports et gares ferroviaires se remplissaient de dames aux pamphlets alarmistes. Certaines mettaient en garde les filles à bord des bateaux, allant même jusqu'à les "adopter" – pour ne pas dire les enlever. Qu'elles coupent les couilles des mâles, quoi ! Activistes de merde !

Aussi, toutes les branches commerciales encouraient des pertes et des risques – et personne n'était mieux placé qu'Artur Kelevsky pour les comptabiliser. Il avait dirigé mille lupanars, deux usines et dix-huit magasins, facturant l'incalculable. Et, comme le secteur exigeait de renouveler les stocks, une légion d'agents – des garçons ambitieux – parcourait les campagnes de Pologne, de Russie, de Hongrie et leurs alentours. Il fallait qu'ils se montrent habiles pour cueillir les pommes les plus belles.

À vrai dire, jamais l'"importation de peaux" n'avait été un commerce stable au long de sept décennies. Cependant, même les plus pessimistes, superstitieux ou envieux n'auraient pu prévoir le désastre qui se produisit en 1929, quand une pute vieille et révoltée alla voir un commissaire de la police fédérale à Buenos Aires, dénommé Julio Alsogaray, auquel elle fit des dénonciations retentissantes contre la Zwi Migdal. Elle parla des punitions, des confiscations, des menaces. Elle parla des factures, des subordinations, des affaires simulées.

La salope ! Elle avait tout ruiné. Résultat : mandats d'arrêt, bordels démantelés. Du pur antisémitisme ! Ou les Argentins auraient-ils fait la même chose à des ruffians français, italiens, turcs ? Justice de merde ! Ils avaient conduit les polaques à la pénurie, et leurs clients, à la folie. Les viols n'avaient pas tardé, ni les beuveries et les dérèglements que l'illustrissime commissaire avait oublié de prévoir, pensant que la civilisation était une mer d'amiraux et non pas une hypocrisie océanique. Artur lui-même avait dû s'enfuir, traversant le Rio de la Plata au cœur de la nuit, pataugeant dans les pampas uruguayennes jusqu'à, clandestinement, appareiller de Montevideo pour l'Europe. Ce n'était pas sa première aventure *al mare*.

Il n'oublierait jamais quand, en 1914, une escadre anglaise avait intercepté un navire allemand transportant huit filles. Ce n'était pas elles qu'on visait, mais l'embarcation elle-même. Les sujets du roi leur apprirent que l'Europe venait d'entrer en guerre, que le navire ennemi serait confiné dans un port écossais et les passagers, embarqués sur un autre transatlantique. L'horreur fut unanime – ou presque. Pendant que les naïfs levaient leurs mains, Artur frottait les siennes. Il revint en Allemagne, défiant les bombes et les fusils, pour alimenter les fronts germaniques en fougueuses provisions. Et la fois où, en Afrique du Sud, les filles étaient tombées dans l'embuscade d'une tribu sauvage ? Artur avait parcouru la moitié du monde, de Hong Kong à La Havane. La cocaïne et l'opium avaient fréquenté ses veines, mais il préférait l'absinthe de Prague.

Cependant, sa glorieuse odyssée faisait faillite. Cinquante ans, qui l'aurait dit ! Il avait une chope de bière pour toute compagne d'anniversaire. Où fêterait-il le prochain ? Des informateurs lui avaient conseillé d'oublier Buenos Aires. Qu'il essaie plutôt le Brésil, où un leader charismatique avait pris le pouvoir.

Artur n'avait plus qu'à attendre que la poussière retombe. Venezuela, Colombie, Mexique, Cuba étaient autant de possibilités. Mais à cinquante ans, Artur n'avait déjà plus la vigueur d'antan. Il souffrait de pression élevée, d'arthrose et d'autres calamités. Peut-être préférerait-il vieillir en bord de mer. Et, déjà éméché, il s'imagina sur les plages cariocas, grillé au soleil, pouponné par une compagne. Pas une de ces gamines hébétées et romantiques. Non ! Il voulait une femme mûre, qui le soutînt dans son lent et inévitable déclin. Après deux cent et quelques épouses – et les respectives belles-mères, heureusement distantes –, il se découvrait aussi vulnérables que ses proies. Il n'avait avoué à personne son incursion de la veille. Il avait marché dans la rue Nalevki, réduit judaïque de Varsovie, finissant par entrer dans une synagogue. Béni anonymat après des décennies d'hostile notoriété ! Ce n'était peut-être qu'un éclat poétique, cette impression d'avoir enfin enterré son frère cadet.

Artur s'étira et demanda l'addition au garçon. À sa montre, 3 heures du matin.

Il contourna des tables pleines en direction des toilettes, ne tenant plus dans son pantalon. Soudain, la stupéfaction. Au comptoir, une femme inhabituelle comptait l'argent, prenait des notes et donnait des ordres à un bataillon servile. Elle était belle, sans maquillage ni artifice, l'air sûre d'elle-même, la chevelure abondante, les lèvres taillées pour la galanterie et… une étoile de David à la poitrine ! Serait-ce possible, une Juive ? Artur ravala sa stupeur et fit quelques pas chancelants. Finalement, il affermit son regard, redressa ses épaules, et s'approcha, sous prétexte de demander où étaient les toilettes.

– Première porte à gauche, dit la femme en polonais.

Et Artur, séducteur :

– Yiddish ?

Elle s'arrêta, l'observant avec un vague intérêt. Elle avait un regard gentil :

– *Shalom*, monsieur…

– Kelevsky, Artur Kelevsky…

– *Shalom*, monsieur Artur Kelevsky. – La femme croisa les bras. – Kelev, ça veut dire "chien" en hébreu.

– Vraiment ? – Franche surprise. – Je l'ignorais.

Elle sourit. Avait-elle dans les trente ans ? Aucune ride ni flaccidité, rien qu'une beauté mûrie par les anges. Artur se hasarda :

– Puis-je savoir votre nom ?

La femme détourna timidement son regard et tria la monnaie sur le comptoir. Artur se sentit comme un corniaud galeux dans la ligne de mire d'un coup de balai. Mais il n'avait aucune raison d'avoir peur – du moins pour l'instant. Un doux soupir précéda la réponse :

– Hannah Kutner.

5

Rio de Janeiro, 1937

La pergola du Copacabana Palace était décorée pour le cocktail de Noël. Une composition florale verte et jaune flottait dans la piscine, autour de laquelle les dames portaient les raffinements de la mode et les uniformes arboraient des médailles à leur poitrine. Les garçons servaient du whisky et transmettaient de petits billets. Sourires, gestes et paroles s'en tenaient à l'étiquette, et y manquer était une prérogative des hauts gradés. Un piano berçait les rituels du pouvoir – auquel, sincèrement, Max n'aspirait pas. Il serra des mains graisseuses, feignant l'intérêt ou la surprise quand il le fallait, mais sans parvenir à sourire. Qu'on lui pardonne son regard distant et sa voix monotone, car plus encore que de se débarrasser de cette hypocrisie, il lui était difficile de la supporter.

Max était rentré dans les bonnes grâces de la cour. Quelques jours auparavant, il avait applaudi les prouesses d'un orchestre dans la loge de la police au Théâtre municipal, vêtu d'un smoking de location et trinquant aux âneries de Mme Avelar. Le capitaine lui-même traitait le cordonnier comme si rien ne s'était passé chez Hannah, quelques mois plus tôt. Il faisait l'éloge du maestro et des trilles du pianiste, même si le concert qui préoccupait la nation se jouait loin d'ici, dans les salons de la République. Sous prétexte de combattre le "péril rouge", Getúlio Vargas avait fermé le congrès, dissous les partis politiques et décrété l'État Nouveau. Tel était le consensus sous la pergola du Copacabana Palace : le futur du Brésil était, dans la meilleure des hypothèses, une énigme.

À un moment donné, le cordonnier s'excusa, quitta la pergola et traversa l'avenue Atlântica pour flâner sur le front de mer. Il s'assit sur un banc du trottoir et respira profondément. Les eaux allaient et venaient, moussant sur le sable avec un doux grondement. Max aimait la mer, les montagnes, la partie laissée indemne par l'homme. Il éprouvait du regret. Le regret d'un espoir perdu, d'une bonne raison pour bercer ses journées grises. Maintenant, il pouvait comprendre les mutilés qui regrettaient leur membre perdu. Mais quel membre avait perdu Max, sinon une béquille illusoire ?

Jamais il ne les avait offensées, jamais il ne les avait méprisées. Très tôt, son père lui avait enseigné que les vrais hommes respectaient les professionnelles. Il les payait toujours comptant et ne rapportait chez lui aucun sentiment. Parfois, il économisait quelques sous pour étrenner les recrues récemment arrivées du bois ou du village. À Katowice, il en était même venu à avoir ses préférées et à regretter deux morts que la police n'avait jamais élucidées.

Au Brésil, il avait perpétué la tradition dans les pensions de la Glória. Il adorait la chaleur latine, la langueur des métisses, leurs discussions complaisantes après le labeur. Les putes brésiliennes aimaient pour de vrai. Elles faisaient crédit et jouissaient plus fort que leurs clients, épuisant les virils et leurrant les impuissants. Elles devenaient des amies, des confidentes, des conseillères. Que dire des polaques ?

Max ne courait pas après, rechignant à payer des femmes auxquelles des mots tels que *matzah* ou *meshouguene* étaient familiers. Il ne parvenait pas à mélanger deux mondes aussi antagonistes. Ce serait plus ou moins comme d'avoir ses grands-parents Shlomo et Rebeca assis sur le bord du lit, en train de regarder ses saletés. Non, le judaïsme ne rimait pas avec la luxure. Les Juifs tendaient à se prendre pour le maillon d'une chaîne vertueuse, fondée sur des valeurs telles que l'honneur et la sagesse. Les polaques, au contraire, n'étaient associées qu'à une seule valeur – la monétaire. Presque toute la place Onze éprouvait un mélange de peine et de dégoût pour ces dépravées, qui inscrivaient dans l'histoire du Peuple élu un chapitre ténébreux. Le problème devenait évident quand des troupes de théâtre yiddish visitaient Rio et que les polaques mettaient un point d'honneur à s'asseoir aux premiers rangs, scandalisant les bonnes familles. Combien de prises de bec et d'expulsions n'avaient pas retardé les spectacles ?

Elles faisaient le trottoir devant les vitrines lumineuses du Mangue, zone de basse prostitution, se faisant passer pour françaises. Elles avaient leur propre synagogue sur la place de la República, où elles riaient et pleuraient les jours saints, recrutant leurs chanteurs et leurs maîtres de cérémonie parmi leurs pairs, car aucun rabbin digne de ce nom ne leur adressait la parole.

Elles formaient une tribu à part et professaient le judaïsme à leur manière, gérant une société d'assistance mutuelle et se faisant enterrer au cimetière malfamé d'Inhaúma (leur dernier bordel, d'après les rieurs). Ces dernières années, la police fermait les "bouges sémites" et déportait leurs maquereaux, au grand dam des pauvres filles, qui finissaient par travailler à leur compte, par changer de branche ou par dépérir dans les sanatoriums et les asiles. Bien fait, disaient les sages. Comment osaient-elles dédaigner les lois de Dieu et entretenir une synagogue avec une arche sacrée et tout le reste ? Comment osaient-elles réinventer la *Torah* et ajouter au Dix Commandements un 11e, selon lequel tous les autres étaient relatifs, pouvaient être reconsidérés, interprétés n'importe comment et révoqués sommairement ?

Et Hannah, comment l'inclure dans cette histoire ? Quels étaient son passé, ses objectifs, ses raisons ? Était-elle tombée en disgrâce à cause de son veuvage prématuré ? Était-ce une autre victime de la malchance, bernée par des proxénètes dénaturés ? Comment était-elle arrivée au Brésil, trompée par qui ? Quel génie était parvenu à la tromper ? Hannah détonnait parmi ses collègues, en outre parce que les polaques typiques étaient analphabètes, des personnages opaques, et non pas des penseurs raffinés.

Max cherchait encore à oublier l'évanouissement de cet après-midi fatidique ; il cherchait à oublier les gifles de Fany sous la douche glaciale avant qu'on le ramène chez lui ; il cherchait à oublier ces quatre jours au lit pendant lesquels Fany prenait sa température, lui donnait de la soupe et changeait ses draps. Aux clients, la petite grosse disait que M. Kutner se remettait d'une "grippe passagère". Le soir, elle faisait un grand ménage, s'installait dans un coin et dormait juste ce qu'il fallait pour saluer le matin avec une bouffée de café mis sur le feu. Quand Max fut rétabli, Fany fit son baluchon et partit sans s'attarder, balançant sa robustesse dans une petite robe à rayures.

Reprendre la routine était un martyr. Asiles, synagogues, théâtres ? Pas question. Dans ses heures agitées, Max essayait de nommer ce qu'il éprouvait encore pour Hannah. Considération ? Respect ? Gratitude, peut-être, pour avoir réveillé en lui une vigueur insoupçonnée. Il se souvenait des fins d'hiver en Pologne, quand les branches sèches se couvraient de bourgeons verts et révélaient la vie jusqu'alors en incubation sous la glace. Les rouges, les jaunes, les lilas surgissaient aux quatre vents, pour le régal des yeux déteints par la neige. Que dire des parfums, des saveurs, des textures printanières ? En somme, Hannah aurait été son printemps. L'image aurait sans doute semblé puérile, si les printemps n'étaient pas aussi précurseurs de dangers tels que la grippe et les venins. Et pourtant, ils n'en demeuraient pas moins adorables, comme les lettres que Hannah continuait d'écrire à sa sœur.

Pauvre Guita, cible de tant de mensonges si élaborés. Supposant que sa sœur était pure, elle demandait des nouvelles du beau-frère et de Iôssef. Un jour, elle voulut savoir si Hannah lui confiait "tous" ses secrets. La réponse, lapidaire, lui arriva dans une carte : "Les vérités que je dis n'ont pas besoin d'être tout pour que tout ce que je dis soit la vérité."

Un bruit abrégea sa rêverie : il était temps de retourner au Copacabana Palace. Max quitta paresseusement son banc et traversait déjà l'avenue, se résignant au prochain whisky, quand il eut un choc. Il faillit se faire renverser, hébété au milieu de l'asphalte. Ce n'était pas possible ! Il avait sans doute halluciné en voyant Hannah Kutner, vêtue d'une robe noire et sobre, sortir d'une voiture à la porte de l'hôtel. Que feraitelle ici, avec ses cheveux en chignon ? Ce n'était pas Hannah, bien sûr. Qu'il se trouve un traitement car il était déjà en train de délirer ; qu'il prenne une bonne et douloureuse piqûre avant que Moshé ne lui fasse signe du haut du Corcovado ou que le Pain de Sucre ne se transforme en mont Sinaï. Trouve-toi un médecin, Max ! Mais, tout d'abord, pourquoi ne pas s'adresser au *concierge** dans le hall ?

– Cette femme en noir… qui vient d'entrer.

– Une femme ? l'interrompit un malabar devant la porte de l'ascenseur.

– En noir… Hannah.

Et le malabar :

– T'as jamais vu de femme ?

– Je la connais…

– Tu la connais pas, non !

– Comment ça ?

– Sors d'ici.

Malaise dans le hall. Max insista :

– Mais…

– Maintenant ! – Et il détacha les syllabes : – Main-te-nant !

Que faire, sinon lui obéir ? Max en fut tout retourné : c'était Hannah, sans aucun doute. Où pouvait-elle être, pourquoi, avec qui, pour combien ? Sous la pergola, le capitaine Avelar dirigeait une ronde disputée. Avec qui Hannah pouvait-elle être, Dieu du ciel ? Max faillit frapper un diplomate ivre qui venait l'ennuyer. Il lui fallait identifier la femme en noir. Immédiatement.

Il quitta la pergola, trébuchant sur des clients, avant de faire irruption dans le hall à la recherche du malabar. Ce fut le *concierge** qui lui suggéra de classer l'affaire :

– Pour vous. – Il tenait un billet.

Frissons : qu'est-ce que c'était ? Il épongea son visage et sortit sur le trottoir, songeur. Un billet ? Il maîtrisa son tournis en suivant les dessins ondulés des mosaïques portugaises. Il marcha jusqu'au Leme et revint, sans avoir le courage d'ouvrir le papier. Qui l'avait écrit, pourquoi ? Ce ne fut que dans le tramway du retour qu'il parvint à le déplier, hasardant un coup d'œil sur les petites lettres à l'encre de Chine. En bon yiddish, elles brillaient par leur concision : "C'était moi-même. Venez chez moi demain. Quatre heures de l'après-midi. Cent mil-réis."

**

Fany apporta un plateau avec du jus :

– Elle va vous recevoir. – Et elle retourna dans la cuisine.

Max prit son troisième calmant – à moins que ce ne fût le quatrième, ou le cinquième ? Il ne savait plus. Il examina le salon pour distraire sa tension. Pourquoi Hannah l'avait-elle appelé ? Que pouvait-elle bien lui vouloir ? Ils ne s'étaient jamais parlé de façon civilisée, sans des improvisations de triste mémoire. Et si elle le recevait dans une tenue légère pour une séance de travail ? Non, Max n'en serait pas capable. À vrai dire, il n'avait pas la moindre idée des raisons de sa présence dans l'immeuble Topázio.

Il prit l'atlas qui décorait une table en coin. Il navigua sur des mers et des fleuves, traversa des montagnes et des déserts. Cette édition datait de 1912, une époque aux frontières fluctuantes, quand les empires se partageaient le monde et faisaient une répétition de la Grande Guerre. On s'endormait dans un lieu, et l'on se réveillait dans un autre, sans sortir de chez soi. La mère de Berta F., par exemple, étaient née en France, avait vécu en Allemagne, puis était morte dans sa France natale – toujours dans le même village d'Alsace. Adam S., le marieur, avait quant à lui vu trembler trois drapeaux à Kaunas, un jour russe, un autre lituanien, puis polonais. Beaucoup avaient dû fuir vers leur propre pays, dont les frontières avaient reflué comme une marée basse ; d'autres étaient restés, par inertie ou idéalisme, pour découvrir que leurs monnaies ne valaient plus rien ou avoir des droits et des devoirs institués pas des fusils. Dans les écoles, les enfants découvraient de nouveaux professeurs et une nouvelle moisson de langues, d'hymnes, de héros, de dates. Ou, tout simplement, on mourait.

Et le Brésil, que dire du Brésil ? Immense, le plus grand littoral de l'Atlantique, voisin de presque tous les pays d'Amérique du Sud et sans aucune bataille en vue. On y voyageait pendant de longues journées et que trouvait-on aux confins de la carte ? La même langue, la même monnaie, le même portrait de Getúlio Vargas. Incroyable !

– Vous pouvez entrer, monsieur Kutner. – Fany souriait cordialement.

Une couverture rose et des coussins recouvraient le lit en bois sculpté. Dans un coin de la chambre, deux fauteuils à larges oreilles flanquaient la table basse où Hannah déposa le plateau.

– Du thé ?

Elle portait un peignoir bordeaux, le visage immaculé, sans les fards qui recouvraient les dames et leurraient les messieurs. Levant sa tasse :

– *Le Chaïm !*

Un ruban lui ceignait les cheveux. Assise :

– Je ne sais pas ce que vous attendez de cette rencontre, Max. – Et elle attendit, en vain, une réponse. Posant la tasse dans la soucoupe : – Pour ma part, je prétends simplement bavarder. J'espère que cela ne vous vexera pas.

– Soit, alors… – Raclements. – bavardons.

– Parfait. À plusieurs reprises, vous avez croisé ma route. Pourquoi ?

Max but son thé pour gagner du temps.

– Eh bien… c'est que vous êtes venue dans mon magasin et… que vous m'avez plu.

Le sourire de Hannah inséra le doute :

– C'est tout ?

– Oui.

Un tant soit peu insinuante :

– C'est pour ça que vous êtes venu l'autre jour et que vous vous êtes évanoui dans le couloir ?

Max acquiesça avec une grimace pathétique.

– Car vous avez oublié ça. – Hannah désignait la valise qu'il avait apportée trois mois plus tôt. – Je ne l'ai pas ouverte, je veux juste vous la rendre et savoir comment vous avez obtenu mon adresse. Vous m'avez suivie, n'est-ce pas ?

Toux convulsive.

– Ça va, je ne vais pas vous ennuyer. Beaucoup d'hommes mentent par ma faute, c'est naturel. Seulement, ils mentent à leurs épouses, et vous, c'est à moi que vous mentez. – Languide : – C'est bien gentil, merci, mais je dois vous avertir que mentir aux putes, c'est du gâchis. On nous paye pour ne croire en rien.

Max, dans un élan :

– Dans ce cas, dire la vérité non plus n'avancera à rien.

– Oui, peut-être. – Hannah alluma une cigarette : – Rio est vraiment petit. Vous vous souvenez de l'homme que je recevais quand vous êtes venu ici ? Il vous connaît.

Alarmé :

– Vraiment ?

– C'est un homme important, un militaire.

– Ça alors… J'ai beaucoup de clients importants.

– Ah, oui, bien sûr ! C'est lui qui m'a parlé de vous, il a beaucoup vanté votre travail.

“Lequel ?” se demanda le cordonnier.

– Je travaille du mieux que je peux.

– Moi aussi.

Max fut tellement choqué que la question lui échappa malgré lui :

– Vous n'envisagez pas de quitter cette vie ?

– Non.

– Vous marier, avoir un mari ?

– Coucher est une chose trop intime pour être faite avec des gens qu'on connaît.

C'est avec un mélange de malice et d'ingénuité que Max répliqua :

– Et que peut-on faire avec des gens qu'on connaît ?

– Les tolérer.

– Vous me tolérez ?

– Je ne vous connais pas.

– Alors nous pouvons coucher ensemble. À moins que vous ne vouliez me connaître.

Ciel ! Un ange espiègle faisait-il le doublage ? Hannah dissimula sa surprise :

– Que préférez-vous ?

– Vous sortir de cette vie !

– Donnez-moi de bonnes raisons pour cela.

– Être une femme… respectable.

– Respectable ? Qu'est-ce que vous appelez le respect ? Vous croyez que je me soucie de ce qu'on dit de moi ? La seule chose qui m'importe, c'est ce qui se passe dans ce lit, pas en dehors, car il y a plus de respect et de sincérité ici que là-bas ! D'ailleurs, j'ai appris deux choses dans cette vie. La première, c'est que mériter le respect ne veut pas dire qu'on l'obtienne ; la seconde, c'est qu'obtenir le respect ne veut pas dire qu'on le mérite.

– Mais… il existe aussi des gens qui obtiennent et qui méritent le respect.

Hannah croisa les jambes :

– Vous me respectez ?

– Beaucoup.

– Voilà qui nous fait un beau point en commun : moi aussi, je me respecte. Vous savez pourquoi ? Parce que je n'ai jamais obligé personne à s'allonger dans ce lit, parce que je règle toutes mes factures, parce que j'aide beaucoup de gens et qu'en plus je jeûne pour *Yom Kippour* ! Je ne me soucie pas de ce que les autres disent.

Hannah se leva pour prendre un cendrier à sa table de chevet. Secouant la cendre :

– Connaissez-vous la parabole du drap, Max ? Je vais vous la raconter. Sarah était à sa fenêtre en train de regarder le séchoir de sa voisine quand elle appela son mari : Isaac, viens voir comme ces draps sont sales ! Le lendemain, même chose : Isaac, quelle horreur, viens voir ! Est-il possible que la voisine ne sache pas laver ses draps ? Il suffirait qu'elle me le demande, la pauvre ! Le temps passa, et les draps devinrent de plus en plus sales, remplissant Sarah d'horreur. Un jour, le miracle se produisit ! – Hannah s'adossa à son fauteuil, arrangeant l'ourlet de son peignoir : – Sarah vit l'impossible : le séchoir de sa voisine avait les draps les plus blancs du monde. Isaac, viens ici, je n'y crois pas, ils sont plus propres que les nôtres ! Comment est-ce possible ? Alors Isaac lui répondit calmement : c'est très simple, ma femme. Très simple. C'est que tôt, ce matin, j'ai décidé de laver nos vitres !

Max baissa la tête humblement. Il prit sa tasse, mais il n'y avait plus de thé pour déguiser son angoisse.

– Je dois perdre tout espoir ?

– Seulement ceux qui sont impossibles.

– Et ceux qui sont possibles ?

– C'est cent mil-réis de l'heure.

Max se rebella :

– "Le Juif qui ne croit pas aux miracles n'est pas réaliste."

Hannah éteignit sa cigarette dans son thé :

– Le Juif réaliste ne croit qu'aux bons miracles. – Elle regarda sa montre. – Séance terminée. Oh, excusez-moi, je ne m'occupe pas de l'argent, voyez cela avec Fany. Au revoir, ce fut un plaisir.

Max était le plus abattu des hommes quand il donna les mil-réis à Fany. Il foulait déjà le seuil de la porte quand Hannah arriva en traînant la valise :

– Emportez cela, s'il vous plaît ! Que c'est lourd !

Et Max :

– Ce sont des livres.

– Des livres ?

– J'allais en faire don à un asile.

– Un asile ?

Max acquiesça d'un signe de tête :

– Ce sont des livres en yiddish.

Surprise :

– En yiddish ?

– Tchekhov, Sholem Aleichem, Dostoïevski…

Incrédule :

– Vous les avez tous lus ?

– Tous.

Hannah et Fany échangèrent un regard. Et Fany, dans un éclair :

– Pourquoi ne pas les donner à la Maison jaune ?

Hannah ouvrit un sourire radieux :

– Excellente idée ! Êtes-vous libre la semaine prochaine, Max ?

**

Rio de Janeiro, 1er février 1938

Guita,

Aujourd'hui, j'ai lu les journaux.

À Rio, huit suicides. L'Espagne est en sang, Hitler convoite l'Autriche, un bateau a coulé en Amazonie.

Et, pauvre de moi, sais-tu ce que je faisais pendant ce temps-là ? J'achetais des poires.

Une fois, j'ai demandé à papa pourquoi le journal de Bircza ne disait pas que, pendant le Shabbat, les familles allaient se promener, puis rentraient et allaient dormir. Papa : "Eh bien, ma fille, c'est parce que cela arrive toujours." Alors, j'ai demandé pourquoi le journal ne parlait que de désastres comme les incendies et les éboulements : "Eh bien, ma fille, c'est que cela n'arrive jamais."

Telles sont nos vies.

J'aimerais savoir pourquoi la presse n'a pas dit que, hier, les avions sont montés et descendus sans problèmes, pendant que les tramways avançaient sur leurs rails. Pourquoi ne nous rappelle-t-elle pas que, les jours de beau temps, il n'y a pas d'inondations, et que, les jours de pluie, on ne manque pas d'eau ?

Pourquoi ne dit-elle pas qu'untel a cuit un gâteau, a vaincu son ennui, a guéri de la grippe ? Est-ce que ce sont des choses tellement sûres, tellement prévisibles, qu'on n'a pas besoin de les mentionner ? La routine n'est-elle pas intéressante ?

Eh bien sachez, chers journaux, qu'aujourd'hui j'ai acheté des poires, que deux amis se sont donné l'accolade au milieu de l'avenue, que Mme Maria a vu la mer et que la mer a vu Mme Maria. Sachez que lorsque je lis vos manchettes, chers journaux, je pressens la fin du monde. Et quand j'ai fini, qu'est-ce que je vois ? Une chatte à ma fenêtre. J'entends un bébé qui pleure ou la musique que le vent répand.

Suis-je la seule à avoir acheté des poires hier ? Elles étaient belles ! D'où venaient ces poires ? Quelqu'un peut-il m'informer ?

Je n'ignore pas les tragédies, les drames, l'extraordinaire. C'est préoccupant! Mais cela préoccupe, justement, à cause des poires. C'est elles que nous voulons préserver.

Peut-être que la meilleure façon de répudier la guerre, c'est d'exalter la paix.

Ou bien est-ce tellement évident qu'on n'a pas besoin d'en parler?

Hannah

**

On tambourina à la porte de son atelier à 3 heures du matin. Max sauta du lit et se cogna contre des affaires, cherchant la clé pendant qu'on criait son nom à l'extérieur. Il se retrouva devant trois hommes sur le trottoir.

– Max Kutner?

– Oui.

– Mission urgente.

La voiture traversa l'obscurité, crissant des pneus aux coins des rues avant de s'arrêter dans la rue de la Relação. Max en sortit sous bonne escorte, gravit les marches du commissariat central, parcourut des couloirs et n'ébaucha un soupir de soulagement que lorsque le lieutenant Staub lui offrit un café cordial. La police avait fait une arrestation "importante" et il n'y avait pas de temps à perdre.

– Il n'y a pas de justice en temps de guerre, monsieur Kutner. Il incombe à chacun de choisir quelles injustices il faut commettre, et quelles autres il faut combattre. J'espère que vous comprenez notre travail.

Ils descendirent à un étage plein de galeries, de silhouettes errantes et de grilles qui s'ouvraient pesamment sur d'autres galeries. Ils arrivèrent dans un atrium dont les parois comportaient deux étages de cellules combles. Des soldats allaient et venaient en rondes mécaniques, sans secourir les mains qui pendaient aux grilles ou qui balançaient une cigarette en attente de feu. Le cordonnier eut mal aux yeux de voir des hommes mis en cages comme des bêtes, des animaux enragés. *Oï veï*, à quoi bon des millénaires de civilisation ? Quel était le pouvoir des mots, de la raison et de la sensibilité ?

Pour Max, les sous-sols de la police étaient comme des fantômes – pressentis mais jamais vus. Des coulisses à l'opposé du brio de l'État Nouveau, qui arrosaient les journaux d'eau de roses (même les sécheresses du nord-est semblaient amènes) pendant que les hymnes et les discours radiophoniques dissimulaient les tares du régime – mais seulement celles de ce régime, car la même presse était toujours prompte à divulguer les purges de Staline, ses exécutions sommaires et les travaux forcés en Sibérie.

Staub conduisit Max jusqu'à une aile chaude et nauséabonde, gardée par des soldats aussi massifs que les portes des cellules.

– C'est le mitard, expliqua le lieutenant en invitant Max à entrer dans une petite salle.

Au centre, une table couverte d'argent, de vêtements tailladés, une revue et des cartes postales pris sur un Juif qui, en provenance de Buenos Aires, avait avalé un flacon de somnifères pour abréger l'interrogatoire à la douane. Entre les pages d'un livre, il y avait des feuilles volantes en calligraphie hébraïque. Max devait les traduire à voix haute et claire pour le lieutenant Staub et deux soldats qui saisissaient déjà leurs crayons et leurs blocs-notes. La première feuille était un poème sioniste encourageant le Peuple élu à fonder sa patrie. Les autres comportaient des mots et des chiffres sans suite, en plus de dessins abstraits. Ce prisonnier n'était peut-être qu'un simple convoyeur de messages et de valeurs que, pour une raison quelconque, il valait mieux ne pas envoyer par la poste. Un pauvre Juif qui gagnait sa vie d'une manière prosaïque, en épargnant les pertes, les coûts et les risques à d'inoffensifs clients. Son crime formel : ne pas déclarer à la police la somme qu'il portait dans la fausse doublure de son manteau.

Max aurait préféré le taxer de subversif et oublier l'affaire. Il n'y a rien de mieux que de vivre sous une cloche de certitudes. Mais il n'y arrivait pas. Depuis qu'on le faisait travailler dans la police, Max devinait un autre monde au-delà des étiquettes qui délimitaient le sien, contraint de fuir les clichés et les raccourcis. Il apprenait que la guerre, déclenchée ou imminente, atteignait tout le monde ; il apprenait que les gens n'étaient que des circonstances ambulantes et qu'un millimètre de plus ou de moins pouvait faire d'un baron un larron, et d'un larron un baron. Combien de fois Max ne s'était-il pas demandé : qui suis-je ? Comment pouvait-il se vouloir original, authentique, s'il était le résultat d'un contexte, d'une culture préexistante, avec ses vices et ses vertus, ses relations établies, une culture qu'on lui avait inculquée avant même qu'il se connaisse lui-même, avant qu'il ne devienne une éponge dont l'unique faculté était d'absorber l'héritage d'autrui pour, dans l'avenir, qu'on le torde et lui fasse rendre ce que de nouvelles générations se chargeaient déjà d'absorber.

Sur ce, l'effroi : un coup de feu sec à l'extérieur, suivi d'un cri. Staub et les deux soldats quittèrent la salle, haletants. Max regarda la pile de papiers sur la table et feuilleta distraitement une revue en espagnol. Dans un coin, il y avait trois liasses de dollars et des cartes postales en couleur. La première carte montrait l'obélisque récemment inaugurée à Buenos Aires, entourée de voitures sur une large avenue. Le verso était en blanc, ou presque. Max aperçut, à la lumière, les traces de quelque chose qu'on avait dû écrire au crayon de papier puis effacer, ou qu'on avait écrit en appuyant sur un papier posé par-dessus la carte postale. Il rapprocha la carte, cligna des yeux et frémit : il connaissait cette calligraphie fine, l'aleph aux pointes arquées, le gimal recourbé.

“Ils sont en train d'enquêter sur ma vie. Ils disent que tes lettres sont cryptées. Évite les réflexions ou des termes poétiques comme les poires ou le parfum de tante Sabina. Sois plus triviale, et moins Hannah. Guita.”

Max relut la carte une deuxième fois. Ce n'était pas un délire ni une coïncidence : Guita était en danger et Hannah aussi. *Oï main Got!* Et maintenant, que faire ? Prendre le risque de parler à ses supérieurs ? Et si les poires de Hannah n'étaient pas des poires ? Et si ses parfums brisés et ses fleurs des marais étaient, en fait, des codes secrets ?

Le lieutenant et les soldats revinrent en riant :
– Un tir à blanc pour arracher des aveux.
Max regardait les trois fixement :
– Un problème, monsieur Kutner ?
Se raclant la gorge :
– Juste soif, il y a de l'eau ?

Il faisait grand jour quand il foula le trottoir. Il avait traduit les feuilles et les articles de la revue pour les soldats, qui avaient griffonné frénétiquement leurs blocs-notes. Que feraient-ils de tout ça ? Max marcha jusqu'à un coin de rue, ouvrit son portefeuille, prit une adresse et héla un taxi. Il s'arrêta dans la partie escarpée de la rue André Cavalcanti, près de Santa Teresa, devant une maison en ciment. Il sonna à la porte, baisa la *mezouzah* et frotta ses mains gelées avant de saluer Mme Ethel, qui portait une grande chemise de nuit et des sandales pelucheuses.

– *Kol Israël arevim zeh bazeh.* – Ce furent ses paroles. – J'ai un travail pour vos *meraglim.*

Plus tard, il quitta la maison dans un soulagement provisoire. Comment ne pas fêter le droit d'aller et venir, de monter et descendre ? Chaque pas en plus ou en moins redessinait le monde. Il s'engagea dans la rue du Riachuelo, dans la rue des Inválidos, revint dans la rue du Riachuelo. Il marcha, marcha calmement, détendu, se délectant des rites du matin qui remplissaient les bars, les entrepôts, les tramways ; qui imprégnaient l'air de café ; qui renvoyaient les bohèmes chez eux. C'était là le bon monde, simple et fonctionnel ; si simple et fonctionnel que ses protagonistes eux-mêmes ne prenaient pas la peine de le remarquer. Ah, quel paradoxe que nos yeux ne puissent se voir sans un miroir qui les inverse. Rien de tel qu'une bonne prison pour expliquer la liberté !

Max longeait la rue de la Relação quand il prit conscience de son prochain défi, une mission urgentissime. Comment parler à Hannah de la carte postale qui, à ce moment-là, lui garnissait l'estomac ?

**

Une lettre anonyme sur le seuil de sa porte ? Un porte-parole de confiance ? Et pourquoi ne pas se taire et tout oublier ? Ou, courageusement, l'assomption de la vérité ? Dans ce cas, quelle serait la réaction de Hannah en découvrant qu'il collaborait avec la police ? Peut-être le haïrait-elle pour toujours ; peut-être le comprendrait-elle ou même se mettrait-elle à l'admirer, pourquoi pas ? Les prostituées et les policiers avaient leurs connivences, leurs magouilles. Max pourrait, qui sait, tirer profit de la situation pour la séduire. Toute autorité s'attirait les sympathies par des faveurs illicites. Ou alors, que la vérité jette pour de bon du sel sur la terre où le cordonnier avait prétendu, un jour, féconder cet amour impensable. Quoi qu'il en fût, il ne pouvait croiser les bras et oublier Hannah. Rien n'était plus triste que ses lettres sans poires ni fleurs des marais, mais les risques qu'elle encourait n'avait rien de proprement métaphorique.

Il se redressa devant son miroir :

– Je vais tout raconter aujourd'hui même.

Hannah passerait le prendre cet après-midi-là pour visiter la Maison jaune, un mélange d'asile pour vieilles polaques et de crèche où l'on accueillait les inadvertances des consœurs. Le prétexte de cette visite était la distribution des livres en yiddish. Max portait un costume en lin ivoire, un panama et des chaussures bicolores. Il répétait des mines et des moues quand Fany s'étala sur le comptoir.

– Hannah ne peut pas venir, elle est indisposée.

– *Oï veï !*

Max se montra si explicitement dépité que Fany, émue, s'empressa de reprendre rendez-vous pour le lendemain. Pas si grave, pensa-t-il, desserrant déjà son col, défaisant son élégance devant le miroir, quand un éclair lui remit son chapeau sur la tête :

– Si on prenait une bière ?

Fany rendit grâce dans l'euphorie, souriant d'une oreille à l'autre.

Ils traversèrent la place Onze, elle, dans une robe turquoise relevée sur les hanches, tenant le bras du cordonnier, à petits pas exubérants jusqu'au tramway qui desservait le centre. Fany s'efforçait d'être agréable, dosant son anxiété. Dans la rue de la Carioca, ils choisirent une table au fond du bar Luiz. Ils burent le premier demi, Fany exultant sans retenue et Max remettant à plus tard le sujet qui lui importait. Pendant qu'ils mangèrent du rosbif avec des pommes de terre, elle prit garde à sa serviette, évitant de barbouiller son rouge à lèvres ou de parler la bouche pleine. Ils papotèrent tellement et si librement que, pour Fany, le flirt était gagné d'avance. Ses petits yeux pointaient certains détails comme les ongles de Max ou le nœud imprécis de sa cravate. Elle retint son envie d'uriner pour ne pas perdre le fil de cette adorable pelote, et quand il se leva pour aller aux toilettes, elle courut s'asperger d'un petit flacon de Shalimar derrière l'oreille. Cinq demis et deux heures plus tard, Max joignit ses mains d'un air conclusif. Par où commencer ? Se raclant la gorge :

– Je peux avoir confiance en vous ?

Fany rougit :

– Eh bien... je crois que oui.

– Je peux vraiment ?

Elle tordait sa serviette sous la table :

– Vous pouvez, oui, monsieur Kutner, vous pouvez !

– Vous êtes amies ?

Fany ne réagit pas aussitôt. Elle observa le cordonnier sans perdre sa contenance, encore rougie par l'extase achevée. Elle préférait tarder à comprendre ce qui, si évident, était inévitable. Elle s'en doutait déjà et, la preuve, c'est que la tristesse la dispensa de s'étonner avant même que Max eût terminé sa question. Mais l'envie d'uriner devint insupportable. Tout d'abord, Fany se permit d'arranger le nœud de cette cravate imprécise. Puis elle se leva, titubant à moitié, sans donner de raison. De retour des toilettes :

– Amies ? Plus que ça. Je dois la vie à Hannah.

– La vie ?

– Hannah m'a sortie de l'enfer. Aujourd'hui, je suis son assistante.

– Elle a toujours... fait ce travail ?

Fany sirota son demi, se résignant au thème :

– Hannah a une histoire différente, monsieur Kutner. Elle n'a pas été leurrée, séduite comme nous autres. Elle ne vivait pas dans un *shtetl* et n'est pas tombée dans le boniment du mariage. Elle a vécu avec un homme très puissant, Artur Kelevsky, je ne sais pas si vous en avez entendu parler, un maquereau de haut niveau. Ils se sont rencontrés en Pologne. Kelevsky était éperdument amoureux de Hannah. É-per-du-ment ! Vous pouvez être sûr d'une chose, monsieur Kutner : il est mort d'amour.

– Comment ça ?

– Artur Kelevsky était un grand trafiquant de peaux, si vous comprenez ce que je veux dire, faisant des affaires dans le monde entier. Mais, comme vous devez le savoir, la Zwi Migdal a presque disparu, et ce fut le sauve-qui-peut, chacun pour soi. Kelevsky était encore riche quand il a amené Hannah au Brésil. C'était il y a… je ne sais pas. Dix ans ? Moins que ça, car Getúlio était déjà là. Bon, peu importe.

"Ils habitaient dans une maison de Botafogo, il paraît que c'était un bel endroit. Je n'y suis jamais allée. Kelevsky possédait quatre bordels à Rio et deux en province, en plus de magasins et même de maisons qu'il louait. Un homme intelligent, sans aucun doute.

"Hannah menait une vie de princesse. Elle ne portait que des vêtements de couturier, de bons parfums, des chapeaux sur mesure, toujours fourrée dans les magasins de la rue du Ouvidor ou dans le Park Royal. Ce fut une des premières femmes de Rio à posséder une voiture ! Mais Kelevsky était très jaloux, personne ne pouvait s'approcher d'elle. Il voulait Hannah pour lui seul. Ils voyageaient en été car il ne supportait pas la chaleur et commençait à avoir des problèmes de cœur. Ils allaient toujours à Teresópolis.

"Mais Kelevsky était avant tout un hors-la-loi. Tout le monde savait qu'il pouvait être arrêté ou expulsé du Brésil. Aussi, il versait beaucoup, beaucoup d'argent à la police. Mieux vaut ne pas savoir les noms, monsieur Kutner. Mieux-vaut-ne-pas-sa-voir !

"Puis, un jour, il y eut un problème. Il paraît qu'une autorité, un commissaire, je ne sais pas, s'est rendu chez Kelevsky en menaçant de déporter une vingtaine de polaques dont les passeports n'étaient plus valables. L'homme exigeait beaucoup,

beaucoup d'argent. *Oï veï*, une fortune ! C'était tellement d'argent que Kelevsky a commencé à se sentir mal. Alors Hannah est venue au secours de son mari."

Fany accepta un autre demi.

– Quand le commissaire a vu Hannah, il a dit : "C'est elle que je veux !" Kelevsky a répondu non, jamais, hors de question. L'homme pouvait exiger n'importe quoi, plus d'argent, choisir cent femmes, celles qu'il voulait, toutes ensemble, mais pas Hannah. Le policier n'a rien voulu entendre. Il voulait Hannah, seulement Hannah. Kelevsky a répondu non, jamais, que les polaques aillent au diable, mais Hannah, non. Alors, c'est Hannah qui a dit : j'y vais. Qu'est-ce que Hannah pouvait faire ? Laisser le policier déporter les malheureuses ? Non, bien sûr que non, alors elle y est allée. Sur les lieux mêmes, dans la maison. Kelevsky l'a suppliée de ne pas y aller, mais elle y est allée.

"Vous savez ce qui s'est passé ? Le commissaire a aimé, adoré, et Hannah aussi, mais quand ils sont revenus dans le salon… *Oï Got*, Kelevsky était mort. Mort, mort ! – Exultant : – Qu'il brûle en enfer ! – Un rire morbide : – Il disait que la religion était un ramassis de bêtises. Vous savez le commandement de ne pas faire aux autres ce que vous ne voudriez pas que les autres vous fassent ? Kelevsky disait que, dans ce cas, personne ne forniquerait avec personne. – Éclat de rire. – Les putes le savent parfaitement, monsieur Kutner !"

En dessert, ils se partagèrent une tarte aux pommes :

– Kelevsky a tout laissé à Hannah, monsieur Kutner. C'était dans son testament, tout pour Hannah. Elle est devenue riche. Richissime ! – Plantant la fourchette dans la tarte : – Hannah avait déjà été riche en Pologne, mariée avec… D'ailleurs, vous avez le même nom que son premier mari, vous le saviez ? Quelle coïncidence ! Max Kutner fut le premier et l'unique mari de Hannah. Elle n'a même pas épousé Kelevsky. Et vous voulez savoir ? Hannah ne l'aimait pas. Elle a saisi l'occasion, c'est tout. – Fany commanda une autre tarte aux pommes au garçon. – Donc, elle est devenue riche, très riche. Qu'a-t-elle fait ? Eh bien, Hannah connaissait la vie des polaques. Souffrance, maladie, prison. Elle n'était jamais allée dans un bordel, mais elle était au courant de tout. Qui ne l'était pas ? C'est pourquoi elle a décidé de faire justice avec l'argent de Kelevsky. Elle a acheté et réparé la Maison jaune, qui n'était même pas jaune. Vous allez bientôt la connaître, elle se trouve dans Bonsucesso. Aujourd'hui, Hannah aide beaucoup de gens. Elle loue les maisons de Kelevsky aux filles à des prix modiques, elle paie les études de leurs enfants, elle aide notre synagogue, notre cimetière, elle aide pour tout. Et en plus, elle travaille pour son propre compte !

Fany haussait la voix :

– Et n'allez pas croire qu'elle va avec n'importe qui, non ! Rien que des ministres, des ambassadeurs, des hommes d'affaires. Un jour, Hannah se rend au palais je-ne-sais-quoi, un autre, elle se rend à l'hôtel je-ne-sais-quoi… Elle est toujours bien informée. Hannah est fabuleuse ! Quelle femme, mon Dieu !

Fany commanda un café pendant que Max essayait d'associer Hannah à ce passé tumultueux. Encore sous le choc, il aborda le sujet presque oublié :

– Eh bien… je peux donc avoir confiance en vous ?

– Bien sûr, monsieur Kutner. Soyez tranquille !

Raclements :

– On m'a dit que Hannah avait une sœur.

– Oh, oui ! Guita. Vous la connaissez ?

– Pas de questions, madame Fany !

Et il parla de la carte postale, des ennuis dans le pays voisin et de leurs possibles développements. Fany se couvrit le visage, scandalisée :

– *Oï, oï !* Hannah en sera affligée. Comment l'avez-vous su ?

– Pas de questions, madame Fany ! Pour l'amour de Dieu, pas de questions ! Et ne dites pas à Hannah que c'est moi qui vous ai raconté ça, compris ? Sous aucun prétexte !

– Cette sœur est tout ce qu'elle a. Hannah est folle de sa sœur, et sa sœur l'est d'elle. Guita est très bien mariée, elle vit avec un fermier milliardaire… – Elle fit une moue insinuante : – Ou vous saviez déjà tout ça ?

– Pas de questions, madame Fany !

– Hannah n'a d'amour que pour sa sœur, le reste importe peu. Si Guita souffre, Hannah souffre. Si Guita rit, Hannah rit. Aussi, Hannah n'aime personne, hormis sa sœur. – Très sérieuse : – Laissez tomber, monsieur Kutner.

Max frémit :

– Ça ne dépend pas de moi, vous pouvez me croire.

– L'amour ne dépend pas de nous. – Dressant le doigt : – Mais la fin de l'amour peut en dépendre !

Un aimable échange de regards scella le conseil. Après le café :

– Hannah en sera affligée, *oï, oï!* Guita est comme une fille pour Hannah. Elles habitaient ensemble en Pologne, à Pinsk. Vous connaissez Pinsk ? Bien. Hannah était déjà veuve et elles habitaient à Pinsk, mais elles avaient des parents en Argentine. Des gens qui vivaient là-bas depuis des années, dans une des colonies du baron de Hirsh, Moisesville ou quelque chose comme ça. Mais la colonie leur a déplu et ils sont partis dans une ville. Laquelle ? Je n'en sais rien ! Ils sont devenus riches et ont alors proposé à Guita de vivre avec eux. Guita y est allée et a rencontré un jeune Juif originaire d'Argentine. Jayme. Voilà, c'est tout. Quoi ? Oh, oui, allons-y, je suis moi aussi en retard.

Sur la place Tiradentes, Fany prit la main du cordonnier avant de monter dans le tramway à destination de Rio Comprido. Insinuante :

– Mon histoire aussi est intéressante, monsieur Kutner. Très intéressante ! Quand voudrez-vous l'écouter ?

– Un jour, madame Fany. Un jour.

Fany lâcha sa main et embarqua. Mais elle descendit à l'arrêt suivant et retourna dans la rue de la Carioca. Au bar Luiz, elle mangea trois autres morceaux de tarte aux pommes et dut renoncer au quatrième uniquement parce que sa robe turquoise ne supportait déjà plus la pression.

**

À la Maison jaune, les enfants ne péchaient pas par l'innocence. Quand une gamine demanda pourquoi il n'existait pas de femmes cordonnières, Max (qui n'y avait jamais pensé) improvisa :

– Eh bien… c'est un travail salissant, difficile…
– C'est tout ? le défia la gamine, les mains sur les hanches.
– On peut se faire du mal, il y a des odeurs dégoûtantes…
– Comme le travail de nos mères, quoi !
Max en eut le souffle coupé. Et Hannah :
– Ne soyez pas impressionné, Max. Cet endroit n'est pas comme les autres.
Ils étaient dans une cour où se trouvaient des balançoires et un manège. Un garçon arriva en courant :
– Tata Hannah, quand est-ce que maman va revenir ?
Prenant le garçon dans ses bras :
– Elle a demandé que tu l'attendes tranquillement et que tu te tiennes comme il faut.
Et elle l'emmena jusqu'au manège.
– Sa mère a disparu. Si elle est morte ou vive, c'est un mystère, dit-elle en revenant.
– Et le père ?
– Ici, on ne pose pas ce genre de question, Max. – Allumant une cigarette : – Suivez-moi.
C'était une demeure bien entretenue. Elle aurait appartenu à un riche fermier avant que le café ne tombe en disgrâce sur les marchés internationaux. Au deuxième étage, fonctionnait l'asile. Des vieilles et des petites vieilles mirent le nez dans les livres que le cordonnier distribuait. Certaines jouaient aux cartes, d'autres papotaient. Un homme jouait de la flûte sur une véranda pleine de chats qui s'enroulaient autour d'un public endormi. Dans une grande chambre aux lits alignés se trouvaient les inertes. Beth palpa le cordonnier avec une sensualité nostalgique, Raquel lui demanda s'il était marié. Hannah allait de lit en lit pour écouter les plaintes, les requêtes, les remarques. Puis elle fit des recommandations et des reproches aux infirmières, en montrant les draps et les chemises de nuit. C'était une reine hautaine et sereine, que se disputaient avidement ses sujets. Elle calmait les inquiètes et redonnait des couleurs aux déprimées, entraînée dans des recoins où elle écoutait des confidences et rendaient jalouses les témoins. Max, amer, se demandait quel rôle il pourrait jouer dans cette plénitude. Essayer de la transformer ou de la

rédimer semblait ridicule : c'était plutôt Hannah la rédemptrice. Elle se suffisait à elle-même – pas de manque à combler, ni d'excès à contenir. Max commençait à comprendre que, pour la séduire, il lui faudrait recourir à la tactique des gens remplaçables : plaire pour ne pas être rejeté.

Deux rues après la Maison jaune, se trouvait l'impasse qu'elle louait à des collègues, non sans fixer des règles et interdire les visiteurs masculins. Elle faisait des rondes surprises dans les environs, la nuit s'il le fallait, expulsant les fautives. Parfois, elle prenait des décisions polémiques, comme d'accueillir des prostituées non juives, d'accorder des emprunts ou de renégocier des loyers provisoirement élevés. Les mésententes ne manquaient pas, avec leurs imprécations et leurs insultes. "Qui échappe à cela ?" dédaigna Hannah tandis qu'elle montrait à Max le verger et les parterres fleuris de son impasse. C'était des maisons à l'austérité insoupçonnable, toutes blanches et agréables, avec des vérandas et des *mezouzot* sur le montant droit. Une locataire leur offrit du café avec du gâteau de *fubá**, puis ils s'arrêtèrent dans un bar pour acheter des cigarettes. Et tandis que Hannah allumait la première, une infirmière arriva de la Maison jaune en criant :

– Mme Fany a téléphoné ! Iôssef est mort !

**

Au bout d'une heure de voyage, la barque ralentit et une rive sinueuse apparut sur la gauche. Des enfants à demi nus couraient sur un ponton et sautaient dans l'eau. Une charrette passait devant une villa dont sortaient deux femmes noires portant un baluchon sur la tête. Max n'était jamais allé à l'île de Paquetá. Pourquoi se perdre dans les tréfonds de la baie de Guanabara ? Même à présent, il s'abstenait de faire le moindre commentaire. Assise à côté de lui, Hannah transportait le perroquet à l'intérieur d'une boîte à chaussures. Elle était pâle, sans la moindre envie d'expliquer cet étrange périple.

* Farine de manioc.

Ils accostèrent à un petit débarcadère et Max découvrit un endroit provincial, aux maisons rustiques et aux habitants pieds nus. Il n'y avait pas de voitures, seulement des charrettes, des chevaux et des bicyclettes. Hannah prit la direction du sud avec la boîte entre les mains. Ils marchèrent sur des chemins de terre, elle, désolée, remerciant les passants qui ôtaient leurs chapeaux en signe de condoléances. Ils tournèrent à droite, contournèrent une petite place, traversèrent une rue caillouteuse, et Hannah gravit une colline où Max lut l'impensable sur un portique : Cimetière des Oiseaux.

Oï veï, quelle absurdité ! Il se promena parmi de petites tombes de pierre et de ciment blanchi, sous lesquelles gisaient des colibris, des cacatoès, des hiboux et tout ce qui volait et avait des plumes. Hannah appela un gamin qui dormait agrippé à une pelle. Le gamin – fossoyeur d'oiseaux ? – bâilla, choisit un recoin et creusa la terre. Hannah était belle, d'une tristesse contenue, assistant au rituel avant de s'accroupir et de poser le petit esquif dans le trou. Elle fit une prière, caressa la boîte et consentit à ce que le garçon terminât son travail. Max demeura aussi calme et immobile que possible. Jamais il n'avait imaginé enterrer un jour un perroquet – un perroquet dénommé Iôssef. Sans aucun doute, Hannah était une floraison de surprises en perpétuel printemps.

Qu'attendre d'elle ? Passion, amitié, amusement ? Impossible de rêver d'une relation insulaire comme Paquetá. Max n'était que divagations sur la barque du retour : il avait besoin de la comprendre, de comprendre son histoire : les choix, les défis, les privations. L'Éthique des Pères enseignait que, sans connaissances, il n'y a pas de compréhension, et que, sans compréhension, il n'y a pas de connaissances. Par ailleurs, le vieux Shlomo disait toujours qu'on ne doit pas juger un homme sur ce qu'il est, mais sur ce qu'il aimerait être – et sur l'éventuelle raison pour laquelle il ne l'est pas. Mais qui était réellement capable de juger son prochain ? Qui pouvait comprendre ses raisons non seulement d'être ce qu'il était, mais aussi de n'être pas ce qu'il aurait pu être ? Peu sauraient même comprendre ce que son prochain avait fini par devenir (à son corps défendant, bien souvent). D'ailleurs, le plus grand de tous les paradoxes, c'est de constater que si l'homme ne prétendait pas être ce qu'il finit par n'être pas, il finirait par être ce qu'il n'est pas.

Hannah lui dit que Iôssef avait été un cadeau de son premier mari, offert pour leur cinquième année de mariage. Elle n'en dit pas plus. Et si Max, qui n'avait jamais vu de fossoyeur d'oiseaux, ne demanda pas ce qu'un perroquet si tropical pouvait bien faire en Pologne, c'est que la cohérence était encore plus morte que Iôssef. Il regarda la ville, qui scintillait comme une crèche au bord de la baie de Guanabara. La nuit tombait sur ce monde où l'on enterrait des perroquets, mais où plus d'un homme, mort ou vif, demeurait sans sépulture.

**

Ils se voyaient depuis des mois, Max relégué à la condition émasculée d'ami et de conseiller, portant ses paquets à la sortie des magasins, écoutant ses idées, ses silences, voulant la séduire peu à peu, méthodiquement et discrètement. La veille de chaque rencontre, il lisait des livres et des journaux pour avoir des sujets de conversation. Il avait renouvelé sa garde-robe et installé un téléphone dans le seul but de recevoir ses appels. D'ailleurs, dès le premier coup de fil, Hannah l'avait convié à célébrer *Pessah* à la Maison jaune.

La semaine suivante, il y avait eu le *seder*. Des femmes d'âges variés, peu d'hommes et beaucoup d'enfants se rappelèrent l'esclavage en Égypte, évoquant les dix plaies et la traversée de la mer Rouge. Ils buvaient du vin quand Hannah fit une remarque :

– Saviez-vous que la *Torah* ne parle jamais de la mer Rouge ? La mer qui s'est ouverte devant notre peuple s'appelait *Iam Suph*, qui en hébreu signifie la Mer des Joncs. On prétend qu'il y eut une erreur de traduction quand l'*Exode* fut traduit en anglais, et que *reed*, qui veut dire jonc en anglais, devint *red*, rouge.

– Vous voyez, monsieur Kutner ? – Fany avait bu plus qu'il ne fallait. – Les traducteurs aussi se trompent.

Max s'étouffa : qu'est-ce que la petite grosse insinuait ? Jusqu'à preuve du contraire, personne ici ne savait qu'il travaillait à la censure postale. Est-ce que Fany l'espionnait ? Probablement ! Finalement, elle était l'habituée la plus assidue et la plus indiscrète du comptoir de la rue Visconde de Itaúna, inventant des prétextes pour apporter des friandises, des chaussures râpées ou des nouvelles de Hannah. Bien sûr que Fany l'espionnait ! Max s'efforça de contenir sa haine, en prêtant attention aux enfants qui entonnaient les chansons de *Pessah*. Après le dîner, Hannah reprit la parole :

– Nous ne devons pas oublier que notre peuple a été libéré grâce au courage de deux femmes, la mère et la sœur de Moshé. Qui d'autre, sinon elles, a défié le pharaon en déposant le bébé dans un panier sur le Nil ? Trinquons à l'audace de ces femmes !

– *Le Chaïm !* dirent-ils tous en chœur.

Oui, Hannah avait le don de commander – le maintien, l'astuce, la persévérance. Et le courage. Une fois, un enfant de la Maison jaune se mit à tousser convulsivement. Hannah le prit dans ses bras, et ils se rendirent dans une rue aux maisons jumelées, des trous à rats où les femmes s'exhibaient aux portes et aux fenêtres comme de la viande séchée. C'était la zone du Mangue.

– Où est Sheila ?

– Elle travaille, répondit une rousse.

Ils attendirent sur le canapé moisi d'une antichambre, l'enfant sur les genoux de Hannah. Le plafond tremblait, prêt à s'effondrer sous le poids des coups fougueux à l'étage au-dessus. Quelque temps après, Sheila entra enroulée dans une serviette, des sandales aux pieds et les cheveux ébouriffés. Elle était trop étourdie, ou trop ivre ou trop droguée, pour comprendre ce qui se passait, jusqu'au moment où elle reçut une gifle :

– Ton fils ne va pas bien et le remède, c'est toi, pauvre *kurve*. Suis-moi avant qu'il meure.

Et elle entraîna la fille au-dehors.

Reine jalouse, Hannah soignait son image. Aucune confidence ni aucune honte, pas question de pleurer sur une épaule ni de défaillir en public. Entre Hannah et le monde, il y avait une membrane – ou un fossé ? La seule personne capable de l'émouvoir, c'était sa sœur.

– Guita est fière, joyeuse et intelligente. Et elle m'adore !

– Elle n'est pas la seule, souligna Max.

Ils prenaient un jus de fruit dans la rue Uruguaiana, chargés de sacs et de paquets. Hannah aspirait sa paille pendant qu'il déchiffrait la relation entre les deux sœurs. Plus que l'aimer, Hannah s'aimait elle-même à travers sa sœur. Ça ne l'avancerait à rien d'avoir autant de qualités sans l'aval de Guita. Toutes deux se suffisaient pour presque tout, ne laissant aux autres que des rôles résiduels, presque utilitaires. Hannah ne savait pas, et ne saurait guère, aimer qui que ce fût à part Guita – et, par conséquent, elle-même. Guita était la Hannah de Hannah.

– Je préfère mourir plutôt que de lui faire du mal. Oh, mon Dieu, si Guita savait…

– Savait quoi ? feignit Max.

– Elle croit que je suis une femme modèle, mariée, religieuse.

– Tu n'as jamais envisagé de tout lui raconter ?

– Bien sûr que non ! Le monde peut bien s'écrouler, mais ça, jamais ! Guita dépend de mon exemple, de mes conseils, et je dépends de son amour. Sans Guita, je ne suis personne.

Elles ne s'étaient pas vues depuis des années.

– Pourquoi ne vous voyez-vous pas ?

Hannah alluma une cigarette :

– Guita doit venir au Brésil avec son mari. C'est merveilleux mais… *Oï !* J'ai peur, très peur. Comment vais-je me présenter à eux ? Mariée avec qui ? Si Guita découvre la vérité, je suis perdue. Je jure de me tuer !

Rien n'était plus bizarre que d'entendre ce serment. Hannah adorait la vie, le soleil, la pluie, le froid, la chaleur. Elle pouvait danser la samba dans un troquet ou la valse dans un salon avec la même aisance. Elle allait toujours se baigner à Copacabana. Que dire de ses jambes splendidement blanches couvertes de sable, salées par l'Atlantique où Max feignait de nager pour cacher son excitation ?

Hannah émerveillait aussi par ses tenues. Des robes sobres ou des jupes plissées, même les pantalons lui allaient bien, sans parler des chaussures, des sacs à main, des chapeaux de différents diamètres et différents styles. Elle était versatile. Un jour, elle surgissait toute vaporeuse et fleurie, un autre, elle s'en tenait à un sage *tailleur**. Elle mangeait peu, mais buvait modérément et fumait trop. Parler avec Hannah exigeait du tact. Tout dérapage ou geste importun pouvait dégénérer en un regard glacial ou des reproches. Max avait l'impression d'être un parieur malhabile qui gagnait ou perdait des points à un score imaginaire, que ce fût pour avoir choisi le bon vin ou raconté une mauvaise plaisanterie. Impossible de prévoir les règles du jeu ni l'heure du prochain coup.

Ils marchaient près de la plage du Flamengo, un après-midi de ressac. Les vagues avaient avalé le sable et inondé l'avenue, effrayant un public assemblé sous l'auvent d'un immeuble.

– Un beau pays, soupira Hannah. Mais ce n'est pas le nôtre. Nous devons réparer les dégâts causés par les Romains il y a deux mille ans.

Max se gratta le menton :

– Je doute que l'Angleterre nous donne la Palestine.

– Les Anglais eux-mêmes reconnaissent notre droit.

– Mais les Arabes ne reconnaissent rien du tout. Nous aurions dû accepter l'Ouganda.

Bien sûr, Max ne cherchait qu'à l'impressionner, récitant les feuilles de chou de la place Onze du début à la fin. Ils auraient pu oublier le monde, le sionisme, et s'en aller vivre à Paquetá, pour enterrer des perroquets. Mais Hannah insistait :

– Dieu ne nous a pas promis l'Ouganda ni le Brésil. Il nous a promis l'Israël.

Et Max, sincère :

– Ici, je gagne de l'argent, je vis en paix. Qu'est-ce que j'irais faire à Tel-Aviv ou à Jérusalem ?

– Toi, je n'en sais rien. Quant à moi… – Très sérieuse : – On ne construit pas un pays sans battantes, si tu vois ce que je veux dire.

Le cordonnier frémit : oh, Seigneur ! Hannah n'était-elle pas en train de prévoir des bordels en Terre Sainte ? Tout à coup :

– Maintenant, je vais me mouiller.

Elle ôta ses chaussures et une veste en laine, elle remit son sac à main à Max et traversait déjà l'avenue quand il la rattrapa :

– Tu es folle ?

Les vagues butaient contre le parapet de pierre. Rires :

– Je l'ai toujours été ! – Et elle s'approcha tout près pour voir le ressac.

– Allons-nous-en d'ici, pour l'amour de Dieu !

– Non ! Je reste !

– Arrête ! C'est dangereux ! On va, on…

À cet instant-là, tous deux furent aspirés par un tourbillon qui entraîna le cordonnier jusqu'au pied du public, de l'autre côté de l'avenue. Il fut relevé par les mêmes mains qui désignaient Hannah sur le parapet. Elle sautait allègrement, les cheveux frisés et dégoulinants. C'était une folle, sa nudité soulignée par sa robe mouillée, ses seins dressés et son sexe dessiné sous sa culotte. Elle éclata de rire en voyant Max trempé et suppliant :

– Épouse-moi ! Combien veux-tu ? Je paye, tu n'as qu'à demander !

N'y songe même pas !

– Combien veux-tu ? Tu n'as qu'à demander !

Hannah descendit du parapet :

– On est amis, rien de plus. Allons-nous-en, ça suffit.

Max haletait :

– Tu aimes quelqu'un ?

Et Hannah, tordant ses cheveux :

– Je ne peux aimer personne car je suis une pute.

– Ou es-tu une pute parce que tu ne peux aimer personne ?

Elle s'arrêta, frappée par le doute.

– Je te promets d'y réfléchir.

Et elle lui donna un baiser sur le front.

Max se demanda s'il était un héros romantique mis au défi de la sauver de ses propres ténèbres, ou le pantin d'une intrigue perverse. Il eut envie de pleurer. Il admirait Hannah avec une ardeur si oppressante qu'il implora Dieu de le délivrer du supplice. Même une déception atterrante eût été bienvenue, pourvu qu'elle fût efficace. Finalement, mieux valait un triste soulagement qu'un douloureux enchantement.

Dieu exaucerait le cordonnier deux jours plus tard.

**

Max n'était pas né par hasard. Il avait été commandé pour sceller l'amour de ses parents et, qui sait, leur donner un jour des petits-enfants et les assister dans leur vieillesse. Pendant sa grossesse, Reisele Goldman trompait ses nausées en imaginant les caprices de son enfant dans les petits vêtements qu'elle tissait. Malheureusement, les choses tournèrent mal au cours de la première semaine.

Secouru par des seins étrangers, ce bébé rose ne scellait déjà plus aucun amour le jour de son *Brit Milah*. Ce n'était qu'un projet échoué. Les années suivantes, Max grandit pour grandir, existant pour exister. Non pas que Leon détesta son fils – il s'occupait de ses études, de sa santé et lui donnait même de petits jouets –, mais l'homme n'était rien de plus qu'un triste soutien de famille.

À dix ans, Max pleurnicha sur les genoux de son grand-père :

– Pourquoi mon père ne m'aime-t-il pas ?

Shlomo feignit l'étonnement en lui assurant que Leon l'aimait, si, comment non ? Bien sûr qu'il l'aimait ! Seulement, l'amour sincère était loin de la perfection. Didactiquement :

– Il était une fois un porc-épic qui n'avait pas d'amis. Il était très sympa et gentil, mais personne ne s'en approchait car son accolade piquait. Ce que peu de gens comprenaient, c'est que l'amour du porc-épic était ainsi. Il piquait.

Max se souviendrait de cette histoire au cimetière de Katowice, dix-huit ans plus tard, en enterrant son père près de Reisele Goldman. À cette époque, il savait déjà qu'aucune personne aimée ne peut demander à son amant de se surpasser ou de se nier. L'amour embrassait toute la personne, avec ses particularités les plus cachées, ses limites, ses épines. Et ce fut au cimetière de Katowice que Max le piqué put évaluer l'amour de Leon ; un amour proportionnel au défi de prolonger une vie désorientée par le veuvage. À cet instant-là, Max pardonna à son père et à lui-même, regrettant que Leon ne soit pas parvenu (ou qu'il ne se soit même pas hasardé) à innover, à se réinventer, à redécouvrir son fils et à comprendre que les imprévus, les erreurs et les tragédies peuvent aussi parrainer de belles conquêtes.

Christophe Colomb, par exemple, cherchait l'Asie quand il mit le pied en Amérique ; la Grande Guerre avait rendu à la Pologne sa nostalgique indépendance ; un scientifique britannique avait découvert un remède grâce au désordre de son laboratoire ; dans l'histoire judaïque, les synagogues avaient été les filles de l'exil et non pas de la promesse.

Maintenant, en 1938, il était grand temps pour Max de donner une leçon posthume à son père, professeur à l'envers. Il ne cesserait pas d'aimer Hannah, quoi qu'il advienne. Il avait appris, désappris, et réappris à l'aimer – son Amérique, sa guerre, son exil –, en la réinventant, en la redécouvrant. Il était capable de l'aimer dans toutes ses traductions : simultanées et consécutives, sacrées et profanes. Entêtement, audace ? Quoi qu'il en fût, la créativité amoureuse était justement ce qui manquait à tous ces couples qui s'effondraient sous le poids des nouveautés néfastes : maladies, pénuries, laideurs. Car Max voguait sur ce sentiment sans cartes ni promesses, résistant aux tempêtes qui, d'ailleurs, ne faisaient que redoubler son courage.

Ce que le cordonnier ignorait c'est que, dans la vie, tous les Colomb ne découvrent pas forcément l'Amérique. Il arrive que certains soient découverts par elle. Voyez les marins de Fernão de Magalhães, qui à force d'avancer, finirent par revenir à leur point de départ ; voyez les guerres qui n'ont rien fait d'autre que de vaincre la paix.

Un jour de mai, Max apprendrait que, si le passé est un crime imparfait, le futur est son inexorable délateur.

Mendel F. le marcheur rôdait sur la place Onze avec ses manies habituelles, ayant répandu qu'un orthodoxe flirtait avec les *orixás* et qu'une grande épouse de la colonie était si grande qu'un seul mariage ne lui suffisait pas. L'après-midi, l'homme aborda le comptoir de Max en quête d'argent, de nourriture, de chaussures.

– Sors d'ici, grogna le cordonnier tandis qu'il s'occupait de deux clientes.

Mendel F. insista : quelques pièces de monnaie, cette chose-là ?

– Va-t'en ! *Meshouguene !*

Perplexité :

– *Meshouguene ??*

– Va-t'en ! Laisse-moi travailler !

Mendel F. ne bougea pas, la fumée lui sortant par les narines :

– Tu m'as traité de *meshouguene* ? C'est comme ça que tu m'as appelé ?

– Va-t'en, espèce de *meshouguene.*

Mendel F. se frotta les mains, avec l'envie de frapper le cordonnier. Et ce fut pour épargner les dignes témoins qu'il eut recours au muscle le plus puissant de l'être humain. La langue.

– C'est toi, le *meshouguene,* Max Kutner, qui sors avec une polaque ! – Devant les dames horrifiées : – Tu n'as pas honte, cordonnier de merde ! Tu as le culot de défiler avec une traînée !

Et il s'en alla enragé dans la rue Visconde de Itaúna, criant à tous les diables. Max tomba sur son siège, la bouche sèche et le regard perdu. Il couvrit son visage avec ses mains : *oï, oï!* Il ne manquait plus que ça !

– Une polaque ? s'écria l'une des dames. Quelle honte, monsieur Kutner !

Max ferma son comptoir, s'enferma dans sa chambre et éteignit la lumière. Maudite soit la civilisation, avec sa logique oppressante ! Qu'étaient donc la morale et les bonnes mœurs, sinon des lance-pierres contre les canons de l'absurde ? Qu'étaient donc les murs blancs et rectilignes de cette chambre, sinon des cavernes transfigurées par la raison, comme si la vie pouvait tenir dans des géométries et si l'on pouvait nettoyer et plier les destins comme un drap ?

Oui, Max s'était montré imprudent en défilant dans la ville avec Hannah : rues, boutiques, tramways. Aurait-il perdu la notion du danger ? Où avait-on déjà vu ça, escorter une pute dans la petite et méfiante place Onze ? Pourquoi défier tous ceux qui payaient le prix fort pour conserver ou simuler leurs normalités ? Dis-moi, Max ! Et maintenant, comment s'y prendre avec le mépris virtuel de la place Onze ? Tu as besoin des crédos et des grimaces de tes compatriotes ; tu as besoin des communistes, pour ne pas en être ; des sionistes, pour les critiquer ; des dames, pour les tabasser. Ta fameuse autonomie n'est qu'une bêtise ; tu as besoin de n'avoir pas besoin de chacun d'eux. Baal Shem Tov disait que tout Juif est une lettre ; toute famille, un mot ; toute communauté, une phrase. Dommage que les lettres de cette histoire n'appartiennent pas toujours à la même grammaire. Parfois, Max avait l'impression que les Juifs n'étaient pas à proprement parler le Peuple du Livre, mais des livres, d'une bibliothèque vaste et dépareillée, comme si les paragraphes d'une étagère démentaient ceux d'une autre. Baal Shem Tov devait expliquer si chaque âme ne pouvait inscrire sa lettre que dans un seul mot, une seule phrase, un seul livre. Les lettres ne faisaient-elles pas d'incursions secrètes dans d'autres chapitres ? Ne s'infiltraient-elles pas dans les notes de bas de page, dans les glossaires et les quatrièmes de couverture ? Pourquoi était-ce les histoires qu'on faisait avec des lettres, et non pas les lettres avec des histoires ? Finalement, les histoires des lettres avaient elles aussi leurs mots à dire !

On frappait à la porte. Qui était-ce ? Probablement des dames indignées, des religieux avec les Tables de la Loi ! Max reprit son souffle et alla ouvrir, non sans avoir tout d'abord épongé son visage et peigné ses cheveux. Il entrebâilla la porte et tomba sur le marieur Adam S.

– Je suis venu en mission de paix ! – En entrant : – Je sais ce que Mendel F. a fait, tout le monde le sait, mais je ne vais pas te condamner. Au contraire, félicitations. Les prostituées sont très pratiques. Tu t'imagines si nous devions nous marier avec tout ce qui est utile ? Vêtements, chaussures, meubles ! *Oï,* quelle horreur ! De plus, on peut toujours espérer les corriger. N'est-ce pas Dieu qui a demandé au prophète Oseias de se marier et d'avoir des enfants avec Gomer, la prostituée la plus belle d'Israël ? N'est-ce pas Dieu qui lui a demandé de lui pardonner de s'être enfuie de la maison et donnée à d'autres hommes ? Eh bien, si même Dieu aime et pardonne les pécheurs, pourquoi ne pourrions-nous pas l'imiter ? Continue comme ça, mon cher, sois heureux et n'essaie pas d'expliquer les mystères de la chair. Moi aussi, j'ai déjà aimé une petite grosse.

Stupeur :

– Une petite grosse ? Hannah n'est pas grosse.

Adam S. soupira doucement :

– Ah, les amoureux ! Ils voient de l'or dans des cailloux. L'autre jour, vous ne preniez pas le goûter au bar Luiz ?

– Fany ! s'exclama le cordonnier.

C'était donc de Fany que Mendel F. parlait ! Max hennit comme un dragon : traînée, catin ! On aurait dit une baleine échouée sur son comptoir, du lundi au vendredi, pleine de commérages et de conseils. Qu'elle aille en enfer avec ses petites crises, ses petits sourires, son bavardage. Le pire, c'était de se savoir la cible de ce cœur visqueux.

Max expulsa Adam S. et s'efforça de mettre de l'ordre dans ses idées. Que faire de Fany ? Oh, mon Dieu, quelle envie de la couper en petits morceaux. Il lava son visage : pas de précipitations. Rien de moins que sa relation avec Hannah était en jeu. Bien sûr, Fany profitait de cet avantage pour le manipuler, pour en faire son esclave, pour le torturer avec sa feinte gentillesse. Eh bien, l'heure était venue d'en finir avec ce triangle platoniquement amoureux. Comment ?

Il buvait un verre d'eau quand on sonna à la porte. Ce devait être Adam S. qui revenait le tourmenter. Ou bien étaient-ce les dames indignées ? Pourquoi pas Mendel F. avec ses lubies ? Max se souvint d'une phrase de Napoléon Bonaparte, traduite dernièrement : l'homme vraiment courageux n'est pas celui qui ignore la peur (celui-ci n'est qu'un fou), mais celui qui affronte ses peurs. Il tourna la poignée et ouvrit la porte en gonflant son jabot. Il eut un choc. Il ne se retrouvait pas devant les indignations de la place Onze, ni Adam S., ni Mendel F. Ce n'était pas non plus Hannah qui gisait devant lui. Il se retrouvait, par contre, devant un sourire languide sous un chapeau d'organsin, mains gantées et rouge à lèvres violet. Où Fany allait-elle comme ça? À un mariage, à une matinée théâtrale? Eh bien qu'elle aille en enfer! Max ne bougea pas, abasourdi, tandis que l'autre ouvrait une bourse et, tout en lui disant quelque chose, lui tendait un billet:

"Je vais voyager ce soir. Préviens Fany si jamais Guita envoie de mauvaises nouvelles. Merci, Hannah."

Max s'agrippa au mur pour ne pas s'effondrer sur le trottoir. C'était le rapport fatidique: Hannah savait qu'il travaillait pour la police.

– Vous allez bien? – Fany essaya de le retenir.

– Lâche-moi. Tu lui as tout raconté. Tout!

Main sur le cœur:

– Quoi, tout?

– Tout, sale putain! Tout!

Horreur:

– Pourquoi dites-vous ça, monsieur Kutner?

– J'en ai assez des mensonges, Fany! Tu sais très bien ce que je fais hors d'ici. Tu le sais, oui ou non?

– Je le sais, monsieur Kutner, oui.

– Et tu lui as tout raconté.

– À qui?

– À Hannah! Va-t'en avant que je te casse la figure, traînée!

– Oh, non, non! Pour l'amour de Dieu! – Fany se mit à pleurer: – Ce n'est pas ce que vous pensez! Je vous en supplie, au nom de Dieu, écoutez-moi! Ne me maltraitez pas, je suis innocente! L'heure est venue de vous dire la vérité, vous méritez de savoir, vous devez savoir! La vérité que personne ne vous a racontée, mais qu'il est temps que vous sachiez! Pour l'amour de Dieu, écoutez-moi!

6

Six mois plus tard

Les quartiers de Rio étaient si différents les uns des autres qu'on avait l'impression de traverser des continents à l'intérieur d'un tramway. De l'Horloge de la Glória vers le sud, par exemple, on ne voyait plus les rues pleines et bruyantes du centre, avec leurs immeubles sales et leurs enseignes commerciales. Dans le centre, on était tout le temps pressés ; en revanche, dans Flamengo, on n'était jamais pressé par le temps. Le silence régnait dans les rues ombragées d'arbres où des dames tiraient leurs petits chiens altiers. Des voitures glissaient doucement entre des palais souvent occupés par des ambassades ou des bureaux de haut niveau tandis que, sur les places, des nounous en uniforme prenaient soins d'enfants prometteurs.

Max aimait contempler les palmiers qui bordaient la rue Paissandu, depuis le palais Guanabara jusqu'à la rue Marquês de Abrantes. Ces troncs élancés avaient vu des fiacres transportant des marquises et des barons, des broches et des diadèmes, avant que l'automobile n'infeste les villes et que la monarchie brésilienne ne s'exile dans les musées. Car les palmiers de la rue Paissandu ne s'étaient pas courbés devant la modernité : aucune république n'arriverait à dérober leur dignité ni la noblesse de ces feuillages qui s'ouvraient comme des ailes souveraines. Pas loin, se trouvait le terrain de foot du Fluminense avec ses supporters bruyants. À chaque but, les oiseaux s'élançaient des branches, en bandes qui entraient dans la petite salle où Max se reposait en fin de journée, installé dans sa *bergère**, au son des enfants qui riaient et que les mères ne rappelaient de la rue qu'après l'*Heure du Brésil*. Il choisissait alors un Haydn ou un Mozart, laissant l'aiguille du tourne-disque émettre ses mélodieux effets, tandis qu'il mangeait quelque chose de léger à la table de la cuisine. Il tirait sa couverture après dix heures, lisant jusqu'à trouver le sommeil dans la chambre du fond, bercé par les chats errants qui, dehors, s'enroulaient dans l'obscurité.

D'un étage, la nouvelle maison de Max était collée à ses voisines comme une sœur siamoise. Elle avait coûté des broutilles car un très vieux vieillard se trouvait sur le point de mourir et ses enfants voulaient conclure l'affaire en vitesse, acceptant l'atelier de la place Onze comme partie du paiement. Incroyable! Max payait le reste mois par mois, le capitaine Avelar en personne s'étant porté caution. Près de la *bergère**, une étagère en jacaranda était assortie à la table ronde qu'avait laissée l'ancien propriétaire. Max avait acheté quatre chaises de paille et une jatte en porcelaine portugaise toujours garnie de pommes, d'oranges et de bananes. Dans la cuisine, il avait toujours en réserve du sel et du sucre que ses voisins venaient lui demander en de cordiales incursions, pour ensuite lui rendre de nouveau visite avec des parts de gâteau ou de flan. Il portait des sandales pour ne pas rayer le parquet bicolore ni gâter le tapis d'Arraiolo de sa chambre. À présent, oui, Max avait une maison décente.

Au rez-de-chaussée se trouvait son atelier, plus spacieux et ordonné. Chaque chose avait sa place et chaque place, sa fonction. La machine à coudre occupait une table centrale garnie de petits tiroirs pleins de pots, de clous et de bobines. Mais tout n'était pas nouveau. Les pieds du Flamengo souffraient des mêmes engelures et des mêmes callosités que ceux de la place Onze. À part quelque ministre raffiné ou quelque dame très à la mode, sa clientèle se chaussait trivialement. Les Juifs des environs étaient, évidemment, plus aisés que ceux du "ghetto judaïque", auxquels Max avait tourné le dos quatre mois auparavant. Le prétexte pour sortir du vieux quartier avait été les rumeurs selon lesquelles le gouvernement allait tout raser pour ouvrir l'avenue promise entre l'Arsenal de la Marine et la Cidade Nova. Pourquoi attendre? Max voulait changer d'air, sans moisi ni grimaces. Plus que de tourner une page, l'heure était venue de refermer un livre. Adieu passé, adieu Hannah!

Ils ne se parlaient plus depuis six mois. Au début, Max ne dormait pas plus qu'il ne se réveillait, les yeux enfoncés et la bouche sèche. Il en avait perdu quatre kilos, la barbe avait poussé par négligence. La résignation viendrait petit à petit, discrètement, jusqu'à ce que l'appétit lui revienne et que Flamengo lui fasse signe dans une petite annonce de journal. C'était bizarre de vivre loin de l'ancien voisinage, des défenseurs de causes, des figures folkloriques. On n'entendait plus les plaisanteries, les nouvelles, les ragots, les publicités, ni les insultes. On n'entendait plus le passé.

Oui, Max avait renoncé à Hannah. À vrai dire, c'était Hannah qui avait renoncé à elle-même. Cela n'avait aucun sens, d'aimer un agneau d'or forgé de tant de mensonges. Que Max aille chercher la vertu dans une autre personne, dans autre chose, un autre Max. Qu'il cesse d'ancrer son désir dans des eaux troubles et qu'il aborde un havre de paix. Et le meilleur de tout : il perdait Hannah avec sagesse. Pas de dépressions abyssales. Il préférait oublier ce qui devait être oublié et apprendre ce qui devait être appris. Son défi consistait à distinguer une chose de l'autre.

Quand Fany lui raconta "la vérité des vérités", en cet après-midi lointain, sa première réaction fut de la gifler. Pourquoi ? Lui-même ne le savait pas. Et il préférait continuer de ne pas le savoir, car des savoirs, il en avait déjà assez. Plus il en savait, moins il comprenait ; des conséquences s'étaient transformées en causes et ce qu'il appelait le début était le dénouement. Qui traduisait qui ? Qui surveillait qui ? Venons-en aux faits.

Cela faisait deux ans que Hannah avait parlé de son veuvage au capitaine Avelar.

– La voiture a coulé et le corps a disparu. Je me demande encore si Max est en vie.

– Max ?

– Max Kutner.

Le capitaine fouilla dans sa mémoire :

– Max Kutner est mon cordonnier.

Intriguée, Hannah courut jusqu'à l'atelier pour surprendre le petit homme en pleine crise de nerfs :

– Hors de ma vue ! criait-il à un jeune homme portant salopette et casquette. – Je ne parle pas avec des communistes ! Si tu veux réparer le monde, apprends tout d'abord à faire tes lacets ! – Et il lui rappela la parabole de Rebe Zussia qui, dans sa jeunesse, avait voulu lui aussi réparer le monde, mais qui, en voyant qu'il était si grand et si complexe, se résigna à réparer son pays. Cependant, comme son pays aussi était grand et complexe, Zussia décida de réparer sa ville. À l'âge mûr, il batailla pour réparer sa famille, et ce n'est que sur son lit de mort qu'il confessa à un ami : "Aujourd'hui, tout ce que je souhaite, c'est me réparer moi-même."

Hannah renonça à aborder le cordonnier, mais n'oublierait pas la parabole. Quelques semaines plus tard, Avelar lui demanda de recruter des traducteurs du yiddish et elle trouva que Max Kutner avait une vocation pour ce travail. Voilà comment tout commença. Et maintenant, en novembre 1938, que traduisait le cordonnier sinon les farces de Hannah elle-même ?

Sa dernière gageure était d'offrir le gîte à Guita et Jayme, qui viendraient au Brésil en janvier 1939. Tout en mordillant son crayon, il essayait de deviner qui jouerait le rôle de José. Le cacatoès ? À ce propos, Hannah allait-elle loger sa sœur et son beau-frère au nº 310 du Topázio, un bordel ? Mais ce qui impressionnait vraiment le cordonnier, ce n'était pas les mensonges de Hannah. C'était ses vérités.

Il n'arrivait pas à croire que, devant exactement le même soldat Onofre, Fany et deux collègues traduisaient aussi des lettres, d'autres jours de la semaine. C'était là l'illustre équipe de la censure postale judaïque – Max et trois putes –, conçue et commandée par la pute supérieure, Hannah Kutner, qui supervisait les traductions. C'est-à-dire que Hannah lisait ses propres lettres en portugais !

– Va-t'en, disparais ! – Max criait à Fany dans la rue Visconde de Itaúna.

– Je n'y suis pour rien, monsieur Kutner ! Ne soyez pas comme ça avec moi !

Max menaça de la trouer avec des ciseaux avant que Fany, en pleurs, ne batte en retraite. Elle reviendrait quatre fois pour se faire quatre fois expulser. Puis elle se mit à traîner aux coins des rues, affaiblie et folle, épiant le comptoir où le cordonnier feignait de l'ignorer. Un jour de tempête, trempée des pieds à la tête, elle demeura immobile comme une statue de l'autre côté de la rue. Et ce fut l'évidente insanité de Fany qui incita quelqu'un à appeler l'ambulance où elle fut mise, sans réagir, pour ne plus jamais revenir dans la rue Visconde de Itaúna.

Hannah aussi avait disparu. Tant mieux! Qu'elle aille tromper d'autres personnes, car désormais Max savait qu'elle était un habile agent secret, dont les draps enveloppaient ses propres espionnés dans les hôtels, les villas, les bateaux, les casernes. Elle incarnait des femmes de tous genres, parlant six langues avec ou sans accent, selon les besoins, et adoptant des attitudes qui appâtaient n'importe quelle proie. Rousse, blonde, brune : Hannah avait le don de ne pas être ce qu'elle avait été la veille. Hannah était toutes les femmes, et n'en était aucune.

Max n'avait pas été le seul à marcher dans la rue de l'amertume – où beaucoup de cœurs agonisaient. Rio connaissait une explosion de désillusions. La rubrique nécrologique du *Correio da Manhã* débordait d'arsenic et d'eau de Javel drainés par les gorges de demoiselles qui transplantaient le bouquet de leur mariage tant attendu sur leur tombe du cimetière de São-João-Batista et du Caju. Max, au contraire, trouvait encore que le corps était un lieu hospitalier pour y abriter l'âme. Il finit par reprendre ses promenades sur le front de mer, avant ou après avoir mordillé les demoiselles de la Glória, qui lui accordaient la faveur de ne pas le rendre amoureux ni de le mêler à des intrigues rocambolesques.

Il jour, il rencontra Belinha, vingt-trois ans, cheveux noirs et raides, famille stable, née en Russie et élevée dans Penha. Dès leur premier rendez-vous :

– Vous êtes très, très… – Belinha chercha le mot. – Élégant. Est-ce qu'on vous l'a déjà dit ?

Stupeur :

– J'avoue que non.

– Vos manières, votre style. Inégalable. Vous êtes très élégant.

Max se sentit gêné, mais n'avait-elle pas raison ? Les semaines suivantes, ils mangèrent de la barbe à papa, ramèrent dans la Quinta da Boa Vista, gravirent les marches de l'église de la Penha. Belinha n'avait que des éloges à la bouche :

– Comme vous êtes élégant.

Ou alors :

– Merci, c'est très élégant de votre part.

Le raffiné cordonnier faisait honneur aux commentaires, prenant et raccompagnant toujours la jeune fille chez elle, payant l'addition et lui offrant des roses. Parfois, Max se contemplait dans un miroir imaginaire, retenu par des détails qui prouvaient l'évidence :

– Je suis élégant. Comment ne l'avais-je pas remarqué avant ?

Il se mit à s'étudier, mesurant chaque geste, polissant ses manières. Il réparait les chaussures, boutonnait ses chemises, et faisait même ses traductions sans se départir de l'élégance. Bien sûr, la routine pouvait l'ennuyer (même les rois ne sont pas éternellement majestueux). Mais, une fois les crises passées, il récupérait son élégance comme les fleuves courent vers la mer.

Un jour, Belinha résolut de l'inviter à l'anniversaire de son grand-père. *Quatre-vingts** ans, comme diraient les Français. Max acheta des chocolats fourrés et se répandit en amabilités avec le receveur du tramway. Il descendit à Penha et vérifia son élégance dans le reflet d'une vitre.

Belinha l'embrassa, le tirant par la main jusqu'au salon où la famille l'attendait. Max fut présenté :

– Voici mon grand-père, né à Leningrad…

– Saint-Pétersbourg ! corrigea le vieillard.

– Oh, oui ! Vous voyez, Max, quel homme cultivé et… comment dirais-je ? Élégant.

Max salua le grand-père en s'inclinant subtilement.

– Maman, maman, viens ici ! Voici Max Kutner. Max, voici ma mère, une couturière de talent. Elle fait des robes très élégantes !

Peu après:

– Oncle Boris! – À Max: – Oncle Boris est marié à la sœur de maman. Oh, quel couple! Il n'y en a pas de plus élégant.

En résumé: Belinha trouvait tout le monde élégant, sans exception. Même le chien remuait son élégance dans la cour. *Oï,* se désola le cordonnier, elle est folle! D'élégance en élégance, la fête devait bien compter vingt ou quarante élégants. Un de moins ne ferait pas de différence. Max tira sa révérence, peu élégamment. Adieu, Belinha!

Ensuite, vint Mariana, trente ans, rencontrée dans l'antichambre d'un dentiste. Cheveux courts et balayés, Mariana était journaliste et écrivait pour la revue *Fon-Fon*. Habituée du monde artistique, elle amena Max dans les musées et les expositions où elle prenait des notes et distribuait des cartes de visite. Elle organisait des rendez-vous et même des voyages, assise aux tables bohèmes de Cinelândia ou de Lapa. Lors d'une *soirée** théâtrale, elle s'infiltra dans les loges pour interviewer Procópio Ferreira qui, dans la peau d'un mendiant, tenait le premier rôle de la pièce *Deus lhe pague*. Plus audacieux fut son harcèlement du maestro Villa-Lobos dans une salle de billard. Mariana lui tint des propos idiots tandis qu'il mâchonnait un cigare et frottait une queue sur la table de feutre vert.

Mais tout n'était pas aussi glamour. Quelques années auparavant, Mariana devait se marier avec un jeune homme que la police sanitaire avait enlevé et emmené dans une colonie hospitalière de Jacarepaguá. Le diagnostic confirma les soupçons du voisinage: lèpre. Mariana perdit ses amis et son emploi, mais pas l'espoir. Les dimanches, elle se penchait à un balcon de la léproserie, adressant des signes et des cris à son fiancé, rêvant de sa guérison, jusqu'au jour où une infirmière lui apprit, aussi délicatement que possible, qu'un tiers des enfants de la pouponnière de la colonie étaient de lui. Les parents lépreux ne contaminaient pas leurs rejetons, expliqua l'infirmière, à qui Mariana demanda un analgésique. Le lendemain matin, elle avait suffisamment pleuré pour ne plus aimer personne.

Mariana et Max se traitaient avec maturité. Ils couchaient ensemble chez lui, Mariana inventant des positions pendant que Max gémissait en yiddish. Puis ils demeuraient enlacés jusqu'au lever du soleil, sans projets ni lyrismes. Trinquer au présent était leur dicton. Pour ces raisons et pour d'autres, Max ne s'en fit pas lorsqu'elle grossit sa voix au téléphone :

– Il faut qu'on se parle.

Sur un banc de la place São Salvador :

– On s'est bien amusé, tu es mignon, sensuel et tu m'as appris le yiddish. Mais c'est fini.

Ils échangèrent un regard amical, deux adultes dont les routes avaient coïncidé pendant un avide instant, qui maintenant prenait fin. Ni rancœur, ni dette. Max embrassa son visage et dit même quelque chose du genre "c'est la vie". Ils pourraient peut-être rester amis, pourquoi pas ? Mais Mariana lui tourna le dos, suivant son chemin.

En rentrant chez lui, Max regarda les palmiers de la rue Paissandu. L'après-midi faiblissait et le soleil teignait les plus hautes frondaisons. Ah, quelle nostalgie du XIXe siècle, quand les personnes s'enfermaient les unes avec les autres, du berceau à la tombe. Et maintenant, qu'étaient les rencontres, sinon un prélude à la séparation ?

Dans son atelier, un soldat aux pieds plats avait laissé deux brodequins aux semelles usées. Max ouvrit l'armoire des pinceaux et des colles, il prit les pots. Par chance, il avait acheté du caoutchouc la veille. Il cherchait une spatule dans un tiroir quand le vent fit battre les portes et les fenêtres, effeuillant les branches des alentours. Un souffle doux balaya l'atelier. Du jasmin ? se demanda le cordonnier en remarquant une silhouette au comptoir. Il demanda d'attendre une minute, sans détourner son attention du tiroir. Où était son assistant, que diable ! Qu'il lui explique ce que faisaient les clous à la place des pinceaux, et les pinceaux à la place des cirages. Bordélique ! Quelques instants plus tard, il referma le tiroir et s'essuya les mains à une serviette : qu'il reçoive son client une bonne fois pour toutes. Et il s'apprêtait déjà à s'excuser pour le retard quand, tout à coup, le temps s'arrêta. Ni vent, ni bruit, ni froid, ni chaleur. Ni spatule, ni clou, ni colle.

Max dit “salut” instinctivement, les jambes flageolantes et la bouche bée.

Hannah Kutner était vêtue de rose.

**

Fany avait tenté de se suicider. Elle délirait depuis des mois, de crise en crise, gavée de médicaments et parlant toute seule, jusqu'au jour où Hannah dut étancher le sang de ses poignets et appeler une ambulance. Le curé de la Santa Casa de Misericórdia lui donnait l'extrême-onction quand elle l'avertit :

– Je suis juive !

Et elle continuerait de l'être sur son lit d'hôpital. Ou pas ? On parla même de possession démoniaque : la voix, le regard, tout avait changé. Elle insultait les infirmières et recrachait les repas, entre interjections et médicaments. Hannah cherchait déjà un asile de fous où l'entourer de cléopâtres et de vierges Marie quand Fany lança un appel : Max Kutner.

Dans le taxi vers la Santa Casa :

– Désolée pour le dérangement, mais elle insiste pour te parler. Même les médecins demandent que tu la voies.

La voiture poursuivit vers le centre en passant par l'avenue Beira-Mar. Hannah avait l'air triste et fatiguée, le regard perdu parmi les mouettes qui frôlaient la baie de Guanabara. Elle portait un *tailleur**, coupe droite et jupe au-dessous des genoux, sans bijou ni maquillage. Elle traitait Max avec précaution et pragmatisme, comme s'ils ne se connaissaient pas. Et lui, que rendait perplexe cette apparition (mais pas sa cause), se grattait le menton : qui aurait dit qu'ils se retrouveraient, tout à coup, assis ensemble sur la banquette d'un taxi. Et qu'avait-il à côté de lui, sinon un mythe moisi ? Rien de mieux que le temps pour guérir les plaies occasionnelles. Rien de mieux que le temps, cette lentille miraculeuse, pour rendre aux faits et aux personnes leur dimension réelle, sans urgences datées ni faux avenirs. Pauvre Hannah, témoin d'autres temps, signifiant sans signifié. Qui avait été sa victime ce dernier semestre, combien de cœurs avait-elle lacérés ? Il valait mieux ne pas le savoir. D'ailleurs, la revoir avait aussi des avantages.

Profites-en, Max ! Voici l'occasion d'oublier l'oubli. Tu as entendu, Hannah ? Tu es un fossile millénaire !

Bien sûr, Max n'était dans cette voiture que pour rendre visite à Fany, intimé par des circonstances dont Hannah, par hasard, faisait partie. Il était naturel que le passé revienne parfois à la mémoire – naturel et sain, pourvu que ce soit à doses modérées et instructives. La nostalgie ? Ce sont des feux follets, des silhouettes errantes dans les banlieues de la mémoire. Parfois, elles décident de nous revoir comme si elles dictaient encore les règles, telles des reines détrônées. Elles peuvent encore impressionner avec leurs couronnes ternes, mais ce ne sont que des âmes en peine. Et c'était précisément sous ce rapport que Hannah l'impressionnait. Non, Max, tu n'es pas un abstinent tenté de retomber dans le vice. Bien sûr que non !

Ils passaient devant la place Paris, avec ses fontaines et ses arbustes ornementaux, quand Hannah alluma une cigarette. Ce n'était peut-être qu'une séquelle inévitable, un spasme nostalgique, ce que le cordonnier dissimula en croisant les jambes avec une indispensable discrétion. Il s'inventa des calculs, des devinettes. Combien de palmiers bordaient la rue Paissandu ? Quel était le nom de Procópio Ferreira dans la pièce du théâtre Regina ? Il pensa à Hitler, à Staline, à l'Autriche envahie, à l'Espagne dévastée. Tout pour protéger son château de sable de cette tempête imprévue.

Mais il suffit d'un autre regard pour que ses mains se mettent à suer et que Max veuille sauter de la voiture, sauter du monde, sortir en quête de ces adjectifs résolus – menteuse, farceuse – pour définir cette femme qui, de près, lui semblait trop grande et trop complexe pour tenir dans des mots. Oh, Seigneur ! Pourquoi la distance est-elle un cellier de certitudes et la proximité, un traître marécage ? Et maintenant, Max, où est le point final associé à l'exil ?

Dans le hall de la Santa Casa, sept polaques tenaient des friandises et des petits cadeaux tandis que, à l'intérieur, Fany était "préparée" par Hannah et par les infirmiers. Remarquant la gêne du cordonnier :

– Vous aviez disparu, monsieur Kutner !

Elles commencèrent à murmurer des frivolités et des tragédies, qu'il s'agisse de coloration pour les cheveux ou d'avortements maudits. Elles vénéraient les dents de l'une, se moquaient des furoncles de l'autre. Elles faisaient du monde une grande plaisanterie, un interminable commérage. Du destin, elles n'attendaient que des rouges à lèvres, des corsets ou des flacons de parfums qui leur garantiraient le prochain rouge à lèvres, corset ou flacon de parfum. Et elles s'en allaient les quémander à la synagogue de la place de la República, lors de rites où officiaient des personnes de la même engeance – maquereaux, gigolos et compagnie. Elles frisaient l'hystérie quand elles imploraient pardon au Dieu qu'elles-mêmes pardonnaient, permutant les culpabilités et les obligations. Après les cérémonies, elles buvaient de la *cachaça* dans des fêtes cathartiques, avec des danses et des chants. Ce n'étaient déjà plus des personnes, mais des stigmates souriants, des icônes de la perversion, objets de fascination et d'horreur, d'antipathies publiques et de sympathies privées.

– Vous ne vous sentez pas bien, monsieur Kutner? – L'une d'elles s'approcha.

– Ça va.

– Prenez un peu d'eau. – Une autre lui apporta un verre.

Il n'y a rien de pire que de devoir accepter la gentillesse des méprisés. Max était moins assoiffé qu'inquiet, cible de ces secours excentriques: vous avez de la fièvre?, vous voulez une aspirine?, une compresse tiède? Les femmes se pliaient en quatre, ouvrant leurs sacs à main et leurs portefeuilles dont elles sortaient une profusion d'aides, comblant Max d'amours aussi libres et prévenants qu'elles-mêmes. Quelque temps après, Hannah apparut.

– Fany est prête. Max, vous le premier. – Dans le couloir: – Ne soyez pas impressionné, elle a eu toutes les raisons de devenir folle.

Des raisons de devenir folle? divagua le cordonnier. Quel paradoxe: la raison se retournant contre elle-même. Dans une grande salle aux lits alignés, Max eut du mal à la reconnaître sous un drap vert clair. Elle était très maigre, les cheveux épars et gris, le regard éteint. Hannah lui prit la main:

– Max Kutner est là, ma chérie.
– Le cordonnier ? épela une voix faible.
– Moi-même.
Fany contempla Max dans un silence respectueux. Et elle demeura ainsi, sans dire un mot, tandis que ses yeux se mouillaient.
– Vous allez bien ?
– Oui, et toi ?
– Ça va.
Max en fut ému. Pour la première fois, Fany n'incarnait pas une sorcière visionnaire, avec sa gentillesse divinatoire qui lui disait "contentez-vous de moi". Fany n'était que Fany – et, curieusement, quand elle n'était déjà plus en condition de l'être. Ses lèvres pendaient à son visage, sans exprimer rien ni couvrir le jaune des dents.
– On m'a appris que vous aviez déménagé.
– En effet, à Flamengo.
– Oh, quelle merveille.
Et elle fit mine d'acquiescer, quoique sceptique, quand le cordonnier lui promit de la recevoir dans sa nouvelle maison. Un thé, dès qu'elle sortirait de l'hôpital. Des aménités un tantinet improbables.
– Je n'aurai pas le temps, je suis en train de mourir.
Max changea de sujet.
– Une chance que Hannah ait découvert ma nouvelle adresse et m'ait amené ici.
Fany s'agita :
– Vous pensez donc vraiment qu'elle a "découvert" votre nouvelle adresse ? – Elle écarquilla les yeux avec une vitalité soudaine. Changeant de voix, exaltée : – Allons, monsieur Kutner, ne soyez pas naïf ! C'est elle qui vous a aidé à acheter la maison, elle en a payé la moitié.
Hannah intervint :
– Tais-toi, Fany !
Max recula, surpris, tandis que Hannah appelait les infirmiers et que Fany éclatait d'un rire satanique :
– Ou croyez-vous que vous avez les moyens d'habiter à Flamengo ? – Et soupirante : – Elle est si bonne ! Elle aide tout

le monde ! Hannah et Dieu sont partout ! Sauf que Dieu n'est pas omnipotent !

Max fut entraîné en dehors tandis que Fany se débattait :

– Monsieur Kutner ! Monsieur Kutner ! Ce n'était pas ce que je voulais vous dire ! Ce n'était pas ça ! – Agrippée par les infirmiers, à pleins poumons : – Il faut que vous sachiez ! Il le faut…

– Savoir quoi ? – Max murmurait.

– Va-t'en ! – Hannah l'expulsa de la salle. – Dehors !

Largué dans un couloir, Max tituba jusqu'à une cour fleurie et s'assit sur un banc. Tout faisait douloureusement sens ! De fait, il avait payé un prix modique – pour ne pas dire dérisoire – sa maison dans Flamengo. L'empressement du capitaine Avelar, la rapidité avec laquelle le marché avait été conclu. Bien sûr que Hannah l'avait aidé, et comment ! Elle avait aidé le cordonnier à s'enraciner dans d'autres parages, loin de la place Onze, loin d'elle-même. *Oï veï !* Le tunnel que Max creusait vers la liberté était, en fait, un puits. Il se sentait atteint dans son honneur, dans son libre arbitre, dans son machisme. Hannah était une sentence, une tragédie, un destin. S'il fuyait en Patagonie, elle y serait déguisée en pingouin ; dans les sables du Sahara, elle serait la bosse d'un chameau. Par monts et par vaux, au ciel comme en enfer, on ne pouvait échapper à Hannah. Max était au bord de la panique quand il sentit une tape sur l'épaule et, sursautant, se retrouva nez à nez avec le lieutenant Staub en personne. Que faisait-il à la Santa Casa ?

– J'ai besoin de parler à Hannah. – Telle fut la réponse.

Logique ! pensa le cordonnier. À qui d'autre ? Staub rendait visite à sa servante préférée – à moins qu'il n'en fût, lui-même, le domestique.

Le lieutenant eut un silence virtuellement complice, s'assit et demanda au cordonnier pourquoi il avait l'air si abattu. L'état de Fany s'était empiré ?

– Je suis aux abois, ça oui ! – Sanglotant : – Je n'ai jamais voulu traduire de lettres, ni travailler pour la police, surveiller les autres. J'ai toujours aimé réparer des chaussures, c'est tout. Maintenant, ma vie est une pagaille, une embrouille sans fin !

– Je vous comprends, Kutner. J'ai connu le même problème. Jusqu'à ce jour-là, je n'étais qu'un parmi d'autres au commissariat, chargé de ranger les archives, de tamponner ceci ou cela. Tout a changé en une nuit…

Max regarda le lieutenant avec intérêt.

– J'étais de garde à la rue de la Relação quand le téléphone a sonné. On m'appelait d'un hôpital de la place de la República car un de nos agents s'était blessé dans une mission et voulait me parler en urgence. J'y suis allé.

“Une infirmière m'a reçu dans le hall et m'a dit qu'on était en train d'examiner l'agent, que j'allais devoir être patient. Combien de temps, impossible à dire. Il s'était cassé la jambe, on allait peut-être devoir l'opérer.

“Que faire ? Attendre ! On a commencé à parler, on a pris un petit café. Elle s'appelait Maria et avait une fille malade qui dépendait de nombreux médicaments. Elle laissait sa fille à une amie quand elle était de garde dans trois hôpitaux. Une battante.”

Staub se frotta les mains.

– Bref, nous avons eu… comment dire ? Une aventure. Croyez-moi, dans des toilettes de l'hôpital. Quelle absurdité ! C'est elle qui m'a entraîné, me disant qu'elle adorait les hommes en uniforme. Je n'arrive pas à y croire moi-même, et pourtant c'est arrivé. Vous savez, Kutner, tout homme est capable de perdre la tête, il suffit de trouver la femme qu'il faut.

– Ou qu'il ne faut pas, soupira le cordonnier.

Et le lieutenant, reprenant son souffle :

– Tout allait bien, trop bien, jusqu'à ce qu'on frappe à la porte des toilettes. Je me suis alarmé ! Ah, si je me faisais prendre dans une situation pareille ! En prison tout de suite, mon cher.

“Mais c'était une autre infirmière qui frappait. Elle avait cherché Maria dans tout l'hôpital. C'est que sa fille n'allait pas bien dans la maison de son amie. Maria était désespérée, car elle avait oublié d'apporter là-bas les fameux médicaments. Elle s'est habillée en une minute.

“Mais un vrai malheur n'arrive jamais seul. Quand nous sommes sortis des toilettes, sa collègue est revenue pour dire que les médecins allaient opérer le policier et qu'ils avaient besoin de Maria immédiatement. Elle s'est mise à pleurer, et maintenant? Sa fille ou son travail? Alors j'ai eu une idée, pourquoi pas? Puisqu'on allait opérer l'homme, je pouvais prendre le médicament et l'apporter à la maison de son amie. Et c'est exactement ce qui s'est passé. Exactement ça!

"Maria habitait dans la rue du Riachuelo, près des arches de Lapa, dans un immeuble de plusieurs appartements. Je me suis senti gêné, bien sûr, ce n'était pas normal d'arriver comme ça chez les autres. J'ai trouvé le médicament, un grand flacon dans l'armoire de la salle de bain.

"Son amie habitait dans la rue des Inválidos, dans la dernière maison d'une impasse. Tout alla très vite, elle me remercia et referma la porte, c'est tout. Mission accomplie."

Staub marqua une pause.

– En revenant à l'hôpital… croyez-moi, Kutner, j'ai rencontré mon collègue sur le trottoir.

– Comment ça? Aussi vite?

– Il se portait mieux que moi.

– Et l'opération?

– Il s'était seulement foulé la cheville.

Max ne comprit pas. Et Staub, pour conclure:

– Il s'était foulé la cheville en courant après une pute accro à la cocaïne dans la rue du Riachuelo. Il avait trébuché, était tombé, et s'était retrouvé à l'hôpital.

– Mais l'infirmière…

– Maria n'était pas une infirmière. Et le médicament que j'étais allé chercher n'était pas un médicament. C'était de la cocaïne.

– Non!

– Un piège, mon cher! Un joli piège! Croyez-moi, je me suis fait avoir comme un bleu. Quant à Maria… – Staub ménagea le suspense. – Vous pouvez l'appeler Hannah.

Horreur:

– *Oï main Got!*

– … et la trafiquante, Fany.

Max resta sans voix, quelle audace! Il regarda Staub avec solidarité: ils avaient été frappés par le même rayon.

– Qu'avez-vous fait quand vous avez découvert cela, lieutenant ?

– Rien. Hannah est venue me trouver, elle s'est expliquée. Fany devait remettre la poudre à un trafiquant, une question de vie ou de mort. Mais notre agent se trouvait en faction devant sa maison. Fany était très surveillée par la police et le savait. Qu'a-t-elle fait ? Elle est sortie dans la rue, elle est allée de-ci, de-là, histoire de distraire notre agent. Alors Hannah est apparue et a trébuché sur lui. Bon... vous connaissez déjà la suite.

– Oh, oui !

– Elle est capable de tout, j'ai même pensé l'arrêter. Je suis allé parler au capitaine Avelar, mais il était éperdument amoureux de Hannah. Comme nous n'avions pas le courage de l'arrêter, nous sommes allés parler à notre chef. L'homme s'est mis à pleurer, il était fou de Hannah. Nous en avons conclu qu'elle devait faire partie de notre équipe. Aujourd'hui, c'est notre meilleur agent.

– Merci, lieutenant, dit-elle, en arrivant par-derrière. On m'a dit que la police avait du travail pour moi. Encore un voyage ?

Vaincu par la stupeur :

– Une mission de haut niveau, vous seule pouvez la remplir.

Hannah émit un soupir :

– Je suis si fatiguée, lieutenant...

– Je suis vraiment désolé, Hannah, mais c'est un problème très délicat.

– Quel est le problème ?

– Vous vous souvenez de ce jeune Allemand, le docker ?

– Oskar Stein.

– Exactement.

– J'ai compris.

– Vous voyagerez tôt demain matin.

Hannah allait se retirer quand Staub eut l'idée. Raclements :

– En y réfléchissant bien... que diriez-vous de voyager accompagnée ? – Donnant une tape dans le dos stupéfait du cordonnier : – Savez-vous parler polonais, Kutner ?

**

Allemagne, un an auparavant

Le *mohel* retira ses instruments de la trousse et les déposa près du bébé, qui dormait dans les bras du parrain.

– La circoncision, dit-il aux invités, est une des traditions qui distinguent le Juif de l'idolâtre. Et vous savez bien de quoi l'idolâtrie est capable.

Oui, tous le savaient. Depuis deux ans, les lois de Nuremberg avaient retiré leur citoyenneté aux Juifs allemands, qu'ils fussent d'illustres scientifiques ou de simples dockers, comme le père du bébé. Hitler attribuait à la "peste sémite" les maux du pays, qui étaient nombreux depuis la guerre perdue en 1918.

La petite salle à manger se remplissait de gens pauvres, qui faisaient semblant d'être joyeux et souhaitaient bonne chance au fils d'Oskar Stein. Dans leur for intérieur, beaucoup se demandaient le bien-fondé d'une circoncision en des temps si sombres. Ce rite condamnerait peut-être le petit au malheur sous le Reich nazi. Ceux qui gardaient espoir misaient sur un retournement. Qui sait, les Américains ou les Russes viendraient peut-être couper les ailes du Führer ? Qui sait, Dieu prendrait peut-être les mesures que les Français et les Anglais se refusaient à prendre, comme si l'évolution du nazisme ne les concernait pas ?

La vie à Hambourg ne faisait qu'empirer. Oskar Stein travaillait sur le quai du port, portant des sacs en des va-et-vient toujours plus pénibles. Parfois, il volait une poignée de ceci ou une douzaine de cela, pour manger ou faire des bénéfices dans les impasses du troc. Dans la ville, erraient des hordes au chômage – et, parmi ces hordes, des bandes nazies prêtes à agresser les Juifs qui, comme Oskar, voulaient juste gagner et bénir leur pain quotidien.

Mais même la routine était un luxe impensable à Hambourg. Une croix gammée sur des brassières, trois jeunes avaient un jour commencé par des brimades et des menaces qu'Oskar essayait d'ignorer, tout à son travail. Les semaines suivantes, l'hostilité ne ferait qu'augmenter, augmenter toujours, jusqu'à ce que les jeunes s'emparent d'Oskar et l'obligent à manger un kilo de jambon arrosé d'une bouteille de vodka. Le chef de la bande écuma de rage en apprenant que le Juif serait père :

– Encore une vermine pour détruire l'Allemagne !

Dix jours après, le *mohel* récitait les prières tandis que la "vermine" dormait d'un sommeil profond et que la mère mordillait un mouchoir nerveusement. Les invités restèrent debout, en silence, et le *mohel* saisit le couteau à usage rituel, tirant sur le prépuce avec une pince. Certains fermèrent les yeux, d'autres les gardèrent bien ouverts. On attendait le pleur du bébé qui conclurait le pacte d'Abraham, mais un chœur horrifiant brisa le calme :

– *Heil* Hitler !

Dehors, la bande vociférait, marchant en cercles et dressant les bras, quand une pierre brisa la fenêtre et blessa l'un des invités. Le parrain devint livide et le *mohel* interrompit le rite. Dans sa main étincelait la lame qu'Oskar lui arracha, possédé, avant de traverser la salle d'un pas décidé.

– Oskar, non ! implora sa femme. Non, Oskar, non !

Le jeune homme avança furieusement, poussant les invités et ouvrant d'un coup de pied la porte de la rue. Les prières se tournèrent vers la fenêtre tandis que le sang giclait sur le trottoir. Oskar luttait contre trois, à coups de poings et coups de pieds, dans un combat perdu d'avance sans la rage avec laquelle, camouflant le couteau dans sa main, il égorgea le chef de la bande d'une entaille fatale. Le nazi cria, en se tordant, vidé de son sang. En toussant, il tituba jusqu'à tomber pesamment par terre.

– Maintenant, c'est à votre tour ! – Oskar leva son couteau ensanglanté et se lança en courant à la poursuite des autres.

Il reviendrait une demi-heure plus tard, pour demander de l'argent et pardon à l'assemblée stupéfaite, rendre le couteau au *mohel*, entraîner sa femme et son bébé et informer qu'il quittait l'Allemagne pour toujours.

Le mois suivant, les Stein se cachaient à Antwerpen, en Belgique, arrivés dans les cales d'un navire céréalier et abrités dans le grenier d'un vieux couple. Par lettres, la femme d'Oskar implorait de l'aide à un parent de Rio de Janeiro. Immigrer au Brésil était notoirement difficile, car les gouvernements américains fermaient leurs portes aux Juifs d'Europe. De Lisbonne à Varsovie, ambassades et consulats étaient le théâtre d'agonies.

Oskar n'en pouvait plus de prier quand, un après-midi glacial, leurs hôtes belges reçurent un étranger aux manières élégantes qui venait photographier les Stein. Pourquoi ? se méfia le docker. “Pour les passeports.” Seul le bébé ne sourit pas sur les portraits. Peu de jours après, on ordonna à Oskar de partir avec sa famille sur un transatlantique. Au port, un étranger lui remit une épaisse enveloppe contenant des documents, de l'argent et des instructions pour son débarquement. Ils devaient descendre à Rio de Janeiro d'ici trois semaines. Sur le formulaire annexé au passeport, Oskar était présenté comme un ingénieur expérimenté de l'industrie militaire allemande. La falsification était nécessaire, car le Brésil ne délivrait de visas qu'à des professionnels de secteurs “stratégiques” – scientifiques, ingénieurs, agronomes –, capables de faire du pays la puissance dont rêvaient ses gouvernants.

Plus sidérés qu'euphoriques, les Stein appareillèrent en troisième classe et gagnèrent les mers du Sud. Ils ne sortaient de leur cabine que pour les repas quotidiens, évitant les indiscrétions et les conversations avec des étrangers. Mais néanmoins, ils ne purent éviter de tomber sur le Juif religieux auquel Oskar demanda, un peu gêné, s'il était pardonnable de circoncire un bébé au deuxième mois, et non pas au traditionnel huitième jour. L'homme se montra sagace :

– Si Abraham l'a fait à quatre-vingt-dix-neuf ans, nous allons résoudre cela maintenant. Je suis aussi un *mohel.*

Une heure après, le bébé suçait un mouchoir imbibé de vin doux, tandis que le pacte était scellé dans la cabine des Stein. Depuis le couloir, on entendait les applaudissements : *Mazel Tov, Mazel Tov !*

À Rio, Oskar trouva un emploi d'aide-cuisinier dans un restaurant de la place Onze. Six mois plus tard, il arborait un nœud papillon et, un plateau à la main, prenait les commandes en yiddish et en portugais. De temps en temps, il devait se rendre au palais Itamaraty pour donner des éclaircissements – rien de plus que son adresse résidentielle et de menues questions à propos de maladies ou de ses habitudes quotidiennes. Oskar demandait toujours au parent de son épouse, chez lequel ils logeaient, comment il avait réalisé la prouesse enveloppée à Antwerpen : des passeports brésiliens et des documents d'une grande complexité, comportant des timbres et des tampons de différentes couleurs. Le parent changeait de sujet, se contentant de lui assurer que le couple n'aurait pas de problème et que le statut d'ingénieur concédé à Oskar n'était qu'un détail bureaucratique auquel personne ne prêterait attention. De même, Stein cachait aussi à ce parent ce qui s'était passé à Hambourg, et que le temps et la distance avaient déjà amnistié.

Oskar et sa femme adoraient Rio de Janeiro, où les abus d'Hitler s'en tenaient aux journaux que des gamins vendaient aux arrêts de tramway. Au milieu de 1938, après la naissance du deuxième enfant, Oskar fut promu gérant du restaurant, et la famille déménagea dans une impasse de Tijuca. Sa femme renforçait le budget avec une machine à coudre, et ils passaient leurs dimanches à la Quinta da Boa Vista.

Oskar ne rêvait même plus en allemand ce matin-là.

– Monsieur Stein ! Monsieur Stein ! – On frappait à sa porte.

La femme prit ses enfants dans ses bras tandis que son mari ouvrait à des hommes graves :

– Excusez-nous de vous déranger. Vous êtes ingénieur en armement, n'est-ce pas ? Suivez-nous, s'il vous plaît, c'est urgent.

Mis dans une voiture, Oskar fut conduit jusqu'au quai de la place Mauá. Un commissaire de la police douanière le reçut :

– En tant que Juif, vous êtes bien placé pour vous méfier des nazis – et il expliqua les raisons de son intimation. Un espion brésilien avait découvert des objets suspects dans les cales d'un navire allemand qui, amarré à Rio, poursuivrait sa route le lendemain matin vers Santos.

– Ce sont des pièces qui rappellent un canon, expliqua l'espion, auquel Oskar posa des questions stupides, simulant une enquête pour cacher sa peur.

Le commissaire trancha la question :

– Les descriptions n'avancent à rien, il faut que vous voyiez la chose. Nous voulons un rapport officiel. – Et il ordonna que deux policiers brésiliens escortent le Juif jusqu'à l'embarcation.

Le commandant vitupéra contre l'inspection "offensante", alléguant que le navire était un territoire du Reich, exigeant la présence de l'ambassadeur allemand et soulignant que, s'il recevait Oskar, c'était uniquement pour montrer sa bonne volonté. La délégation descendit des escaliers raides et parcourut des cales grises, remplies de caisses et de sacs, avant de tomber sur lesdits objets.

– Ce ne sont que des tracteurs agricoles en pièces détachées, grognait le commandant. Pourquoi faire tant d'histoires ?

– Vous le savez bien, provoqua l'un des policiers.

Ou avait-il besoin d'expliquer que le Sud du Brésil était un baril de poudre avec son million d'Allemands fidèles à Hitler ?

– Vérifiez les documents. – Un marin remit au Juif un paquet plein de chiffres et de codes. – Ce sont des tracteurs commandés par un fermier de… comment dit-on ? C'est ça, Santa Catarina.

Oskar feuilleta les papiers, faisant des grimaces tout en palpant le charabia, et priant pour s'en aller. Il avait la nausée, sur le point de vomir, sans la moindre disposition pour l'héroïsme. Heureusement, il ignorait de quoi il s'agissait : roues, hampes géantes, tapis roulant en acier. Bêtise bénie ! Il s'apprêtait déjà à se frotter les mains de soulagement quand il fut poignardé par la certitude. Oui, il avait la réponse. Cela ne faisait aucun doute. Il avait résolu l'affaire malgré lui.

Dans son quotidien portuaire, à Hambourg, tout en portant des sacs de riz ou des hélices d'avion, Oskar avait accumulé un savoir en rien académique, mais varié et consistant. Il pouvait se rappeler avec quelle rigueur les marchandises étaient étiquetées et entreposées pour que jamais, sous aucun prétexte, on ne pût les confondre. Et ainsi, Oskar avait fini par entraîner son odorat à identifier la provenance des cafés ou à deviner le contenu de tel ou tel tonneau. De la même manière, il avait dressé sa raison à qualifier et quantifier n'importe quoi, pouvant en donner le nom, la nature, l'origine et la destination, sachant toujours quelle vis s'emboîtait dans quel engrenage, quel fruit partait pour quelle ville.

Et son talent lui certifiait à présent que lesdites pièces n'étaient pas des morceaux de tracteurs agricoles. C'étaient, par contre, les pièces détachées du colosse belliqueux de l'industrie nazie, le tank Panzer II, fabriqué en Tchécoslovaquie. Ici gisaient deux chars d'assaut prêts à déchirer le Brésil.

– Alors, monsieur Stein ? lui demanda un agent brésilien.

– Peut-on se parler dehors ? se prémunit le Juif.

Ils montaient vers le pont à pas lourds, dans un échange tendu de regards, quand Oskar sentit une haleine à sa droite :

– Je sais qui tu es.

Oskar reconnut l'un des nazis de Hambourg. Dans un murmure enragé :

– Alors tu es venu au Brésil… quelle merveille. Comment es-tu arrivé à entrer ? Ils croient vraiment que tu es ingénieur ? Très bien. – Très sérieux : – Si tu nous dénonces, tu seras dénoncé. C'est ce que tu veux ?

Oskar tressaillit. À la douane, il dit que c'étaient des tracteurs agricoles, un point c'est tout. Il n'y avait aucune raison de s'inquiéter.

– Venant d'un Juif, je ne peux que le croire – rit le commissaire.

Oskar alla même jusqu'à signer un rapport et prendre un petit café, tandis qu'il attendait une voiture pour le ramener chez lui.

Plus tard, il embrassait sa femme et ses enfants. Il pleura convulsivement. Le passé lui présentait la facture et ce n'était pas juste que le Brésil paye à sa place. Il devait réagir – ou, du moins, permettre à d'autres de réagir.

Il alla voir le parent de son épouse et exigea, une fois pour toutes, qu'il lui révélât le nom de son précieux contact à l'Itamaraty ou à la police ou au Catete, peu importait où. Et, comme l'homme résistait, Oskar lui raconta tout, rigoureusement tout ce qu'il y avait à raconter, depuis le nazi de Hambourg jusqu'aux tanks Panzer II. La gravité du sujet impressionna le parent, qui prit Oskar par la main et se précipita dans la rue pour appeler un taxi. Il n'y avait pas de temps à perdre.

– Où allons-nous ? voulut savoir le jeune homme.

– Parler avec celle qui t'a sauvé et a obtenu les passeports, les visas, et tout le reste. Tu peux tout lui dire, ne lui cache rien. Cependant… – L'homme s'étrangla.

– Cependant quoi ?

En entrant dans le taxi, le parent avait des yeux suppliants :

– Sois fort, mon cher. Tiens bon ! Et sache que ce n'est pas facile.

– Tenir bon pour quoi ? s'étonna Oskar.

– Tu vas comprendre. – Au chauffeur : – Rio Comprido, s'il vous plaît.

7

Le train serpentait à travers la forêt atlantique, un fouillis d'arbres et de fleurs qu'ombrageaient les cimes de la Serra da Mantiqueira. C'était un trajet lent, avec des ponts et des virages en pente. Du wagon, on entendait le bruissement de la forêt et les rivières qui se resserraient en cascades et en lacs cristallins. Hannah et Max avaient fait sept heures de voyage, avec deux longs arrêts pour inverser la position de la locomotive, qui tantôt tirait le train dans les plaines, tantôt le poussait dans les montées sinueuses. Hannah s'était endormie à la station Leopoldina, pour ne se réveiller que lorsqu'ils entrèrent dans le Minas Gerais. En arrangeant son châle, elle regarda sa montre :

– Il reste une heure jusqu'à São Lourenço. – Et elle peignit ses cheveux, à présent courts et raides. Son apparence avait radicalement changé.

Hannah et Max incarnaient Sylwia et Alexander Kazinsky, un couple de Polonais en vacances au Brésil. Catholiques, ils étaient venus passer le Noël avec des compatriotes à Curitiba, et en profitaient pour faire le circuit des eaux, dans le Minas Gerais, attirés par ses casinos et ses eaux thermales. Elle souffrait de l'estomac, et lui, des reins. Alexander était clerc de notaire à Varsovie ; Sylwia était sans emploi.

Ils étaient sur le point d'arriver, quand Max demanda quel était le rapport entre Oskar Stein et cette "très secrète" mission. Il savait, bien sûr, que des espions nazis infestaient le Brésil, et que les combattre – ou, du moins, les surveiller – incombait au lieutenant Staub, auquel Hannah avait transmis la dénonciation du docker allemand.

Le fait est que les armements découverts par Stein renforçaient des soupçons contre un commissaire des douanes de Santos, où se trouvait le plus grand port brésilien, un des lieux les plus visés par l'espionnage en Amérique latine. Ce qui y entrait et en sortait pouvait changer les destinées du continent, assurait Staub, qui surveillait chaque pouce de la ville. Fort bien. Le commissaire des douanes était un intime du consul allemand, avec lequel il allait pêcher dans un petit bateau près du quai, pour revenir une demi-heure plus tard sans le moindre poisson. Très étrange, selon un vieux pêcheur, car les bêtes n'avaient pas l'habitude de mordre à l'hameçon dans ces eaux troublées par la circulation et la saleté des navires. Telle était la question : qu'est-ce que le commissaire et le consul pouvaient bien conspirer sur le petit bateau ?

Des agents de Staub avaient suivi le débarquement des armements à Santos. Ils pistaient tout le processus pour agir au bon moment, gardant l'œil sur les machines et ne perdant pas non plus de vue un couple arrivé quelques jours après dans un transatlantique norvégien. Franz et Marlene Braun avaient été accueillis sur le quai par un adjoint du consul allemand et conduits à une maison, où ils s'enfermèrent pendant une semaine et reçurent de nombreuses visites. Pourquoi une telle déférence ? Quel était le mystère des Braun et leur rapport possible avec les armements de contrebande ? Voilà ce que Hannah et Max devaient éclaircir.

– Pourquoi São Lourenço ? demanda le cordonnier.

– Avant-hier, les Braun ont quitté la maison pour la première fois et sont partis là-bas en voyage. Staub dit qu'ils sont seuls et qu'ils ne parlent à personne. Nous allons descendre au même hôtel.

Max eut du mal à croire en cette étrange mission. Qu'avait-il fait pour mériter un pareil imbroglio ? Et Hannah, que dire d'elle ? Les voilà qui se rendaient ensemble à São Lourenço. D'un côté, la peur devant une destination sans filet, de l'autre, l'excitation : jusqu'à quel point iraient les simulations conjugales ? Ils dormiraient dans la même chambre et marcheraient en se donnant la main dans le parc des Águas, où ils visiteraient des fontaines et mangeraient des pains au fromage. Que feraient-ils d'autre au nom de la sécurité nationale ? Qui sait si, maintenant, dans un autre décor, un autre contexte, un autre temps, Hannah ne serait pas une autre Hannah, et lui, un autre Max ? Qui sait si les mois de séparation n'avaient pas produit des effets inattendus ? Combien d'absences qui se prétendaient éternelles, n'étaient en fait qu'un intervalle, un laps de temps qui mûrissait les retrouvailles dans son ventre insoupçonné ? Avec le mot, São Lourenço.

Ils arrivèrent à trois heures. L'après-midi vaguait parmi les ruelles de pierres aux maisons rustiques et aux odeurs de bois. Des chariots grinçaient parmi les bicyclettes, les carrioles et quelques voitures. Les hommes avaient des chapeaux de paille, et les femmes, des ombrelles fleuries. Des gamins en haillons lançaient des cerfs-volants, avec les pieds nus et une douce urgence quand ils tiraient sur les bobines.

Au carrefour principal, un jardin flanquait l'hôtel Metrópole. Depuis leur chambre, au deuxième étage, Hannah et Max entendaient le trot des chevaux et la tranquillité des trottoirs. Une fois les valises défaites, ils se munirent de petits verres colorés et allèrent se promener dans le parc des Águas. Ils burent des eaux sulfureuses, magnésiennes, et ferrugineuses. C'était un endroit plaisant, avec des jardins et des arbustes bien taillés, ainsi que des sculptures classiques qui rappelaient l'Europe. Dans les allées, les gens marchaient sans hâte, inhalant la fraîcheur provinciale, tandis que les enfants semaient leur pagaille. On était en décembre et les bonnes familles occupaient déjà leurs étés. Et, tandis que la nuit épaississait le ciel, Hannah et Max s'assirent sur un banc pour regarder les étoiles. Ce fut alors que Hannah s'avoua préoccupée, et même très inquiète, non pas à cause des Braun, ni des guerres réelles ou imminentes, mais de la venue de Guita et Jayme au Brésil.

– Ils arrivent le mois prochain. Ah, si jamais elle apprenait…

Hannah se retrouvait acculée par ses propres mensonges, mise au défi d'être la sœur exemplaire que Guita s'attendait à rencontrer. Max connaissait le refrain par cœur, mais il n'en demeurait pas moins impressionné par la physionomie de cette femme, héroïne de tous les instants, affrontant sa plus grande – peut-être la seule – faiblesse. Même la voix de Hannah vacillait quand elle parlait de sa sœur. Essuyant une larme :

– La vie n'est pas facile, Max.

Il acquiesça discrètement. Il gardait son flegme, évitant toute rechute romantique. À quoi bon se faire des illusions ? Jusqu'à preuve du contraire, Hannah était une âme indomptable, mue par des intérêts personnels et irréductibles. Mais ce fut là, sur ce banc, que Max eut un éclair. Pour séduire les pragmatiques, aide-les. Comment entrer dans leurs vies sans une contrepartie fonctionnelle ? Max entrevoyait la possibilité d'être non seulement utile, mais nécessaire à Hannah. Lui saisissant les mains :

– Je peux jouer le rôle de José. N'est-il pas boiteux ? Nous allons acheter des béquilles, et tu habiteras chez moi le temps que Guita sera à Rio.

Incrédule :

– Tu ferais ça pour moi ?

Il fondit :

– Je pourrais faire plus, beaucoup plus !

– Tu le jures ?

– Sur tout ce que tu voudras !

– Ce serait merveilleux, mon Dieu ! Que dois-je dire ? Merci ?

– Ne dis rien. – Douloureux : – Ce n'est pas nécessaire.

Et il resta en admiration. Hannah se morfondait :

– Comment puis-je te rétribuer ? Laisse-moi te rétribuer.

– Ce n'est pas nécessaire. Fais ce que ton cœur te commande.

Max était aux anges, s'abandonnant à d'idylliques conjectures, jusqu'à ce qu'il fût brusquement freiné :

– Sans exagérations.

Il recula :

– Exagérations ?

– Parle plus bas. Franz et Marlene étaient en train de nous regarder.

– Qui ?

Max revint à lui en reconnaissant le couple sur l'autre banc. Oui, c'étaient les mêmes que sur la photographie que Staub leur avait montrée. Ils avaient l'air tristes, désintéressés l'un de l'autre. Étaient-ils par hasard le public du mélodrame récemment joué par le cordonnier ?

**

Des friandises et des liqueurs complétèrent le dîner au restaurant de l'hôtel Metrópole. Les hôtes se distinguaient par l'élégance, Hannah ayant assorti un foulard marron avec une robe de lin beige. Ses cheveux courts lui donnaient un air tranquille, presque enfantin, de même que les petites boucles d'oreilles en perle et la broche en forme de papillon. Quand ils passèrent dans le hall, elle suggéra une partie de canasta.

Le jeu de carte ensorcelait les tables de la salle à côté tandis que les garçons changeaient les cendriers et apportaient des boissons. C'était un monde d'un âge avancé, aux cheveux blancs ou teints, certains ornés de pinces d'un bon carat. Un *maître** plein de tics conduisit Hannah et Max au fond du salon, près de l'endroit où Franz et Marlene Braun jouaient seuls, littéralement repliés sur eux-mêmes. Ils avaient la cinquantaine, lui, grisonnant et fringant, elle, l'air abattue.

Hannah et Max manipulèrent les cartes pendant presque trois heures. Autour d'eux, les verres et les tasses tintaient entre des mains ridées. Beaucoup fumaient, brûlant le feutre vert des tables. Des rires marquaient la fin des parties, quand on ramassait les cartes avec d'amicales promesses de revanche. Bien que ce fût un beau salon, avec des lustres en cristal et des miroirs biseautés, il y planait quelque chose de lugubre, comme si le jeu de la vie était déjà terminé et qu'il ne restait plus rien d'autre à personne que des jeux de cartes graisseux. La morosité régnait parmi les gestes, les raclements de gorge, les épaules courbées. Pourquoi les personnes se ressemblent-elles autant aux extrémités de la vie ? Hannah évita de parler pendant les parties – concentrée sur ses couleurs ? Quand l'horloge sonna les coups de minuit, les désertions commencèrent et les garçons cachèrent leurs bâillements derrière leur respectueuse sollicitude. Franz Braun salua poliment Hannah et Max avant de se retirer avec son épouse ennuyée.

Le lendemain, le couple ne quitta sa chambre que pour prendre une glace dans une pâtisserie près de l'hôtel. Ils restèrent assis pendant une heure, tout à leurs cuillerées, sans un mot ni une expression. Quelque temps après, Franz nettoya sa veste bleu marine avec une serviette et Marlene alluma une cigarette. C'était un vieux couple, de ceux qui n'ont déjà plus rien à se dire. Marlene fumait, immergée dans l'apathie, avec un regard typique des veillées funèbres, portant des vêtements aussi ternes qu'elle-même. Franz, quant à lui, séducteur, tendait très souvent le museau vers le va-et-vient des jupons sur les trottoirs. De là, ils rentrèrent à l'hôtel.

L'après-midi, Max rama sur le lac du parc, pendant que Hannah choisissait des broderies dans un marché d'artisanat. Ils firent de la charrette et visitèrent une étable de vaches laitières. Dans une ferme pour touristes, Max faillit être pincé par une oie féroce. Ils achetèrent des fromages, des friandises, et terminèrent leur journée en prenant le goûter à l'hôtel.

Après le dîner, on pouvait voir Franz et Marlene à la même table que la veille, battant les cartes de leur solitude. Deux heures plus tard, le regard de Marlene flottait dans l'au-delà, quand un garçon leur apporta des tasses et une théière. Et, au moment de les servir, penché sur la table, le petit homme s'empêtra et inclina le plateau pour éviter qu'une tasse ne s'échappe de sa soucoupe. Ce fut une manœuvre malheureuse, à en juger par le cri qui balaya le salon. Une flaque de thé fumait entre les cartes et la théière tombée sur les jambes de Franz Braun, qui se leva en injuriant le garçon, un noir petit et malingre. Hannah, qui avait assisté à toute la scène, n'hésita pas à montrer le garçon du doigt. En allemand :

– Cet homme est un empoté ! Un noir, par-dessus le marché ! Hier, il m'a gâché une robe, maintenant il fait cela ! – Dans un mauvais portugais : – Qu'on appelle le _maître_* !

Max ne comprit pas : une robe, quelle robe ? Le garçon semblait sur le point de pleurer tandis que le _maître_* le tabassait. Marlene ne bougeait pas, repliée sur elle-même. Le _maître_* frisa l'hystérie en ordonnant à quatre garçons et à une domestique de faire du nettoyage. Il implora des excuses à Franz, qui ne fit mine de les accepter que parce que, à ce moment-là, il était plus intéressé par Hannah. Et, pour sceller la paix, elle proposa une partie à quatre, ne restant plus au cordonnier qu'à faire équipe avec une Mme Braun rembrunie.

Franz ne tarda pas à faire la première canasta, et Hannah – ou plutôt, Sylwia Kazinsky – se mit alors à parler. Elle égrena un impressionnant chapelet de mensonges. Elle parla des prix à Varsovie, de ses frères jumeaux (dont l'un, ordonné prêtre, voulait être enterré dans les catacombes de Saint-Calixte, à Rome), de son oncle allemand qui lui avait appris à lire Goethe dans le texte (d'où son aisance dans la langue des Braun), de la timidité pathologique de son mari devant des étrangers (qu'un disciple de Freud avait déjà diagnostiquée), de tant d'absurdités si élaborées que le cordonnier abasourdi arrivait à peine à discerner les couleurs de son jeu.

Et comme Franz et Hannah remportaient les parties – l'une après l'autre, impitoyablement –, l'Allemand suggéra de faire une pause pour changer les idées des perdants.

– Garçon, whisky ! Marlene et moi arrivons tout juste de Copenhague.

– Vraiment ?! – Hannah vibra. – Alexander et moi avons toujours voulu aller au Danemark, n'est-ce pas, chéri ?

– Nous avons mangé quatre types différents de harengs dans le Jutland.

– Quel délice ! Vous voyagez pour le plaisir ?

– On peut le dire, oui. – Rabaissant son caquet : – Je suis un fonctionnaire publique à la retraite en Allemagne, j'ai fait la guerre et j'ai une maladie grave. L'apparence est tout ce qu'il me reste. Il suffit de dire que, l'autre jour, je me suis senti mal et que je suis resté une semaine au lit. Nous voulions connaître Rio de Janeiro et l'Amazonie, mais le médecin nous a envoyés dans cette station hydrominérale. Que faire ? En boire les eaux !

Max, qui parlait un allemand raisonnable à cause de sa ressemblance avec le yiddish, commenta que les sources du Minas Gerais étaient célèbres pour leurs effets curatifs. Qui sait si un miracle ne se produirait pas ? Et l'autre, dans un raclement professoral :

– Savez-vous la différence entre les miracles et les non-miracles, monsieur Kazinsky ? C'est que les gens pensent pouvoir expliquer les non-miracles, voilà tout. – Il prit une gorgée de whisky. – J'ai toujours mené une vie guidée par la logique.

D'ailleurs, je vais vous dire une chose : je préfère avoir des convictions que la foi. Même si la logique effraie parfois, elle demeure une grande amie. Payer le prix de la lucidité vaut mieux que de se faire des illusions gratuitement. L'homme qui croit en ce qui lui convient, mon cher, tend à ne pas croire en ce qui ne lui convient pas, et rien n'est plus dangereux que de faire de son intérêt personnel un facteur de conviction. Les intérêts varient selon les cas. Les évidences, non.

Max réagit avec véhémence :

– Sans foi, la vie n'a pas de sens.

– Et pourquoi devrait-elle en avoir ? répliqua l'Allemand. Il existe des milliards d'êtres qui n'ont jamais cherché de sens à quoi que ce soit et qui se portent très bien. Les rats, les crocodiles, les papillons de nuit. Ils n'ont pas besoin de religion, de nazisme, ni de socialisme. Ils ne se tuent pas pour rien, et on les traite malgré tout d'irrationnels !

Hannah bougeait vivement les yeux. Et Braun :

– Dites-moi, monsieur Kazinsky, êtes-vous déjà tombé sur un "sens" en marchant dans la rue ? Non, bien sûr que non, car le monde réel est constitué de matières et de faits. Les abstractions romantiques n'existent que dans les têtes mal informées. L'homme est réellement prétentieux quand il s'attend à ce que les forces de l'univers se plient à un "sens". – Pause solennelle. – Évitez les choses qui consolent plus qu'elles n'éclairent, mon cher. Ne laissez pas la quête du bonheur émousser votre sens critique. Sénèque disait déjà : *Unusquisque mavult credere quam judicare !* Chacun préfère croire plutôt que de juger par soi-même !

Braun but du whisky, méditant sur les glaçons. Enfin :

– Un vice assez commun parmi les ingénus est de confondre les causes et les finalités. Par exemple, vous voyez cette femme en vert, la grosse ? Disons qu'elle se résolve à faire un régime alimentaire pour perdre du poids. Beaucoup diront que la cause de son régime est sa volonté de maigrir. Faux, archi-faux ! La cause est le fait d'être grosse. Maigrir est la finalité ! Ça semble simple ? Eh bien, sachez que les hommes adorent mélanger les choses quand ils ne trouvent pas de causes pour leurs finalités. Que font-ils ? Ils se contentent des finalités !

Dieu, c'est ça : un fournisseur de finalités sans causes ! C'est comme si cette femme voulait maigrir tout en étant maigre.

– Et que proposez-vous à l'humanité ? demanda Max avec une très subtile ironie.

– La raison et l'angoisse ne sont pas les ennemies de la paix, monsieur Kazinsky. Par contre, les croyances infondées nous ont déjà entraînés dans des guerres terribles comme celle qui s'ébauche en Europe. À quoi sert d'avoir la paix intérieure dans un monde dévasté ? Les choses s'alimentent : plus il y a de guerres, plus il y a de désespoirs, plus il y a de religions !

Hannah :

– Karl Marx dit que la religion est l'opium du peuple.

Franz :

– Dieu est un délire anthropocentrique, mais il existe d'autres opiums. Les arts, la prostitution, les crimes. Ce sont les soupapes qui entretiennent la civilisation, par lesquelles s'échappent ses gaz toxiques. Les prostituées et les prêtres servent à domestiquer les hommes, chacun à sa façon. Comme l'enseigne Voltaire, mieux vaut la paix que la vérité.

L'humeur de Max devenait plus acerbe à mesure que Hannah s'entichait davantage de ces yeux trompeurs. Entre whisky et citations, le cordonnier sentait naître en lui une discrète affinité avec Marlene. Oubliée, la femme fondait comme un cierge d'église, à la cire répandue et à la flamme fragile. C'était l'anti-Hannah, la ruine de tous les rêves et de tous les instincts – et, peut-être pour cette raison, une inédite source de paix.

Peu après, ayant distillé tous ses savoirs, Franz proclama la fin de la conversation :

– Morphée nous appelle ! On se retrouve demain, d'accord ? Que diriez-vous d'un dîner ? On doit bien trouver un Châteauneuf-du-Pape dans cet endroit.

**

Max accusa le canapé de l'antichambre de sa mauvaise nuit. Il fut réveillé par des sifflements mélodieux et vit Hannah sortir de la salle de bains sous un turban en serviette éponge.

– Ça te dirait de faire un tour au parc des Águas ? – Et elle s'habilla d'un lilas saupoudré de fleurs blanches.

Dans le ciel, aucun nuage. C'était une matinée radieuse, avec des enfants qui jouaient dans les allées et des barques sur le lac où Max avait ramé la veille, sans le trouver aussi trouble que le monde, à présent, lui paraissait. Le soleil dépassait les frondaisons des arbres, se répandant en rayons qui coloraient le décor, dans un clair-obscur inspirateur pour les peintres qui, la palette à la main, mordillaient le bout de leurs pinceaux pendant que les couleurs atteignaient les toiles. C'était, vraiment, une matinée radieuse. Oppressivement radieuse, d'ailleurs, comme si le soleil exigeait des applaudissements fervents. Hannah chantonnait, sifflait, disait des bêtises, en vint même à prendre un bébé dans ses bras. Max se demanda la raison de cette joie, jusqu'à ce qu'il convînt d'une certitude : logique ! Elle était soulagée car il jouerait le rôle de José pendant le séjour de Guita au Brésil. Ils recevraient les convives à dîner rue Paissandu, Max assis dans sa *bergère**, pendant que le tourne-disque jouerait les trilles de Haydn et que Hannah sortirait une grillade du four. Guita serait très heureuse, fière de sa sœur, convaincue de sa pureté et de sa simplicité. Puis elle lui écrirait de jolies lettres et les jours naîtraient ensoleillés pour toute l'éternité. Ou non ?

Non, admit le cordonnier. Guita n'était pas le cœur du problème. Que la sœur pardonne à Hannah, car d'autres lettres étaient en jeu. Max se sentit moins inquiet que gêné. Et ce fut pour guérir sa gêne qu'il but un rafraîchissement jaune à la buvette près du lac, ou plutôt d'une mare boueuse où une légion d'imbéciles flottaient au hasard. Il camouflait un rot quand on le tapota :

– Les voilà.

Salutations. En gilet safari et chapeau, Franz se dit enchanté par des petits pains locaux faits de fromages. Hannah fit l'éloge des compotes de l'hôtel. Cela suffit pour les lancer dans une discussion sur les nourritures et les boissons, avec des allusions aux vins qui convenaient à telle ou telle viande. Ils discutèrent de la consistance des fromages, des chocolats, des pâtés, des beurres, de tout ce qui pouvait être servi à table plus dur ou plus mou que ce qu'il fallait. Ils mêlaient sujets de conversation et sourires, fascinés l'un par l'autre. Le cordonnier ahuri aurait seulement voulu savoir s'il était devant une espionne astucieuse ou si c'était la "mission de haut niveau" qui tournait mal. Il chercha à faire sa part :

– Vous connaissez la Pologne ?

Marlene traîna son regard vers Max :

– La Pologne ?

– Oui.

Cela ne l'intéressait pas particulièrement, il essayait juste d'être cordial. Et la femme, allumant une cigarette :

– Ça dépend.

Max acquiesça pour acquiescer. À quoi bon comprendre cela ? Et elle, sèchement :

– Ça dépend de la Poméranie. Si la Poméranie fait partie de l'Allemagne, alors je ne suis jamais allée en Pologne. Si elle fait partie de la Pologne, alors j'y suis déjà allée. – Bougonne : – Est-ce que je connais la Pologne ?

– En effet, se conforma le cordonnier.

**

Ils dînèrent au restaurant de l'hôtel, sans Châteauneuf-du-Pape, mais en se régalant de ce que les garçons appelaient une *cachaça* maison. Franz et Hannah furent les seuls à boire, échangeant des idées que Max, renfrogné, n'essayait pas même de suivre. À son côté, Marlene ressemblait à un animal empaillé. Ils prirent un consommé avant le plat principal : une viande cuite dans une sauce épaisse, accompagnée de riz et d'une purée de pommes de terre. Max n'avait pas d'appétit, écœuré par l'odeur citrique de Franz Braun, sûrement une de ces eaux de Cologne avec Paris sur l'étiquette. Après le dessert, Marlene allégua un mal de tête et, sans s'excuser, monta dans sa chambre. Elle laissa Max tout seul, isolé, désorienté. Et maintenant ?

– Et si l'on allait faire un tour dehors ?

Le cordonnier voulait seulement abréger sa souffrance – ou, tout au moins, l'atténuer – en lançant l'invitation. Mais il se tira une balle dans le pied: Franz et Hannah partirent en avant, parlant et riant dans la nuit. Max resta en arrière, courant sans les rattraper, trébuchant dans l'obscurité, avant d'être vaincu par la distance. Au loin, Hannah éclatait de rire.

Max rentra à l'hôtel. Il était un soldat en haillons, sans honneur ni éclat. Il voulut frapper les murs de la chambre, défoncer les fenêtres, défoncer Franz Braun. Qu'est-ce que ce monstre visqueux avait de si séducteur ? Il se jeta sur le canapé de l'antichambre. De vieux traumatismes ressuscitaient, de cruelles leçons recevaient une nouvelle édition. Et la première de toutes – connais tes limites – était le présupposé de la deuxième: respecte-les. C'était la maxime des maximes du règne animal. Le lion, par exemple, défiait l'oiseau, mais respectait l'abîme. L'oiseau respectait le lion, mais défiait l'abîme. Et Max, que faisait-il, sinon voir le lion et l'abîme se donner le bras sous le clair de lune, et laisser le pauvre petit oiseau à la belle étoile ?

Oh, mon Dieu, comment accepter que certains n'aient pas besoin de lutter pour ce que d'autres désirent en vain ? Pourquoi les relations sont-elles asymétriques, comme les pièces d'un puzzle qui ne s'emboîtent qu'au prix de mutilations, de rapiéçages et d'artifices grossiers ?

Max était inconsolable. L'autre jour, il croyait encore Hannah insensible aux hommes, quels qu'ils fussent. Ainsi, il arrivait à se pardonner, à se diluer dans le genre masculin pour supporter le rejet qui, maintenant, prenait des raffinements très personnels. Quelles souffrances !

Non, Hannah ne faisait pas semblant. Elle avait vraiment apprécié cet Allemand, vaincue par ses Sénèque et ses Voltaire. Où pouvaient-ils bien être à cette heure, et que faisaient-ils ? Max imagina d'atroces barbouillages, les deux dans un lit vagabond. Oh, non ! Le cordonnier descendait au pire des enfers, aux peurs extrêmes, s'inventant des choses à faire comme de prendre un bain ou de se couper les ongles. À 3 heures du matin, il marchait en rond: et si Franz avait étranglé Hannah dans un fourré ? Et s'il l'avait amenée à révéler des secrets, conscient qu'elle était une espionne ? Et si – horreur suprême ! – tous deux étaient enlacés, heureux de vivre ? La panique rugissait à pleins poumons. Oh, mon Dieu !

Max enfila un peignoir, chaussa des sandales et circula au hasard dans le Metrópole. Dans le hall, il ennuya le *concierge** avec des questions et des plaintes, avant d'hasarder une promenade dans le jardin. Haletant, il vit une silhouette ressemblant au pauvre garçon, le noir petit et malingre que Hannah avait insulté pour courtiser Franz Braun. Perfide ! Et si le garçon avait perdu son emploi, était tombé dans la misère ?

De retour dans le hall, le choc. Affalée dans un fauteuil, Marlene ressemblait à un fantôme entouré de fumée. Elle allumait une cigarette à la précédente, quand Max s'approcha, à petits pas, et s'assit dans le fauteuil à côté. Sans le regarder, Marlene lui offrit une cigarette que Max accepta aussitôt. Ils fumèrent ensemble, des heures d'affilée. Ils ne disaient ni ne taisaient rien. Pourquoi parler ? Les mots trompent plus qu'ils n'éclaircissent. Que Franz et Hannah s'en gavent, où qu'ils soient. Quand un paquet était vide, Marlene en sortait un autre, et un autre, jusqu'à ce que le jour se lève et que les premiers hôtes pointent leur nez dans le hall.

Et ce fut dans ce fauteuil, évaporé en nicotine, si loin du paradis, que Max éprouva une chose inhabituelle. Un vague et sincère soulagement, une inertie anesthésiante. Ni tristesse ni joie, ni ciel ni enfer. Juste une torpeur, une satisfaction, une tranquille adéquation au monde, à lui-même, à ce fauteuil. Alors, il vit un livre sur les genoux de Marlene. Il en aurait demandé le titre, sans cette confidence :

– Je suis étonnée que vous laissiez faire cela.

– Quoi ?

Marlene le fixa sans hâte ni respect. Elle alluma une autre cigarette :

– Vous le savez, bien sûr que vous le savez.

Max s'agita :

– Je sais quoi ?

Marlene ne répondit pas, soufflant la fumée. Max s'avoua vaincu dans une moue :

– Vous ne pouvez pas imaginer quelle est ma souffrance.

– La mienne est plus grande encore. Il fait n'importe quoi pour les femmes. N'importe quoi ! Il est insatiable, c'est un taureau, un fou. – Elle secoua la cendre par terre : – L'autre jour, il s'est amusé avec trois putes à Kiruna, toutes les trois en même temps ! Toujours la même histoire. À Narvik, ça n'a pas été différent. Mariées, célibataires, veuves, putes, saintes ! Franz ne choisit pas sa cible. – La rage transfigurait Marlene : – Ou croyez-vous que Franz est vraiment malade, qu'il s'y connaît en philosophie, en religion ? Spinoza, Aristote ! Voyez, monsieur Kazinsky, comme vous êtes naïf ! Tout ce qu'il a dit se trouve ici ! – Et elle brandit l'*Almanach des penseurs*. – Ici, ici ! Ce qui n'y est pas, il l'a inventé sur l'heure !

En sanglots, Max admit que Mme Kazinsky était elle aussi, comment dire ?, assez agitée et inventive. Tous deux joignirent leurs larmes tandis qu'un employé ouvrait les rideaux du hall. La lumière dissipa la pénombre et un coucou sonna six fois. Le jour prenait ses fonctions. On voyait déjà des enfants dans des bras et l'on entendait la vaisselle du petit-déjeuner. De la rue, parvenaient la chevauchée des charrettes et des voix fortuites. Une famille réglait sa facture au comptoir, où le *concierge** agita une clochette. Un jeune homme en chapeau haut-de-forme se présenta, plein de sommeil dans son uniforme violet. C'est alors que, du coin de l'œil, le cordonnier aperçut l'impensable. Troublée par la fumée, le visage ridé, Marlene l'épiait en souriant presque. Max aussi lui sourit presque.

Que les vainqueurs les pardonnent, mais rien n'est plus complice, affable ni consolateur que l'échec partagé.

**

À Rio, Hannah et Max furent embarqués dans une voiture par un policier déguisé en porteur de valise. Au volant, portant képi et lunettes, le lieutenant Staub leur dit qu'ils seraient interrogés dans un endroit secret, et partit pour Tijuca. Il était 6 heures du soir, et le centre restituait ses foules aux banlieues, embouteillant la circulation. Quand Hannah demanda si tout allait bien, Staub fit une pause grave et déplora la mort de Fany. L'enterrement avait été "digne" et des prières funèbres étaient dites dans la Maison jaune. Hannah ouvrit sa trousse de maquillage :

– On s'y attendait déjà. – Et elle retoucha son rouge à lèvres.

Elle engagea une discussion animée avec Staub : des noms, des faits, des conjectures que Max n'aurait pu (si jamais il l'avait voulu) comprendre. Ému, il se rappela de la petite grosse qui se répandait en gentillesses, en espoirs et en folies, qu'il avait su exploiter avec adresse, maquereau de cet esprit toujours prêt à le cajoler, à l'informer, à le convoiter comme personne ne l'avait convoité en quatre décennies. Ses dernières paroles, Max s'en souvint, avaient été quelque chose du genre "il faut que vous sachiez, il le faut !", comme s'il n'en savait pas déjà assez pour avoir besoin d'en savoir davantage. Que Fany repose en paix, là où la justice prévalait, où tout se savait et tout s'expliquait.

Ils gravirent une route sinueuse entre les collines de Tijuca. Dans la nuit obscure, Rio scintillait tout en bas comme un ciel à l'envers. Max regardait le paysage sans s'y intéresser, torturé par la volonté de savoir ce que Hannah avait bien pu faire avec Franz Braun avant de remettre les pieds à l'hôtel à 9 heures du matin, décoiffée et vive, pour déclarer la mission terminée. Dans le train de retour, elle avait dormi tout le temps, un sourire insinuant aux lèvres, qui se moquait du cordonnier agonisant.

Un portail s'ouvrit à l'Alto da Boa Vista, et la voiture contourna une fontaine avant de s'arrêter à l'entrée d'une villa de style normand. Un majordome élancé conduisit Hannah et Max dans une salle à manger où des cartes et des documents étaient éparpillés sur la table. Entre deux torchères en argent, une tapisserie montrait une scène de chasse. Le lustre était une espèce d'encensoir, en argent également, fixé au toit par quatre chaînes. Pendant leur silencieuse attente, le cordonnier se demandait ce que Hannah allait dire aux agents. Quelque chose que lui-même ignorait ? Sur quel ton se souviendrait-elle de Franz Braun ? Parviendrait-elle à le décrire avec impartialité et à avouer que la mission avait échoué parce qu'elle était tombée amoureuse entre ses bras ?

Commenterait-elle les trucs et les mensonges utilisés pour s'approcher de l'Allemand, comme de diffamer un pauvre garçon et d'exaspérer le *maître*[*] de la salle de jeux ?

Quelque temps après, la porte s'ouvrit et huit agents entrèrent. Max sentit le sol s'effriter. Il en vint à cligner des yeux en reconnaissant, dans une élégante veste d'alpaga, rien de moins que le petit noir malingre, le fameux garçon de l'hôtel :

– Vous n'étiez pas seuls ! – Et il présenta le *maître*[*], un agent secret lui aussi. – Pour être franc, on s'est bien amusés.

Max en fut atterré. Il ne manquait plus qu'à faire entrer Franz et Marlene Braun, ou Adolf Hitler au bras de Carmen Miranda, et pourquoi pas Getúlio Vargas en costume de clown, le maquillage barbouillé et le sourire amical, leur demandant s'ils avaient aimé le spectacle.

Pendant l'interrogatoire, Hannah ne dit que des évidences, la voix monotone et le corps raide. Elle ne fit aucune mention de la nuit fatidique, regrettant le virtuel échec de la mission par manque d'évidences voire même d'indices à l'encontre de Franz Braun. Max confirma le récit de Hannah, au grand dam des agents. Le faux garçon et le *maître*[*] n'avaient pas non plus trouvé d'indices dans les poubelles et les affaires du couple qu'ils avaient fouillées dans leur chambre. Franz et Marlene ne s'étaient pas servi du téléphone, n'avaient pas envoyé ni reçu de lettres et n'avaient parlé qu'avec Hannah et Max pendant leur séjour à São Lourenço. Ce matin-là, ils avaient embarqué pour Caxambu, où ils seraient surveillés par une autre équipe d'espions. Tel était le triste consensus : pour le moment, l'opération n'était pas "concluante".

Fort désappointé, le lieutenant Staub retournait les cartes sur la table :

– Rien ne me convainc de l'innocence de ce type !

– Balivernes, dit Hannah. Ce n'est rien d'autre qu'un homme raffiné et fringant. Par ailleurs, très cultivé, amateur de philosophie, héros de guerre… un sage.

Max n'y tint plus :

– Un sage, sûrement pas ! – Écumant de haine : – C'est un imposteur, un filou, un misérable qui ne respecte pas sa propre femme, qui ne respecte personne !

Le majordome apporta de l'eau pour l'incontrôlable cordonnier, auquel Staub demanda de se calmer. En vain : Max était un monstre indomptable, les mains prêtes à frapper Hannah. Il décida de rapporter les confidences de Marlene dans le hall de l'hôtel, non pas qu'il les jugeât importantes, mais pour montrer clairement combien Braun était un sordide Dom Juan, un lecteur d'almanachs et un habitué des putes, des traînées, des catins, comme les trois qu'il avait agrippées en même temps à…

– Korina ? s'embrouilla-t-il. Karina ?

Silence dans la salle, tout le monde perplexe. Max reprenait son souffle, debout à présent, grattant sa calvitie en sueur, quand un agent demanda :

– Kiruna ?

– C'est ça !

– Vous en êtes sûr ?

– Oui, Kiruna ! Et ce n'est pas tout. Après Kiruna, Braun s'est rendu à… Narvik ?

L'agent poussa un cri de triomphe. Tous se consultèrent, ouvrant des dossiers en accordéon et dépliant des cartes, feuilletant des archives, murmurant en extase. Des crayons annotaient des papiers qui étaient examinés à la loupe. À un moment donné, les huit agents fêtèrent la “précieuse information”. Finalement :

– Monsieur Kutner, félicitations ! Vous venez de nous donner la clé de l'énigme ! Kiruna et Narvik ! Du calme, ne vous inquiétez pas. On vous explique tout. Il y a longtemps qu'Hitler a déchiré le Traité de Versailles qui, depuis la Grande Guerre, interdit à l'Allemagne d'avoir des armes lourdes. Le monde permet peu à peu la militarisation du Reich car on considère que le nazisme est le grand ennemi du communisme. Au cas où vous ne le sauriez pas, Kiruna est une ville suédoise, et la Suède fournit du minerai de fer à Gustav Krupp, le patron de la plus grande entreprise sidérurgique d'Allemagne. Krupp fabrique des armes pour Hitler. Le minerai sort des gisements suédois de Kiruna et Gallivare. Ensuite, il va en Norvège puis en Allemagne, via le port de Narvik.

Staub exultait :

– M. Braun, ou quel que soit son nom, travaille pour l'industrie militaire. Ce qu'il vient faire au Brésil est une énigme que vous avez en partie résolue, messieurs. Félicitations ! Trinquons !

Max demeurait abasourdi, tandis que Hannah empoignait une coupe pétillante. Les agents se donnèrent l'accolade, et il y en eut même deux qui s'embrassèrent. Le majordome remplissait et distribuait les coupes avec un air aristocratique. Et comble de l'absurde, ce fut le petit noir malingre qui proclama haut et clair :

– *Le Chaïm !*

8

Buenos Aires, 10 décembre 1938

Hannah chérie,

J'ai commandé trois tailleurs en crêpe et j'emporte deux robes de gala, une en soie bleu marine drapée sur le buste, et l'autre en chiffon* *ivoire avec des fils d'or sur le col. J'emporte aussi ma* petite robe noire* *Chanel et des tenues pratiques pour le bateau. Au besoin, j'achèterai des vêtements à Rio. Nous aurons tout le temps nécessaire pendant que Jayme travaillera.*

Bien sûr, j'aimerais beaucoup loger chez vous, merci pour l'invitation, mais Jayme a déjà réservé une suite à l'hôtel Glória. J'espère que ce n'est pas loin de ta maison.

J'ai adoré apprendre que José était cordonnier. À ce propos, que pense-t-il de ces talons Anabela ? L'autre jour, j'ai failli me fouler la cheville dans une paire de Salvatore Ferragamo.

Des bises et encore des bises !

Guita

**

Des foulards en dentelle, des châles, et même des turbans recouvraient les têtes pendant la cérémonie à la Maison jaune. Un rufian avait récité le *kaddish* avant que Hannah ne prenne la parole. Elle marchait à petits pas, pieds nus au milieu des femmes assises par terre. Elles priaient depuis une semaine, les visages démaquillés, les vêtements déchirés à hauteur de la poitrine en signe de deuil. Chaque fin tragique était un présage (ou, pour les dépressives, une inspiration). Peut-être que Fany les attendait dans l'autre monde, tout en comprenant les pourquoi de celui-ci et en écoutant la voix douce et souveraine avec laquelle Hannah les consolait :

– Ceux qui nous insultent, qui nous offensent et aiment citer les Écritures sont, pour le moins, des ingrats envers l'une de nos ancêtres. – Hannah bougeait calmement les mains. – Quelqu'un parmi vous a-t-il déjà entendu parler de Raab ? Eh bien rappelez-vous ce nom : Raab. Qui fut cette femme ? Revenons à l'Exode, à la longue marche de notre peuple vers la Terre Promise. Quarante années de désert s'étaient écoulées depuis l'esclavage en Égypte. Moshé venait de mourir et Josué dirigeait le peuple. Nous étions aux portes d'Israël, prêts à entrer, mais nous devions traverser le Jourdain et affronter la puissante armée de Jéricho. Josué était un homme prudent. Tout d'abord, il envoya deux espions dans la ville. Cependant, la nouvelle se répandit et les soldats du roi partirent à la recherche des hommes. Ils fouillèrent la ville entière, rue après rue, maison après maison, impasse après impasse. Ils ne les trouvèrent pas. – Une pause solennelle. – Maintenant, devinez qui les avait cachés ? Qui les avait abrités et protégés, en risquant sa propre peau ? Raab, mes chères, une prostituée ! C'est dans la *Torah*, en toutes lettres. Raab les cacha dans sa maison, défiant le roi de Jéricho et rendant un grand service à notre peuple. Une héroïne ! Aussi, soyez fières, mes chères, et sachez que tout Juif, qu'il soit orthodoxe ou libéral, a une dette envers une pute. J'ose même dire que l'Occident a dû sa chance à cette femme. Bénie soit Raab !

– Bénie soit-elle ! répétèrent les polaques.

Plus que jamais, Hannah était la matriarche de cette famille bâtarde. Max assistait à la scène avec un mélange d'émotion et de stupeur. Saintes femmes, symbole d'une perversion qui ne les traduisait pas toujours. Leurs actes de foi étaient des moments de réaffirmation, les plus authentiques que le cordonnier ait jamais vus. Sans mari ni honneur, elles cherchaient un appui dans d'autres piliers de l'adéquation que, intérieurement, elles souhaitaient pour elles-mêmes. À vrai dire, c'étaient les polaques qui avaient le plus besoin de Dieu, de son aura bienfaisante, pour supporter les épreuves terrestres. Sereinement, Hannah leur demanda de se lever de terre et de se donner la main.

– Voici la dernière prière du *shivah*, aussi allons-nous dire adieu à Fany et laisser son esprit demeurer en paix, veillant sur nous d'où qu'elle soit.

Les polaques formèrent une chaîne et sortirent dans la rue, où elles stupéfièrent les passants avec des pleurs, des hoquets et des signes vers le ciel. Puis elles dénouèrent leurs cheveux et s'embrassèrent, agitant leurs foulards et pouvant enfin consulter leur miroir, certaines ouvrant déjà leur trousse de maquillage et ravivant leurs couleurs, soudain souriantes et triviales comme si de rien n'était. Max se trouvait en présence d'artistes expérimentées, prêtes à régaler le public dans les lits où elles gagnaient (et perdaient) leur vie. C'est à ce moment-là que l'une d'elles s'approcha et lui remit une lettre de Fany. "Vérités", lisait-on sur l'enveloppe cachetée. Max eut un frisson avant de mettre, ou plutôt de fourrer, le papier au fond de sa poche, pour ne l'en retirer que lorsqu'il en trouverait le courage. Il était saturé de révélations sensationnelles, de versions qui se démentaient frénétiquement pour ériger des "vérités" tout aussi provisoires. Fany était morte, point final. Pourquoi importuner les vivants ? Qu'elle aille invoquer ses "vérités" au Tribunal céleste ! C'était Hannah qui l'intéressait : où, comment, quand était-elle devenue cette femme-là ?

Le mois suivant :

– Mon père était l'assistant du rabbin de Bricza. C'est lui qui m'a appris à lire et à écrire, choses rares pour une fille.

Ils prenaient un jus de coco frappé dans un glacier du centre, chargés de sacs remplis de cendriers, d'ornements, bref, de tout ce qui transformerait la maison de Max en un nid conjugal. Guita et Jayme arriveraient dans trois jours, d'où ces arrangements floraux sur la véranda, ces rideaux de serge, ces cadres qui fixaient le couple dans des poses romantiques. En sirotant son jus, Hannah définissait son père comme "le bras droit du rabbin".

– C'était l'homme à tout faire de la synagogue. Pendant son temps libre, il lisait les bons livres. Les mauvais, il les envoyait à la *guenizah*.

Guenizah, lui apprit-elle, désignait les vieux dépôts, en général au fond des temples, où l'on mettait les livres condamnés à l'abandon. Parfois, il suffisait d'une lettre effacée, d'une page déchirée ou d'une erreur quelconque pour le bannissement, mais on ne pouvait brûler ni jeter des textes qui contenaient le nom de Dieu. La tradition ordonnait de les enterrer, et c'était ce que le père de Hannah comptait faire un de ces jours.

Une fois, Hannah aidait son père à porter un rouleau dans le sous-sol obscur et poussiéreux de la synagogue, quand elle vit des livres et des livres, beaucoup de livres en yiddish et en hébreu, certains soigneusement édités avec des couvertures en cuir et des titres dorés. Ils ne valaient rien, d'après son père, car ils contenaient des pages erronées, arrachées ou rongées par les mites.

La semaine suivante, Hannah décida de descendre en cachette pour fouiller dans ce moisi caillé de commentaires, paraboles et proverbes. Elle ne voyait pas quel mal entachait ces œuvres feuilletées à la lueur d'une bougie. Toute seule, éternuant, acquiesçant ou pas à ce qu'elle lisait, la petite fille commençait à se demander pourquoi d'aussi précieuses leçons enduraient le mépris. C'était sa première habitude secrète. Elle lut les *Cinq Livres de Moshé*, le *Talmud*, elle lut Maimonide, elle lut tout. Elle passait des heures d'affilée penchée sur des paragraphes, des versets et des strophes qui défiaient sa jeunesse. Hannah apprenait à apprendre, à recueillir des connaissances dans les souterrains, dans les imperfections, les péchés.

À dix ans, elle demanda à son père s'il y avait des prostituées à Bircza.

– Qu'est-ce que c'est que cette histoire, fillette ? Occupe-toi de ce qui te regarde et viens m'aider.

Hannah regarda vers les livres et les rouleaux qui, dans la fosse, recevaient une première pelletée de terre.

– Et voilà pour la moitié de la *guenizah*, calcula l'homme. Le mois prochain, on enterrera le reste. Maintenant, il faut nettoyer le temple pour le *Shabbat*.

Vendredi, 5 heures de l'après-midi. À ce moment-là, les Juifs de Bircza lâchaient leurs bêches, leurs métiers à tisser, leurs scies et leurs casseroles pour le repos hebdomadaire. Trois heures plus tard, le rabbin lisait la *parashah* de la semaine quand un cri jaillit dans la synagogue. C'était Guita, décidée à naître en pleine cérémonie.

La sœur de Hannah avait été une "bénédiction atemporelle", telles étaient les paroles du rabbin. Et comme sa mère battait la campagne, s'emportant contre des arbres et maudissant les vents, Hannah dut grandir en hâte. Alors que d'autres enfants jouaient à la poupée, elle dut élever la sienne, entre baisers et gifles, rangeant la pagaille qu'elle était encore en âge de faire.

En 1914, l'assassinat de l'archiduc François-Ferdinand fit exploser l'Europe. Les hommes âgés de dix-sept à cinquante ans furent traînés sur les champs de bataille, y compris le père de Hannah, qui fut enlevé de sa maison pour être piétiné par les Russes. Brusquement, les hommes de Bircza furent trop jeunes ou trop vieux, quand ils n'étaient pas invalides, pour labourer la terre et couper le bois, les femmes se trouvant obligées d'endurcir leurs mains – ou, dans le cas de Hannah, d'autres parties aussi.

Guita avait trois ans, dix ans de moins que sa sœur, quand le scorbut lui enfla la bouche. Hannah sortit désespérée, retournant des décombres en quête de citrons ou d'oranges, et tombant sur des soldats russes qui surveillaient une ligne de chemin de fer. La rencontre fut providentielle. Blancs et corpulents, les sujets du tsar en avaient assez de pénétrer toujours les mêmes malheureuses, aussi vieilles et dévastées que l'Europe.

Hannah revint chez elle avec trois oranges, deux pains et des saucissons. Elle était toujours exténuée, se livrant au combat qui lui rapportait non seulement les provisions du foyer mais aussi l'estime de tout le voisinage. Elle arrachait l'inimaginable des soldats, depuis des médicaments jusqu'à des vêtements, en plus de bouteilles de vodka et de conserves caloriques. Sa maison devint un marché, terre promise pour une légion d'indigents. Sa mère, toujours plus folle, chantait et dansait pendant que Hannah, loin de là, s'enfermait dans sa nostalgique *guenizah* pour en lire les moisissures. Elle n'éternuait déjà plus.

En 1915, les Russes furent expulsés vers l'est et Hannah tomba en disgrâce, taxée de traîtresse par les bouches mêmes qui, la veille, lui baisaient les mains. Quand sa mère décéda, Hannah rendit une dernière visite à la *guenizah*, prit Guita dans ses bras et quitta Bircza.

Pendant la guerre, son corps devint son arsenal. Elle coucha avec des casernes, rendit amoureux des commandants et des commandés, trafiqua des secrets et rendit visite aux tranchées (bien souvent au service de l'ennemi). Elle se réveilla trois fois entre les bras de cadavres. Elle vécut dans des palais invalides, dans des décombres, dans des bois. Elle apprit plusieurs langues et la façon dont les uns parlaient la langue des autres. Elle se fit passer pour russe, polonaise, américaine. Elle fut dévote, tuberculeuse et aveugle. Vérités, mensonges ? En temps de guerre, les vérités tuent plus que les mensonges – et en temps de paix aussi. La vie a toujours dépendu de mensonges. Dans les forêts, dans les mers, aux pôles et dans les villes, que font les animaux et les plantes, sinon tromper, feindre, camoufler – en somme, mentir ? Avant la raison, l'éthique et la morale, le mensonge existait déjà. Quand le premier homme décida de prêcher la vérité, ce ne fut pas pour l'amour de Dieu ou quelque chose de ce genre, mais parce qu'il avait peur d'être trompé. Aussi simple que ça.

En 1918, Hannah et Guita vivaient dans les environs de Pinsk, fourrées dans le wagon d'un train abandonné, tandis que la grippe espagnole remplissait les morgues de l'Europe. À cette époque, Hannah travaillait comme infirmière dans un hôpital de campagne, détroussant les morts et les agonisants. Pendant son temps libre, elle improvisait des leçons de grammaire et de judaïsme pour Guita, lui expliquant que le monde n'allait pas bien parce que Dieu était en colère. Contre qui ? Contre Guita, bien entendu, qui ne mangeait pas bien et tombait toujours malade. La petite ne se plaignait pas de la guerre car elle ne connaissait pas la paix, mais un jour Hannah lui promit que, si elle arrêtait de pleurer, le monde arrêterait également. Un peu coupable, mais fière aussi de ses pouvoirs, Guita sécha son petit visage et se mit à sourire. Et ne voilà pas que ça avait marché ? Cette même année, la guerre se termina.

La décennie de 1920 commençait lorsque Hannah rencontra le riche héritier dont elle se disait amoureuse. Max Kutner était un type bien, petit-fils d'un savant faiseur de miracles – dont Hannah était l'une des prouesses. Déjà fiancée, Hannah répara son corps dans une clinique au patron de laquelle, pour payer la chirurgie, elle se vendit avant l'autel. Pendant sa nuit de noces, elle saigna comme une vierge et rêva à l'enfant qui ne viendrait jamais. Son corps était fait de restes calcinés. Il ne fécondait plus que des mensonges.

**

Il n'existe pas de retrouvailles, mais seulement des rencontres.
Shlomo Goldman

Tôt le matin, la petite bruine autorisait des luxes tels que le manteau à revers de poils dans lequel Hannah sauta du taxi sur le quai du port. Max portait un chapeau, appuyé sur des béquilles.

– Ce n'est pas le cordonnier ? se demanda une petite voix.

Hannah avait des boucles rousses et des sourcils dessinés au crayon. Elle avait mouillé une petite robe, la veille, dans les rythmes d'un bal de la place Tiradentes, tandis que Max ronflait sur une table. Les uns diraient que Hannah avait bu plus que de raison, d'autres que c'était une débauchée. Mais la plénitude n'accepte les critiques que par compassion. Indifférente aux regards, Hannah avait dansé jusqu'à ce que l'orchestre s'arrête et que le cordonnier étourdi s'étende sur la piste.

Il y avait foule sur le quai. Max s'assit sur un banc pour attendre Guita, frottant ses mains appréhensives : l'heure avait sonné de rencontrer la sœur de Hannah, non plus traduite ni racontée, mais en chair et en os ; l'heure avait sonné d'interagir, de lui faire face et aussi de se faire face, solitairement chargé d'ausculter son propre jugement. Mais le principal objectif du cordonnier, c'était de se faire aimer de Guita ou, tout au moins, tolérer. Il essaierait de la captiver, toujours agréable, renfermant ses opinions inamicales dans une *guenizah* secrète. Hannah lui avait appris que les intérêts ne faisaient pas bon ménage avec les vérités et que l'étiquette ne servait qu'à impressionner. Au travail !

Le sifflet annonça l'arrivée. On discerna peu de chose à travers la bruine épaisse, jusqu'à ce que le transatlantique éblouisse le quai. C'était un prodige blanc et majestueux, un drapeau anglais imprimé sur la coque. Le brouillard embuait le pont, d'où un pointillé coloré faisait des signes pendant les manœuvres d'approche. À terre, la foule répondait en extase tandis que le sifflet pénétrait jusqu'aux os. Beaucoup étaient là pour s'en aller ou pour regarder leurs proches s'en aller à New York, destination du navire. C'était une scène épique. Sur les gradins, les vendeurs de bonbons et de pop-corn empochaient leurs sous, toujours attentifs aux pickpockets qui, de temps à autre, sortaient menottés de la cohue.

– Maintenant, tu t'appelles José, le prévint Hannah. C'est entendu ? José !

– José, répéta Max doucement.

Il ferait ce qu'elle voulait. Il ne savait déjà plus pourquoi, mais il le ferait. Il n'y avait rien de mieux que de la voir euphorique, sautillant comme une enfant. À présent, Max ne péchait plus par l'innocence et n'attachait plus son plaisir à des rêves romantiques. Il était content de l'aider, de l'élever. Une aura complaisante embrassait le monde, qui faisait voir nettement chaque grain, chaque goutte ou étincelle. Max découvrait l'essentiel. Quand l'amour est gratuit, la réciproque tend à en être la conséquence, non la cause.

Onze heures, il ne pleuvait déjà plus. Le navire accosta, les sifflements cessèrent et une passerelle suspendue fut placée entre le pont et la douane. Le soleil réchauffa les cœurs qui se coudoyaient sur le quai et les passagers commencèrent à descendre, maladroits sur l'étroitesse des escaliers. Des cris jaillissaient ici et là, des enfants se secouaient sur des épaules, des vieillards s'essoufflaient, une fanfare militaire se mit à jouer des marches de carnaval. Hannah clignait des yeux, au milieu de la foule, poussant et se faisant pousser, saluant les mauvaises personnes jusqu'à ce qu'une tache lilas agite follement ses bras. La passerelle tangua tellement qu'un chapeau emplumé flotta dans les airs et alla se poser dans la baie de Guanabara, effrayant les mouettes. C'était Guita.

Vingt janvier 1939, le soleil au zénith. Dix ans après la dernière embrassade et vingt-six après la première, les sœurs se retrouvaient sur la place Mauá – si tant est qu'il existe des retrouvailles. Les cris, les pleurs, les tournoiements impressionnèrent les témoins.

9

Ils se promenaient sur la place Onze.

– Eh, Max Kutner !

C'était Mendel F., haillonneux et puant :

– Comment vont les putes ? Tu es allé au bordel ? Tu as disparu du *shtetl*, hein !

Guita arrangea son ombrelle :

– Qui est-ce, José ?

– Je ne sais pas…

– Des béquilles, Max Kutner ? Tu t'es cassé les jambes ? – Et, faisant un geste obscène : – Des filles d'Israël, aucune ne se prostituera au service du temple, ni aucun des fils d'Israël ne le fera !

Jayme resta bouche bée, et ce fut Hannah qui prit les devants :

– Ça suffit, va-t'en !

Mendel F. n'était que prophéties :

– Tu n'apporteras pas le salaire de la prostitution ni le prix de la sodomie à la Maison du Seigneur !

Hannah perdit son sang-froid :

– Va-t'en, bon à rien ! Ou je te casse ton horrible figure sur le champ !

Mendel F. recula, il recula avec un sourire peureux, comme ces chiens errants qui retroussent les babines pour montrer leurs dents et sauver l'honneur, avant de fuir en hurlant.

Horrifié, Max aurait voulu étrangler celle qui avait insisté pour visiter le "ghetto judaïque". Qui, sinon Guita, qui l'interpellait maintenant du regard ?

– Qui est ce *shlepper*, José ?

– Je ne sais pas, Guita. Je ne l'ai jamais vu.

Oï veï, quel désastre ! Ils auraient dû se trouver ailleurs, entre les palmiers du Jardin botanique ou les dunes d'Ipanema, et non pas dans ce champ miné. *Dreck, dreck, dreck!* Tout allait si bien depuis les embrassades sur la place Mauá, deux jours auparavant. Le premier soir, ils applaudirent les pendentifs de Carmen Miranda au casino de la Urca. Le lendemain matin, Hannah et Guida gravirent le Corcovado, pour apprendre que la statue du Christ Rédempteur avait eu un maître d'œuvre juif. Ensuite, les quatre visitèrent le Jockey club et Jayme fit même un pari dans le seul but de s'intéresser au dénouement de la course. Il perdit une fortune. Plus tard, Guita fit cadeau à sa sœur de boucles d'oreilles en or pendant que Max – ou plutôt, José – remerciait pour le stylo plume Mont Blanc que Jayme lui offrait.

Durant les promenades, Hannah et Guita s'isolaient en conciliabules, murmurant dans un dialecte qu'elles seules comprenaient, au grand dam de leurs silencieux conjoints. Jayme était un mâle corpulent, de cinquante et quelques années, aux cheveux noirs et poissés de gel fixateur, qui portait des costumes sobres et des bottes de cow-boy. On aurait dit un aristocrate, derrière les lunettes avec lesquelles il mesurait le monde, adepte d'une espèce de guillotine qui lui servait à couper ses cigares. Juif de Córdoba, il plantait des céréales, et venait au Brésil pour connaître la province pauliste, intéressé par les oranges et le café.

– C'est avec une orange-baía que la Californie a commencé sa fortune.

Qu'est-ce que Max pouvait lui répondre ? Il ne savait parler que de semelles, de clous et de cirages – ainsi, bien sûr, que de prostituées, de ruffians, de pickpockets et de communistes. Bref, rien qu'il pût aborder avec le beau-frère de Hannah. Ce dernier épiait la place Onze sans grand intérêt, comme s'il était forcé de mettre le pied dans ce bouge, et regrettait sa parisienne Buenos Aires.

L'abominable Mendel F. avait déjà disparu quand Hannah vint au secours de Max :

– Veux-tu t'asseoir, mon chéri ? Ne sois pas vexé à cause de ce fou, pour l'amour de Dieu ! C'est de ma faute, entièrement de la mienne, pas la tienne. – À Guita et Jayme : – Ce cinglé de Juif me poursuit depuis Pinsk, je ne sais pas comment il est arrivé au Brésil. Maintenant, il s'obstine à prendre José pour Max Kutner, mon premier mari.

– Oh ! s'écria Guita avec sa coutumière affectation. Quelle chose sinistre. *Désolé**.

Les cheveux blonds et ondulés, la sœur de Hannah était de ces femmes exotiques, que le caractère rend belles ou laides. Maigre et plus petite que Hannah, elle avait des yeux voraces et des lèvres fines. Elle ne portait que de la *haute couture**, se répandant en fanfreluches et rubans. Elle parlait, parlait, parlait – oh, comme elle parlait ! – de sa voix irritante, discourant du roi Salomon et des ornithorynques d'Australie sans reprendre son souffle. Elle était incapable de se taire, de dialoguer, de comprendre autre chose que des bêtises et des médisances. Elle collectionnait les certitudes avec l'arrogance de ceux qui n'ont jamais eu besoin de rire des mauvaises plaisanteries, bien qu'ils ne cessent d'en raconter, abusant toujours de mots étrangers tels que *chic**, Beverly Hills, *statu quo*. Guita confirmait cette maxime talmudique selon laquelle une seule pièce de monnaie, dans une jarre, fait plus de bruit que plusieurs. En voyant le cinéma Centenário, l'orgueil de la place Onze, elle se souvint que Marlene Dietrich avait demandé à un oculiste de lui dilater les pupilles dans le seul but d'assortir ses yeux au costume d'un tournage de Hollywood. Stridente :

– Elle n'a rien pu voir sur le *set* !

"Tu es donc née avec les pupilles dilatées", avait ruminé le cordonnier pendant que le soleil lui cuisait le crâne et que Hannah, pour changer les idées, suggéra de faire une pause dans un café qui, tout près d'ici, portait le nom de Jeremias.

Plus judaïque, impossible. Le Jeremias réunissait partisans de droite et de gauche, les yiddishistes et les hébraïstes, les Grecs et les Troyens de la colonie. Sur place, les tailleurs prenaient les mesures de ceux qui achetaient les tissus vantés par les vendeurs ambulants, qui allaient de table en table avec leurs mallettes. Les disputes jaillissaient à tout moment et à tout propos. Il n'était pas rare qu'une personne se lève et fasse un discours éloquent, jusqu'à ce qu'une autre éloquence lui cloue le bec. C'était comme ça, au Jeremias.

Les quatre s'assirent lourdement, Max encore sous le choc, louant la prompte et ingénieuse explication de Hannah pour Mendel F. Il était dommage que Guita insistât sur ce sujet :

– Je ne me souviens pas de ce fou à Pinsk.

Hannah posa la main sur sa sœur, abrégeant la conversation :

– Le passé, c'est du passé.

Mais, pour Guita, ce n'était pas passé du tout.

**

Confiture de fraise, pâtes aux œufs, *varénikes*, gâteau de viande, soupe de betterave, sardine à l'huile d'olive, quatre types de pains et une corbeille de fruits assortis. Guita en fut indignée :

– Il n'y a pas de pâté de foie de poulet ? – Et elle fit une petite moue pleurnicheuse.

Max avait envie de la gifler. S'il y avait eu ledit pâté, nul doute qu'elle eût trouvé d'autres défauts à la table. Elle se plaignait tellement que même Hannah donnait des signes de fatigue. Et comme elle était prétentieuse ! Guita se prenait pour la femme la plus enviée et la plus courue de Buenos Aires, entre les cocktails et les voyages jusqu'aux fermes de son mari. Sa vie était une comédie musicale de la Metro-Goldwyn-Mayer, pleine de glamour. Elle envisageait de voyager en Europe dès que la situation se "découvrirait". Pour l'heure, il lui faudrait se contenter des gratte-ciels de New York ou des crustacés de San Francisco, où elle prétendait passer le prochain été – "leur été à eux", bien entendu. Max feignait de s'intéresser et ravalait ses bâillements, priant Dieu de renvoyer cette vipère aux lettres dont elle n'aurait jamais dû sortir. Mais toute attention était insuffisante : les personnes qui se croient enviées sont en fait les plus envieuses. Elles préfèrent la haine à l'indifférence.

– Sans pâté de foie de poulet, une table judaïque n'est pas complète, insistait Guita.

Max, qui s'était plié en quatre pour préparer le goûter, perdit patience :

– *Désolé**. C'est que les poulets du Brésil n'ont pas de foie.

Guita mit sa main sur sa poitrine, très offensée. Hannah s'occupa de la calmer :

– Allons, ma chérie, goûte la soupe de betterave. – Et elle regarda le cordonnier comme si elle implorait des excuses.

D'évidence, la relation entre Max et Guita s'était dégradée. Les deux se sabotaient mutuellement, l'un écoutant à peine ce que l'autre disait, l'autre disant à peine ce que l'un écoutait. Leur seule affinité, c'était Hannah, qui d'ailleurs empirait les choses en exagérant son rôle d'épouse, par des attentions et des caresses qui gênaient le cordonnier et rendaient Guita jalouse. C'était des gestes si ostensibles que Max aurait presque cru que Hannah provoquait sa sœur.

Elles avaient passé toutes deux l'après-midi dans le centre – non pas à connaître les dorures scintillantes de l'église de la Candelária, ni le musée des Beaux-Arts, mais renfermées dans le plus grand magasin de Rio, le Park Royal. Une pile de paquets encombrait la *bergère** de la petite salle : chaussures, bijoux, cosmétiques, chapeaux. Guita avait dépensé une rondelette somme dans tout cela. Habituée à tant de luxe, il était probable qu'elle fût choquée par la simplicité d'un foyer si différent du sien. Hannah s'excusa de "l'état" de la maison, alléguant qu'elle n'avait déménagé que depuis trois semaines. Quel état ? Max avait pris soin d'embellir la salle, cirant le parquet et attachant les rideaux avec des nœuds roses. La fraîcheur vespérale enveloppait tout tandis que, dehors, les cigales sifflaient joyeusement. Le monde était un orchestre bien accordé, même si Guita n'avait d'oreilles que pour des dissonances telles que l'absence du fameux pâté de foie de poulet. Max aurait été capable de la transformer en pâté, sans l'hypocrisie avec laquelle il promit de résoudre le problème à la prochaine "occasion". Guita ne l'entendit pas, tandis qu'il remuait la soupe de betterave :

– Où est la crème fraîche ? Du *bortsch* sans crème fraîche, ce n'est pas du *bortsch*.

**

Huit heures du soir, ils étaient secoués dans un taxi en route vers le casino Atlântico. Soudain, de but en blanc :

– Avez-vous déjà entendu parler de l'hystérie de conversion, José ? Votre problème à la jambe vient peut-être de là.

Hannah pinça sa sœur :

– Guita, sois polie !

Le silence rapprochait les hommes pendant que les femmes réglaient leurs comptes, vociférant tout bas. Rien de grave, juste des égratignures fraternelles. Dehors, la marée épaississait la nuit et les lampadaires rappelaient une aquarelle, pointillant l'avenue du littoral jusqu'au fort de Copacabana. Les grondements de la mer effrayaient les couples qui flânaient sur le trottoir. À présent, Max en était convaincu : il y avait quelque chose d'étrange dans la relation entre les deux. Quelque chose de très étrange. Qui les aurait vues se donnant le bras et parlant sans arrêt n'aurait pas remarqué les distorsions que seul le quotidien révélait. Il y avait une tension permanente, quoique subtile, derrière ces petits rires, ces éloges et ces grimaces, comme si les deux s'équilibraient sur un fil ténu, virtuellement rompu au moindre geste brusque ou déplacé. Et quel risque couraient-elles, sinon celui de tomber en elles-mêmes ?

Hannah et Guita voulaient se persuader qu'elles étaient toujours les mêmes sœurs qu'en Pologne, et non pas deux adultes durcies par le temps. Elles étaient prisonnières d'un protocole, de quelques paramètres anciens qu'elles ne parvenaient pas à actualiser. Elles répétaient parfois des phrases et des gestes comme un refrain de chanson, en des scènes tant de fois jouées qu'elles frisaient la farce. Les dérapages de Guita n'étaient-ils pas un symptôme de ce mal, les douleurs d'un accouchement impossible ?

Guita et Hannah étaient des otages de la distance. Elles n'avaient pas de temps pour des opérations aussi risquées que des confidences et des approfondissements. Elles devaient se montrer pratiques et efficaces, sans nourrir des réticences qui ne feraient que gâcher leurs exils. Le fait est que, d'ici trois jours, elles seraient séparées pour allez savoir combien d'années. Alors, elles se reprendraient à s'écrire des lettres mielleuses, infantiles, pleines d'éloges mutuels et de promesses romantiques. Peut-être que leur amour ne fonctionnait qu'à distance, et qu'elles n'étaient là, ensemble, que pour construire la nostalgie de la dernière embrassade et l'attente de la prochaine ? L'absence serait alors la clé de leur relation. En effet, toutes deux dépendaient de cet amour plus grand encore que leurs distorsions. Aussi, elles réaffirmaient sans relâche le sentiment qui les unissait, mais qui les séparait aussi. Un douloureux paradoxe.

Quand la voiture stationna devant la porte du casino Atlântico, Guita et Jayme descendirent les premiers. Hannah serra les bras du cordonnier, mais il la repoussa :

– Je préfère sortir tout seul. – Max planta les béquilles sur le tapis rouge. – Pourquoi empirer les choses ?

Hannah leva les sourcils. Un instant, Max crut qu'elle avait confondu la fiction avec la réalité.

**

On ne voyait pas le moindre arbre à la ronde pour ombrager le supplice. Elles étaient une vingtaine de polaques, la plupart à la retraite, toujours disponibles pour les rites funèbres du cimetière d'Inhaúma. Un homme avait déjà récité les bénédictions du *shloshim*, raconté des histoires et même lu un manifeste contre les calomnies de la police de la zone du Mangue. Après la cérémonie, les amies de Fany étendirent des nappes dans un coin et firent un pique-nique de fruits, de gâteaux et de sandwichs. À cet endroit, on tissait la vie et la mort avec la même bobine. Max expliqua qu'il était là pour représenter Hannah, absente pour des "motifs personnels".

– Sa sœur va bien ?

Toutes étaient au courant de tout.

– Elles sont parties à Petrópolis, avoua Max.

Quelqu'un s'approcha :

– Avez-vous déjà lu la lettre que je vous ai donnée ?

– La lettre ?

– De Fany.

Max se souvint de l'enveloppe toujours fourrée dans une de ses poches.

– Lisez-la, lui conseilla la femme. Ça vous aidera à comprendre beaucoup de choses, monsieur Kutner.

Max ne répondit pas, contemplant les tombes de marbre, toutes très propres, avec leurs lettres hébraïques et des symboles de foi. Chaque pierre tombale avait une photographie du défunt et un support pour des bougies. Une vieille nettoyait les supports avec une spatule, retirant la cire des anciennes bougies avant d'en allumer de nouvelles. Une autre femme encourageait le fossoyeur à balayer les allées et tailler le manguier d'où les oiseaux salissaient les tombes.

Les polaques avaient une façon triviale de traiter la mort, peut-être parce que dans leur vie tout était ouvertement provisoire. Et c'était cette trivialité qui faisait d'Inhaúma un cimetière si accueillant. Il avait été conquis à dures peines par les héroïnes qui gisaient là, matriarches de cette terre promise.

La femme insista tellement que Max promit, oui, de lire cette lettre de Fany dès qu'il rentrerait chez lui. Il se lava les mains en sortant et prit un train pour la Central do Brasil. Au commissariat, quatre piles de lettres racontaient toujours la même rengaine : mariages, maladies, commérages – le tout arrosé par la peur du nazisme. La guerre n'était pas qu'une question de temps, mais de peu de temps. Paris stockait des aliments et la Belgique implorait la neutralité. Mais qu'est-ce que Max avait à voir avec tout ça ? Il voulait rentrer chez lui se reposer. En fin d'après-midi, il posa son crayon dans une trousse, referma le cahier quadrillé et sortait du commissariat, quand il croisa le lieutenant Staub. L'enquête sur Franz Braun avait le vent en poupe. L'Allemand se trouvait à São Paulo et serait arrêté d'un moment à l'autre, accusé de faire du trafic d'armements avec des nazis de Santa Catarina et du Rio Grande do Sul. Braun dirigeait une organisation qui cherchait à faire de l'Amérique latine une succursale du Troisième Reich.

– Et Marlene ? demanda Max pour demander.

– On va l'arrêter elle aussi.

– Ne lui faites pas de mal, c'est quelqu'un de bien.

– Je vous le promets. – Staub donna une tape prémonitoire sur l'épaule du cordonnier. – À ce propos, de nouvelles missions peuvent surgir à tout moment. Où est Hannah ?

– À Petrópolis avec sa sœur.

– Qu'elle revienne vite ! Ce soir, nous avons un rendez-vous.

Dans Flamengo, les enfants jouaient à colin-maillard, et les cuisines exhalaient leur dîner. Max traversa l'atelier, lut les billets que son assistant avait laissés et compta la recette du jour. Chez lui, il prit une douche tiède et décida d'oublier ce dont il ne voulait pas se souvenir. Puis, enroulé dans une serviette, il but un jus de fruit et mangea deux pommes. Paix bénie ! Ni béquilles, ni mensonges, ni les mimiques de Hannah et compagnie. Et comme le chant des cigales suggérait une lecture, il s'assit dans la *bergère** de la salle à manger avec un volume de la collection "Grands Peintres" que Hannah avait achetée pour décorer les étagères. Fragonard. Très belles couleurs, splendides personnages, un chef-d'œuvre ! Max appréciait une femme bien en chair quand il eut un éclair : Fany. *Oï!* Il aurait préféré ne pas se rappeler la maudite promesse qu'il se voyait maintenant dans l'obligation de tenir. Il referma Fragonard et entra dans sa chambre avant que la lâcheté ne le rattrape. Il ouvrit sa garde-robe et retourna toutes les poches – manteaux, pantalons, vestes. Cinq, dix, quinze minutes de recherches infructueuses. Et comme il ne trouvait pas la moindre lettre, il pressentait déjà un soulagement quand le papier apparut.

Vertige. Allons, Max, grand sot, pourquoi avoir peur d'une défunte ? Aie plutôt peur des vivants !

Assis sur le bord du lit, il déchira un coin de l'enveloppe comme s'il ouvrait une tombe. Palpitations. Il avait à peine déplié le papier qu'il se rendit compte : c'était la première lettre qu'il recevait depuis de nombreuses années. Il pouvait la lire sans cahier quadrillé, ni soldat, ni souveraineté nationale. D'un autre côté, il ne pouvait pas s'abriter derrière l'anonymat. Il était la cible immanquable de cette écriture vibrante et étrangement familière.

Rio, 18 décembre 1938

Cher Max,

J'espère vous trouver en paix, en bonne santé et dispose à lire ce que j'ai à dire. C'est un de ces secrets que le cœur ne confie pas à la bouche. Mais je meurs et je ne peux plus attendre.

Driiiing ! La sonnette à cette heure, qui cela peut bien être ! Max s'empressa d'enfiler un pyjama et chaussa des sandales. Dans la salle, le pendule de l'horloge oscillait entre la porte de la cuisine et une des *mezuzot* que Hannah avait clouées à la porte de la maison. La sonnette insistait : driiiing ! driiiing !

– J'arrive, j'arrive !

Un peu de patience, *oï veï* ! Pourvu que ça ne soit pas le lieutenant Staub et ses missions secrètes ! Max ouvrit la porte avec méfiance et tomba sur Hannah dans un imperméable froissé. Elle entra, essoufflée :

– Excuse-moi ! J'aurais préféré aller chez moi, mais nous sommes venues ensemble en voiture et j'ai dû faire semblant. Guita, oh, Guita ! Elle a détesté Petrópolis, elle s'est plainte de tout ! Je n'en peux déjà plus ! J'en arrive à compter les jours qui restent ! – Vautrée sur le fauteuil : – Comment s'est passé le *shloshim* ? Comme Fany me manque. De l'eau, pour l'amour de Dieu.

Max apporta le verre.

– Merci. C'est la saison du président à Petrópolis, tu ne peux pas imaginer ce que devient la ville.

Hannah avait les cheveux ébouriffés et des cernes très tristes. C'était la personne la plus fatiguée au monde, le visage redessiné par la franchise. Max voyait une Hannah inédite, comme doivent l'être toutes les divas dans leur intimité : leurs propres et insolvables débitrices. Quelle était cette âme, effondrée dans la *bergère** ? On aurait dit une ville fantôme, aux rues et aux maisons aussi empoussiérées que la *guenizah* qu'elle avait fréquentée à Bircza.

Elle but l'eau en silence, respirant entre chaque gorgée. Elle eut un hoquet, sur le point de pleurer. Elle était abattue. Et Max, pour dire quelque chose :

– Le lieutenant Staub a demandé de tes nouvelles.

– Qui ? – C'est alors que Hannah sauta du fauteuil avec une main sur le front. – *Oï main Got* ! L'ambassade d'Espagne !

Ce soir-là, l'ambassadeur de Madrid offrait un cocktail, et Hannah était chargée de séduire un attaché militaire.

– Du café, du café ! Prépare-moi un café !

Elle se précipita dans la chambre, prit une mallette sous le lit et s'enferma dans la salle de bains. Elle en sortirait dix minutes plus tard, très parfumée, dans une robe de soie noire garnie de paillettes et fendue sur les jambes. Elle avait les épaules nues et les cheveux ornés d'un œillet et, aux mains, elle portait des gants et une *minaudière** en argent. D'où avait-elle sorti tout cela ? Elle était splendide, transfigurée, les yeux cernés de noirs et les lèvres d'un rouge atroce, prête à séduire mille Espagnes. Elle prit deux tasses de café avec beaucoup de sucre et des comprimés jaunes, avant de s'en aller en équilibre sur des escarpins. Sainte agilité ! Le lendemain matin, il lui faudrait être à la porte de l'hôtel Glória pour prendre Guita et aller visiter la tombe du perroquet à Paquetá. Hannah était plus qu'une femme ; c'était un harem.

Max s'efforça de rire de tout cela, l'humour aigri par le désir de la prendre, de lui arracher sa robe et de tout résoudre sur le sol de la cuisine. Faute d'autre choix, il renifla sa tasse, lécha le rouge à lèvre sur le rebord et se masturba désespérément. Il utilisa tout un savon sous la douche, se résignant aux vérités posthumes de Fany. Peu après, dans la *bergère** de la salle à manger :

Rio, 18 décembre 1938

Cher Max,

J'espère vous trouver en paix, en bonne santé et disposé à lire ce que j'ai à dire. C'est un de ces secrets que le cœur ne confie pas à la bouche. Mais je meurs et je ne peux plus attendre. Je ne suis pas mue par la vengeance ni par des sentiments mesquins. Au contraire. En cette veille de ce que tout le monde connaîtra un jour, je me sens étonnamment bien. Et c'est avec amour que je vous raconte la vérité.

C'était moi qui écrivais les lettres à Guita. En tant que secrétaire de Hannah, je tenais sa correspondance. Lettres, factures, papiers. Hannah ne faisait que signer les feuilles, parfois sans les lire, me remettant les lettres de sa sœur.

À combien ai-je répondu? Des centaines, des milliers. Je ne sais plus.

Bref, c'était avec moi que Guita correspondait, pas avec Hannah. C'est moi que vous traduisiez.

N'est-ce pas curieux? Je ne m'étais jamais trouvée assez attirante pour provoquer, chez un homme, autre chose que des désirs bon marché, même si j'ai rêvé toute ma vie d'un prince assez myope pour me voir au-delà des apparences. Et voilà qu'un jour, quand je n'espérais déjà plus le rencontrer, cette personne me fait signe et me reconnaît, bien qu'il voie une autre femme à ma place.

Hannah a ses charmes, comment le nier? Elle est belle, intelligente, courageuse. Mais moi aussi j'ai eu les miens, Max, et c'est d'eux que vous êtes tombé amoureux. Je ne vais pas m'étendre. Je voulais seulement, pour la première et dernière fois, signer une lettre de mon nom. Je suis fatiguée et je dois mourir, mais pas avant de vous avoir remercié. Et de vous dire, aussi, que plusieurs des lettres qui vous ont ému n'étaient pas seulement inspirées par vous, mais vous étaient véritablement destinées. Que Hannah et Guita nous pardonnent, mais c'étaient elles, les intruses.

Portez-vous bien.

Fany.

**

Jayme ouvrit un étui en argent et lui offrit un cigare. Tout en fumant, Max se demanda quel plaisir on pouvait trouver à cela, pendant que l'autre parlait de son pays. Buenos Aires n'était déjà plus la même, quoique l'Argentine exportât encore plus que tous ses voisins réunis. La crise en Europe inquiétait les marchés et jetait la politique dans une mer agitée. Comme si cela ne suffisait pas, le nazisme se répandait d'Ushuaia à Corrientes. Même dans la glaciale Patagonie, loin de tout et de tous, des Allemands se partageaient le désert dans l'attente du *Der Tag*, le Jour J, quand l'Argentine serait annexée à l'empire d'Hitler.

– Le Brésil a plus de chance: Roosevelt ne laissera pas l'Allemagne entrer ici. – Jayme mâchait son cigare du coin de la bouche. – Je vous envie, mon cher, vous qui pouvez être cordonnier n'importe où dans le monde. Quant à moi, je suis enterré en Argentine jusqu'au cou.

– Ce n'est pas facile d'être millionnaire, acquiesça Max avec emphase. Surtout quand il faut fumer ces cigares.

Tous deux conversaient à la lumière d'une paire de bougies toutes droites, tandis que Hannah et Guita vidaient la quatrième bouteille de champagne. Ils dînaient dans la suite présidentielle de l'hôtel Glória, aux décorations coûteuses et à l'antichambre peint de fruits lugubres. Un garçon débouchait le cinquième Veuve Clicquot, un autre découpait en tranches le plat principal. Sur la véranda, la baie de Guanabara couronnait la dernière nuit de Guita et Jayme à Rio de Janeiro. À dix heures, le lendemain matin, ils prendraient le train pour São Paulo et décolleraient pour Buenos Aires depuis le moderne aéroport de Congonhas.

Le plat d'entrée avait été composé de quatre asperges sous un filet de mayonnaise et une tomate atrophiée. Avant cela, un énorme et translucide cygne fait de glace avait apporté sur sa tête une portion de caviar, tandis que le rôti reposait dans un plat de galettes de sarrasin. À un moment donné, les sœurs quittèrent la table, titubantes et pieds nus, et se mirent à danser un boléro imaginaire. Elles rirent jusqu'à s'étrangler, les bras et les jambes tellement emmêlés qu'on ne savait plus qui était qui. Elles froissaient leurs robes dans des poses érotiques, sous les flashs du photographe engagé pour l'occasion. Les garçons n'avaient plus rien à découper, reluquant discrètement ces deux folles qui se répandaient à présent en larmes, jusqu'à ce que Guita pousse un cri, lève les mains et demande l'attention. Grise :

– Je suis enceinte.

Ce fut ainsi, à brûle-pourpoint, qu'elle annonça la nouvelle. Silence absolu. Hannah était sous le choc :

– Toi ??

– De deux mois et demi.

Hannah perdit l'équilibre, tomba à la renverse et finit par se blesser le bras contre un meuble pointu. Max se précipita sans hésiter vers le buffet pour arracher la tête du cygne.

Agenouillé, il passa le glaçon sur la blessure, tandis qu'un garçon balayait le caviar répandu sur le tapis. Personne ne remarqua les jambes agiles du cordonnier, tous étaient trop ivres, Guita palpant son ventre et Jayme hélant les garçons :

– Champagne !

Couples et non-couples levèrent leurs coupes :

– *Mazel Tov, Mazel Tov !*

Un tourne-disque joua du Strauss et les quatre valsèrent joyeusement.

Le dessert fut composé de crêpes flambées au cognac. La poêle à la main, le garçon donnait la réplique aux flammes qui auraient ébloui les commensaux, si le soleil n'avait déjà resplendi à l'horizon. Hannah souriait d'une oreille à l'autre, avec une voix pâteuse et une sueur sucrée qui mettaient au défi la contenance du cordonnier.

Au moment du café, Max remâcha de vieux rêves. La venue de Guita l'avait peut-être transformée, qui sait ? Pourquoi ne pas réhabiliter les espoirs et passer leur lune de miel à Buenos Aires ? Mais l'alcool agit avec sagesse en brisant son désir. Et la raison, impitoyable, demanda quelle leçon Max aurait apprise avec les sœurs s'il persistait dans ses vieilles habitudes, prolongeant le passé et, par conséquent, un conditionnel qu'il n'était plus raisonnable de conjuguer.

Telle était la vérité : Hannah n'était pas, ni ne pouvait être, la femme de sa vie. Elle aimait patiner sur de la glace brisée, contournant les brèches et faisant des acrobaties. Max ne serait pas le héros capable de la fixer sur la terre ferme. Et c'est en toute tranquillité qu'il vit le grand-père Shlomo lui faire signe à travers les flammes déclinantes des chandeliers. Il venait lui rappeler que la résignation exige elle aussi du courage ; et qu'il valait mieux une fin triste qu'une tristesse sans fin.

**

Dix jours plus tard

Max mit une heure à nouer sa cravate avant de se parfumer les tempes, d'attraper le vin rouge français par le goulot et de sortir dans la rue Paissandu. Le soleil faiblissait à l'ouest et les oiseaux s'interrogeaient sur les raisons d'une telle élégance. Des boutons en bois se détachaient sur le lin de sa veste, assortis aux chaussures bicolores. Dans la rue Marquês de Abrantes, les automobilistes et les chauffeurs affrontaient le rush à coups de klaxon. Max se planta à un arrêt de taxi et consulta sa montre, indifférent aux regards des buveurs d'un bistrot du coin de la rue. Il n'y avait pas de temps à perdre.

Hannah lui avait donné rendez-vous à 7 h 30. Ils ne s'étaient pas revus depuis l'embarquement de Guita et Jayme à la gare de Leopoldina. Max avait gardé la scène sur sa rétine, les deux sœurs en larmes et les hommes compatissants dans le hall. À un moment donné, Jayme alla s'occuper des formalités à un guichet de la compagnie de chemin de fer et Hannah était sans doute allée se moucher dans des toilettes. Le fait est que Guita et Max se retrouvèrent seuls au comptoir d'un café. Max eut un sourire jaune :

– On aimerait bien rendre visite au bébé à Buenos Aires.

Mais Guita n'était pas d'humeur courtoise. Féroce :

– Qui sait si Jayme et moi ne reviendrons pas à Rio pour les mêmes raisons ?

Max sucra nerveusement son café. Et Guita, sans rien sucrer du tout :

– Quelque chose me dit que vous mentez. Je ne sais pas pourquoi, mais je le sens. J'espère seulement que vous n'êtes pas un bandit ou quelque chose de ce genre. Écoutez-moi, José, ma sœur a déjà beaucoup souffert dans la vie et n'a pas besoin de problèmes. Prenez bien soin d'elle ou vous aurez affaire à moi, c'est compris ?

Haut-le-cœur :

– Oui.

Au loin, Jayme guidait un jeune homme qui poussait un charriot avec cinq valises, des boîtes de chapeaux, des sacs à main et des paquets. Tout Paris logeait là-dedans. Non sans raison : en six jours, Guita n'avait jamais remis deux fois ne fût-ce qu'un foulard, une boucle d'oreille, ou quoi que ce soit. À présent, elle portait sa *petite robe noire**, de chez

Chanel, avec une broche de rubis si rouges qu'ils semblaient hémorragiques. Sur sa tête, elle avait mis un chapeau à large bord, plein de dentelles et de froufrous. Jayme donnait dans le style anglais, avec sa veste à carreaux et son inséparable cigare.

Sur le quai d'embarquement, Hannah répondit aux signes de sa sœur, déjà installée dans son compartiment. Elles criaient de jolies choses, pleuraient copieusement, les nez gonflés et dégoulinants. L'hystérie éclata quand un coup de sifflet mit le wagon en marche et que Guita se pencha à la fenêtre. Hannah alla jusqu'à trotter sur le quai, brandissant son mouchoir, le visage grimaçant comme si on lui avait arraché le foie. Guita sanglotait "je t'aime, je t'aime", dans un combat inégal contre la distance. Le train s'éloigna lentement et inexorablement, rapetissant dans le paysage jusqu'à disparaître peu après.

Mais la vie n'est pas Hollywood. La poussière était à peine retombée que Hannah essuyait son visage, considérant que le rite était terminé. Dans un soupir d'une grande banalité :

– Une chance qu'elle ait trouvé cet homme.

Puis elle dit au revoir à Max et prit un taxi pour rentrer chez elle, décidée à dormir autant de lunes qu'il le faudrait pour retrouver ses forces.

Quelques jours après, elle téléphonait au cordonnier pour l'inviter à dîner chez elle, tel jour, à telle heure. Ils devaient parler d'une chose "très importante". Max acheta le meilleur vin, empesa un costume et perdit son calme : pourquoi Hannah l'invitait-elle ? Simple gratitude ou quelque chose de plus important ? Et si elle voulait, tout bonnement, parler de censures postales ou monter la prochaine mission ? Et si elle admettait que c'était Fany qui avait écrit les lettres à Guita ? Et si elle le recevait dans la pénombre, vêtue d'un peignoir transparent, le tirant par la cravate et lui susurrant des folies ? De telles pensées attisaient la bête humaine aux mauvais moments, jusqu'à ce que Max l'abatte dans les toilettes les plus proches.

Deux jours avant le rendez-vous, le cordonnier était le lyrisme en personne. Bien sûr qu'il serait capable de lui pardonner. Il n'avait jamais gardé rancune. Ils vivraient dans des confins fleuris et elle ferait griller les pains du *Shabbat* avant que les enfants ne reviennent de l'école. Même Guita et Jayme viendraient leur rendre visite avec leur bel héritier, et tous les traumatismes auraient alors été non seulement surmontés, mais compris. Des maux nécessaires sur la voie de l'éclaircie ; des éclats dans la pierre brute pendant que le ciseau du destin sculptait le bonheur.

La veille au soir, Max avait feint d'être décontracté au téléphone, en demandant à Hannah qu'elle lui expliquât à l'avance – la raison du dîner.

– Je suis en train d'assaisonner la viande, je ne peux pas parler. Tu aimes le riz aux raisins ?

Et comme Max insistait, elle modula sa voix d'une façon comique :

– Il était une fois un homme si inquiet qu'il ne savait pas attendre le bon moment pour entendre certaines choses. Sais-tu ce qui lui est arrivé ?

– Non.

– Il a dû attendre le bon moment pour entendre la réponse. – Et elle raccrocha.

Sept heures vingt du soir et Max gisait sur le trottoir de la Marquês de Abrantes. Où sont les taxis, *dreck* ! Il trompa sa tension en regardant les buveurs du bistrot, des hommes et des femmes en pleine transe carnavalesque. Le roi Momo époussetait déjà son trône en vue du sacre et, de Copacabana à Marechal Hermes, ses sujets lui rendaient hommage. Au bout d'un moment, un taxi apparut, un taxi béni. Il était 7 h 30. Le cordonnier soulagé s'apprêtait à monter en voiture, la main déjà sur la poignée de la portière arrière, quand l'enlèvement se produisit. Ce fut très rapide et absurde. Arrivant de la rue Paissandu, une voiture noire freina brusquement et vomit trois hommes sur le trottoir.

– Max Kutner ? l'interpella l'un d'entre eux.

Le cordonnier n'eut pas besoin de le confirmer car le chauffeur fit un signe affirmatif. Quand les hommes s'emparèrent de lui, la bouteille glissa entre ses doigts et se brisa dans le caniveau. Quelqu'un fit un signe de croix, et le bistrot s'arrêta pour voir le malheureux introduit dans le véhicule qui démarra sur les chapeaux de roues. Les conversations allèrent bon train: qui, quoi, quand, pourquoi? Un communiste, grogna un retraité. Des dames murmuraient "quelle horreur" et les nounous calmaient leurs enfants. Mais la joyeuse métropole était déjà habituée aux éclats de la dictature. Et comme la police rôdait dans le voisinage, le brouhaha se dissipa et un balai nettoya les tessons du vin. Dans le bistrot, quelqu'un capta Lamartine Babo et les hanches entrèrent dans la danse: "Tes cheveux n'y changent rien mulâtresse / Car mulâtresse tu es de couleur / Mais comme la couleur ne suffit pas mulâtresse / Mulâtresse je veux ton amour."

**

Le ronflement des hélices était assourdissant.

– De l'eau, monsieur Kutner?

Max ne répondit pas, apathique sur son siège. Le soldat remplit un verre à sa gourde:

– Buvez, monsieur Kutner.

– Non, merci.

Le va-et-vient des voitures scintillait tout en bas – rouges, celles qui allaient, jaunes, celles qui venaient. L'avion s'était redressé avec force, avait survolé la baie de Guanabara, et contournait à présent le Pain de Sucre. Puis ils passèrent par Copacabana et, au-dessus du Lac, s'élevèrent au niveau du Christ en direction du sud-est. Le pilote consulta sa boussole, estimant à trois heures la durée du voyage jusqu'à Santos.

– Vous voyez ce point? C'est Mars, la planète rouge. On ferait bien d'y envoyer les communistes!

Le pilote et le soldat éclatèrent de rire, pas Max. Au nord, la lueur des banlieues isolait les collines. La ville était un reluisant infini. Max voulut briser la fenêtre, sauter, crier. Tu ne la reverras plus jamais, proféraient les étoiles. Plus jamais.

– Du calme, monsieur Kutner, demain, vous serez de retour. C'est une mission rapide.

Le soldat répéta sa rengaine: un "requin" était tombé dans les mailles du contre-espionnage, urgence maximale. Oui, le cordonnier connaissait l'histoire par cœur : d'ici peu, le lieutenant Staub le recevrait avec les joues rouges, plein de gestes et de patriotismes. Et lui servirait de la "souveraineté", de la "sécurité nationale", etc.

Que tout cela aille en enfer ! On avait violé la propre souveraineté de Max. Pouvait-il y avoir une cause plus noble que Hannah ? Il n'avait jamais autant détesté les nazis, les communistes, les capitalistes. Il sentait encore le parfum, les ongles limés et manucurés. Un donquichottesque recoin de son âme conservait des restes de joie assiégés par la raison, martyrs hallucinés tels les derniers combattants de la forteresse de Massada.

Il pouvait imaginer Hannah chez elle, la nourriture refroidissant, le couvert dressé et le doute dégénérant en tristesse, les coups de fil en vain, les draps en vain et une paire de chandelles inutile sur la table. Il pouvait la voir assise toute seule, mangeant du riz à même la casserole, arrosant de vin sa perplexité. Oh, quelle douleur ! Il ne la reverrait pas, plus jamais !

Il demanda si quelqu'un à bord croyait aux intuitions. Le soldat épia Max avec une vague crainte :

– Dans la police, nous ne croyons pas aux mystères ni aux coïncidences, avant d'essayer d'expliquer l'objet de l'enquête.

– Connaissez-vous l'histoire de la lumière et de l'ombre ? – C'était le pilote qui posait cette question. – Une fois, la lumière dit à l'ombre : je détiens le pouvoir, je suis belle et fascinante. Toi, par contre, tu n'existes que grâce à moi, car si tout n'était qu'obscurité, il n'y aurait nulle part où faire de l'ombre. L'ombre reconnut que la lumière avait raison, mais elle émit une réserve. Moi aussi, j'ai quelque chose à vous apprendre, dame lumière : si, d'un côté, je n'existe que grâce à vous, de l'autre, je sers à rappeler que, quoique belle est fascinante, vous n'arrivez pas partout. – Le pilote se retourna vers Max : – La raison est lumineuse, mais elle n'arrive pas partout.

Ils se posèrent à Santos à minuit. Un fourgon stationna devant la porte de l'avion et emmena Max sur une route bordée d'entrepôts. L'obscurité sentait la vase mélangée au café et au goudron. Ils s'arrêtèrent devant un bâtiment aux fenêtres opaques et l'on conduisit Max dans un hall où quatre guenilleux se serraient sur un banc. Au comptoir de la réception, il y avait une machine à écrire, un ventilateur, un employé et un téléphone noir. Max demanda s'il pouvait utiliser le téléphone, mais l'employé ne daigna pas lui répondre. Au mur, le suprême Getúlio Vargas surveillait les guenilleux, dont Max remarqua alors seulement qu'ils étaient menottés les uns aux autres. L'un d'eux fumait, obligeant l'autre à bouger la main voisine.

Le lieutenant Staub surgit d'une porte et salua Max vigoureusement, lui présentant ses excuses pour le contretemps. Il emmena le cordonnier dans l'antichambre d'un couloir et, sans explications, lui demanda d'attendre sur un canapé. Il n'allait pas tarder – et disparut. Que se passait-il ? Quelle était cette urgence ? Max entendit des grincements et des pas résonner contre les murs. Il connaissait déjà l'acoustique des commissariats avec leurs clés de fer, aussi ne fut-il pas surpris de voir une porte s'ouvrir et quatre soldats passer dans l'antichambre en escortant le couple Braun. Le maudit Allemand était là ! Tel était le fameux requin tombé dans les mailles du contre-espionnage ! Qui d'autre que lui pouvait éloigner à nouveau Max de Hannah ? On aurait dit un colosse conchié par les pigeons, avec sa veste bleue, ses cheveux décoiffés et ses yeux baissés. Quant à Marlene, la pauvre malheureuse, on eût dit une âme en peine dans son petit manteau de laine. Une brave femme, victime du hasard tout autant que le cordonnier, perdue sur une piste incertaine et réduite à l'esclavage par un amour qui, probablement, lui avait imposé des épreuves bien plus grandes que les interrogatoires de police. Max se rappela São Lourenço, le mutisme complice et les confidences de cette nuit lointaine, passée à fumer comme des pompiers dans l'hôtel Metrópole.

Non, le cordonnier ne s'adonnait pas à ces mesquineries et préférait éviter la confrontation. Il n'avait pas mis sa plus belle tenue pour affronter un nazi décrépit. Mais il lui fallait admettre un plaisir enfoui ; un plaisir sordide, mais nécessaire pour exorciser les nombreux démons fourrés dans son esprit depuis São Lourenço. Il serait bon de l'oublier, s'il n'avait pas volé pendant trois heures et manqué un rendez-vous immanquable juste pour l'interroger. Max se leva, tourna en rond, commença à suer. Il arrangea sa cravate et accepta le café qu'un employé lui apporta. Non, il n'était pas radieux, juste résigné à son destin, tout à fait prêt pour sa mission patriotique. À vrai dire, il aurait pu voler plus longtemps pour donner une leçon au nazi et mettre les points sur les i. Spinoza, Aristote, Nietzsche! Va ronger tes almanachs en prison, Aryen de merde! Va…

– Encore pardon! – Staub criait presque tellement il était euphorique, épongeant son cou. – Mille fois pardon! Suivez-moi!

Ils descendirent par une rampe jusqu'à une galerie donnant sur des cellules humides et moisies. Max ne voyait pas les détenus, mais ses oreilles – qui n'avaient pas appris à se fermer comme ses yeux – entendaient des gémissements et des pleurs horrifiants. Le lieutenant s'arrêta devant une porte en acier massif et sortit un jeu de clés. Loquets et charnières. Max sentit une odeur non seulement insupportable, mais étrange – un mélange d'urine et de fleurs? Qu'est-ce que c'était? Ils entrèrent dans une cellule, marchant sur des tessons et du sang. Une lampe jaune pendait au plafond, tremblotante. Staub expliqua qu'un homme venait de se tuer avec un flacon de parfum.

– Il reste la femme.

Le cordonnier fit une prière inquiète avant de poser ses yeux sur un tas de taches et d'égratignures. Il fut effaré. La femme se tordait par terre, en haillons, avec une entaille à la poitrine et les jambes violettes. Les cheveux poisseux couvraient le visage dont Max se détourna jusqu'à ce que résonne un cri strident, animal, un hurlement dissonant qui lui perça les tympans. Il resta bouche bée et sentit sa poitrine se glacer avant que n'afflue la certitude, la plus tragique et absurde de toutes les certitudes.

C'était Guita.

Traduire Max

– C'était Guita.

Max poussa un soupir et s'adossa à son fauteuil beige. Le soleil qui entrait par la fenêtre soulignait ses cernes, mais il avait un air doux. J'essayai de masquer ma stupeur : pourquoi Guita ? Que faisait-elle là ? Prenant une tasse de café :

– C'était Guita. – Et il se mit à répéter, l'œil fixé sur l'infini : – Guita.

La pâleur de Max s'étendait à toute la maison où il habitait seul à présent. Le fauteuil beige avait dû être marron ou vert dans sa jeunesse. Le temps qui lui avait dérobé sa teinte avait aussi décoloré le tapis, les coussins, le rideau et le canapé que j'occupais. L'appartement se trouvait dans un petit immeuble de la rue Matiz e Barros, à Tijuca. Une petite salle à manger, deux chambrettes, une salle de bains et la cuisine où il avait passé le café que, maintenant, nous buvions lentement. C'était notre cinquième rendez-vous. Sur la table du centre, il y avait un portrait des Kutner, déjà vieux, sur le banc d'une place. Des souvenirs, comme des statuettes, des tasses et des cendriers, décoraient une étagère. Sur une autre, l'*Encyclopédie judaïque*. Un jeu de clés coloniales et deux gravures ornaient le mur. Sur le seuil des portes, le tapis gris était fixé par des plaques dorées que je n'avais pas vues depuis mon enfance. Le téléphone était posé sur une petite table collée à un banc sous lequel, dans une espèce d'étagère, sommeillaient deux vieux catalogues.

– C'était Guita.

J'épiai Max avec une respectueuse curiosité, examinant ses rides et, tic d'écrivain, cherchant les mots qui pourraient le traduire. Il m'avait interdit de prendre des notes, d'enregistrer ou de diffuser ses déclarations, par respect pour les personnes qui pouvaient encore être en vie ou qui, ayant laissé des enfants, méritaient de reposer en paix. Ce n'était pas un secret que je prétendais écrire un roman et Max appuyait mon projet, pourvu que j'attende dix ans avant la séance d'autographes. J'avais essayé d'écourter le délai en promettant de changer les noms et certains détails pour épargner les vies privées. Mais le bonhomme avait croisé les bras : dix ans, pas un jour de moins. Son histoire ne pouvait pas être "confondue". Elle ne pouvait l'être, en effet.

Il n'avait pas d'enfants. Ni neveux, ni frères, ni beaux-frères. Personne. Il avait travaillé comme cordonnier jusqu'à ce que le veuvage le déprime.

– C'était Guita. – Il sanglotait, calmement à présent, attisant ma curiosité : en fin de compte, que faisait la sœur de Hannah dans une situation aussi dégradante, mise aux fers dans une cellule immonde ? Je ne m'aventurai pas à le lui demander. Pas question de le bousculer, de l'inciter, de l'inspirer. Pourquoi dévier le cours d'une eau jusqu'alors si tranquille ?

Sans aucun doute, Max était un habile narrateur. D'un ton posé, il bougeait les bras et écarquillait les yeux pour raviver ses souvenirs. Notre dernière "parlotte" – c'est ainsi qu'il appelait nos entrevues – avait pris toute la nuit et m'avait rendu à la rue sous un ciel clair. Chez moi, je tapais à l'ordinateur avant ou après mes visites à la Bibliothèque nationale, où je faisais des recherches dans les journaux de l'ère Vargas. Tout coïncidait avec les dires du cordonnier, jusqu'aux annonces publicitaires.

Je n'étais qu'euphorie : finalement, mon livre prenait corps. Béni soit Max, que le destin et un tantinet de discipline avaient placé sur mon chemin.

Mais, pour que tout soit clair, revenons en arrière. Au commencement des commencements.

Au cours de l'année 1999, je décidai d'écrire un roman qui, d'une certaine manière, retracerait le XXe siècle. Deux amants, peut-être mariés, verraient leur chemin marqué par des faits historiques au long des décennies – tantôt comme victimes, tantôt comme témoins ou acteurs de leur époque.

C'était un projet ambitieux, mais peu original. Le monde connaissait un sursaut épique en cette fin de décennie, de siècle et de millénaire. La légendaire année 2000 n'était plus qu'une question de mois, et les prophéties apocalyptiques inondaient la presse, les librairies et les salles de classes. Les commentateurs de la télévision parlaient du Moyen Âge ou de la semaine précédente comme de faits corrélés, presque successifs. Religieux, astrologues à turbans, intellectuels et manucures : tout le monde avait quelque chose à dire. Et à prévoir.

Bien. Mû par ce sursaut épique, je me mis en campagne pour recueillir des récits de personnes âgées qui pourraient m'aider à comprendre le passé. Je parcourus des clubs, des places, des asiles, des maisons. Ma première interviewée fut ma grand-mère, arrivée de Lettonie à vingt ans pour travailler comme gouvernante dans la famille de l'ex-président Artur Bernardes, à São Paulo. Mon grand-père, elle l'avait rencontré à l'occasion d'une cavalcade sur l'avenue Rio Branco, en 1932. Le deuxième interviewé fut un oncle qui, après avoir fui de l'Ukraine pendant la révolution russe (qu'il commentait à voix basse pour éviter "les ennuis avec la police"), débarqua à Rio en pleine grippe espagnole, aux alentours de 1918. Et il se rappela, avec le même effroi que l'enfant d'autrefois, les cadavres que les chariots de la mairie ramassaient de porte en porte. J'ai visité trois asiles judaïques. Dans le premier, un professeur nonagénaire me détailla comment il s'était échappé du ghetto de Varsovie, en 1942, en inventant une chirurgie qui permettait de dissimuler la circoncision aux nazis.

C'est impressionnant, le naturel avec lequel les plus vieux parlent d'événements et de personnages qui, pour les jeunes, sont des légendes encyclopédiques. Vargas, Lénine, Hitler, Einstein. En moins d'un mois, j'avais enregistré une pile de cassettes et appris assez pour friser l'érudition. J'étais satisfait, évidemment, mais il me manquait encore un axe, un amour déclencheur pour faire le premier pas.

C'est d'un ami que me vint la suggestion de visiter le club du Mont Sinaï, à Tijuca, où tous les mardis se réunissait un groupe de personnes âgées. Un employé me conduisit dans une salle immense au fond de laquelle, derrière un paravent, quinze ou vingt personnes entouraient une table garnie, tous non seulement bavards, mais bien habillés, car c'était un jour de fête. Mme Rosa Schneider, le leader du groupe, m'expliqua que l'un d'entre eux ne fêtait rien de moins que ses cent ans. Et ce dernier, lucide et vigoureux, distribuait de petits chapeaux de papier aux invités. Je mis le mien, assez impressionné. Le bonhomme était une exaltation de la vie, non pas son déclin, très élégant dans son blazer bleu marine avec un mouchoir de soie dans la pochette. Je ne lui aurais pas donné plus de quatre-vingts ans, ce qui semblera peut-être une plaisanterie à ceux qui ne voient dans les vieux qu'un troupeau ratatiné où tout n'est que rides et cannes. Peu après, le centenaire poussait une chaise roulante, amenant au salon la femme avec laquelle il était marié depuis six décennies. Elle bougeait à peine ses petits bras, très affaiblie dans une robe à fleurs rouges. Mme Rosa raconta que l'échange d'alliances avait été un geste "audacieux" que les rabbins n'avaient jamais reconnus. Pourquoi audacieux ? Que je le demande à Max. Le fait est que certaines personnes voyaient encore comme une "offense" le contact forcé avec son passé hostile. La polémique avait déjà provoqué des disputes et ravivé les traumatismes de la place Onze. Quels traumatismes ? Mme Rosa ménagea le suspense : Max vous le dira.

Nous chantâmes joyeux anniversaire et je mangeai un morceau de gâteau. Max et sa femme échangèrent un baiser délicat, la femme étant visiblement très fragile. Puis, aussi poliment que possible, je me présentai comme écrivain et je lui demandai quand il pourrait m'accorder une interview. "Je suis occupé, un autre jour !"

Et il demeurerait occupé pour de longs mois, jusqu'au décès de son épouse. Il y eut une cérémonie funèbre au club, mais j'évitai d'y participer pour ne pas paraître opportuniste. La vérité, cependant, était que cet homme me fascinait, allez savoir pourquoi. Le veuvage l'avait si profondément abattu qu'il avait abandonné le groupe pour intriguer les enfants du petit parc du club, où il passait maintenant des après-midi entiers à regarder un lac de poissons ornementaux. J'essayai de me rapprocher, feignant des rencontres involontaires et lui remettant ma carte de visite. En vain. Max contemplait les poissons comme si le reste du monde n'existait pas. Et il n'existait pas, en effet. Max était son propre et inviolable monde.

Que faire, sinon le respecter ? Je différai le roman et commençai à fréquenter le groupe qui, je l'appris alors, s'appelait le “Club de Mémé”. C'était une ambiance adorable, sans fausses promesses ni affectations politiquement correctes. J'écoutai des histoires, je reçus des cadeaux, je me fis des amis. Un homme révéla qu'il avait pris en stop Getúlio Vargas après un accident qui avait presque coûté la vie au président sur la route Rio-Petrópolis. Un rocher s'était détaché du bas-côté et avait atteint la voiture officielle, foudroyant l'assesseur sur le siège avant. Pour un fil, Vargas, assis derrière, n'était pas mort lui aussi. C'était avant l'État Nouveau et la Deuxième Guerre mondiale. Un mètre de plus ou de moins, et l'histoire du Brésil eût été différente. Vous étiez au courant ? Moi non plus.

Je finis par être accueilli par le groupe. Parfois, j'étais gêné de voir ces gens rejetés dans un coin, comme si la vieillesse était une affinité réelle et non pas une simple contingence. De plus, aucun n'était vieux car, justement, tous ici l'étaient. Il manquait les contrastes et les paramètres extérieurs pour les vieillir, aussi les véritables différences sautaient aux yeux et, bien souvent, le groupe rappelait davantage une soupe de restes, avec de la viande et des légumes cuits fortement dans un bouillon oublié. Le fait est que la fréquentation de personnes ayant un tel vécu et une telle diversité révélait ce que les jeunes n'arrivaient pas ou ne se donnaient pas même la peine de percevoir. C'était une précieuse leçon pour qui, comme moi, considérait que la vieillesse était l'antichambre de la mort. Quand quelqu'un grippait ou s'absentait du groupe, de morbides présages me venaient. Mais là, on ne mourait pas. Un ami me rappela, sagement, que les vieux ne sont vieux que parce qu'ils ne meurent pas pour rien. Il avait raison. Combien de pépés et de mémés résistent bravement, sans lâcher l'os que leurs enfants et petits-enfants gâchent si précocement ?

Pendant que Max regardait ses poissons, je décidai de me consacrer à une nouvelle inspirée par le leader du "Club de Mémé", Rosa Schneider, qui avait été actrice de théâtre yiddish sur la place Onze. Mme Rosa disait qu'un artiste ne meurt pas, il sort de scène, toujours à raconter des blagues et chanter des reliques. J'entendis des confidences et des extraits d'une pièce que, reliée, je garde chez moi (*La Grande Chance*, de Sholem Aleichem). Les admirateurs de Mme Rosa, qui n'avaient été ni peu ni quelconque, avaient fini par devenir des noms de rue, de place, et même d'aéroport. Et tandis que je terminais l'histoire, justement le jour où la turbulente dame conférait la dernière version de la nouvelle, mon téléphone portable sonna et une voix rugueuse demanda si j'avais toujours envie de parler avec M. Kutner.

– Kutner ? m'étonnai-je.

– Max Kutner, moi-même.

Nous eûmes notre premier rendez-vous un samedi frais et nuageux. Max, qui habitait à deux rues du Mont Sinaï, se montrait désormais amical, presque hospitalier. Au deuxième rendez-vous, il prit goût à la discussion et, au troisième, j'eus l'impression qu'il me prenait en affection. Il parlait, parlait, il parlait sans arrêt jusqu'à ce que le souffle lui manque. Alors, dans la cuisine, nous préparions plus de café et les propos recommençaient à affluer. J'avoue que, au début, je trouvais étrange d'associer Hannah Kutner à la petite vieille de la salle du club, si tordue et défigurée. D'un autre côté, un roman qui se voulait épique ne pouvait pas craindre les effets du temps. Au contraire, il devait les souligner.

Bien. Cela faisait une heure que Max murmurait "c'était Guita", le regard vague et les mains inertes sur les bras du fauteuil. Je feignis de le comprendre, me forçant à prendre un air de neutralité douteuse. À un moment donné, je demandai à me rendre aux toilettes, où des flacons de parfums déjà obscurcis et huileux étaient des vestiges de Mme Kutner. Je ne pus m'empêcher d'en ouvrir un et, avec un frisson fétichiste, je sentis une odeur posthume et sucrée. Quand j'étais enfant, j'avais peur des vieux parfums. Je croyais que les flacons sur la coiffeuse de ma grand-mère renfermaient des esprits et que leurs odeurs, étrangement grisantes, étaient des émanations d'autres mondes. Tout bien réfléchi, je le crois encore.

Je retournai dans la salle à manger, feuilletai un livre, fis tout mon possible pour distraire le cordonnier muet. Rien. *Oï veï*, voilà qui commençait à me désespérer ! Que diable Max taisait-il pour me torturer de la sorte ? Pourquoi la cruauté est-elle inhérente au pouvoir ? Pourquoi les personnes dont j'avais besoin n'étaient jamais aussi prévenantes que celles qui avaient besoin de moi ?

Soudain :

– Du café ?

Ce fut dans la cuisine, en passant l'eau brûlante, qu'il me mit au courant.

**

Guita était une prostituée, comme Hannah. Elle avait quitté la Pologne en 1927, avant sa sœur, attirée par des parents qui, en Argentine, faisaient du commerce à Rosário. Son grand rêve était d'épouser le cow-boy dont parlaient ses parents dans d'épais courriers. Un jour, ils lui envoyèrent le billet de la traversée. Dans le port de Buenos Aires, Guita fut accueillie par un étranger qui l'emmena à Rosário avec une autre fille. Du cow-boy, aucun signe. Guita espérait encore le rencontrer quand elle commença à travailler dans un salon de coiffure dénommé Hermosita, dont l'arrière-boutique abritait une maison clandestine. En somme, un bordel. Et le fameux cow-boy – est-il besoin de le dire ? – n'existait pas.

Guita se refusa à collaborer avec les ruffians, qui s'abstinrent de la tabasser seulement parce que sa chair "tendre et immaculée" était prisée dans les cabanes et les ranchs des environs. On lui attacha les mains et les pieds pour éviter qu'elle ne se blesse pendant les enchères qui mirent fin à sa virginité. Sa première nuit ne fut pas une nuit, mais une semaine exténuante avec un fermier aussi riche que le mari qu'elle n'espérait déjà plus rencontrer. Deux mois plus tard, elle avait couché avec un bataillon et même fait un avortement. Pendant ses heures libres, elle écrivait des mensonges à sa sœur.

On n'apprend pas à être malheureux du jour au lendemain. Les candidats résistent presque toujours, défient, et questionnent ce en quoi ils sont eux-mêmes graduellement et irrémédiablement transformés. Un jour, ils finissent tellement par se confondre avec leur condition qu'ils ne s'en distinguent plus. Alors, au lieu de la renier, ils renient les intrusions de rêves romantiques ou les ambitions démesurées qui pourraient déstabiliser les choses. C'est ce que les uns appellent du conformisme, et d'autres, de la maturité. Ce qui est sûr, c'est qu'en 1928, Guita gémissait en espagnol et enseignait aux imprudentes à maquiller leurs cicatrices. Elle était une pute intrépide, de celles qui ne ramèneraient jamais de colère à la maison, si seulement elles habitaient quelque part. Elle passait d'un lit à l'autre, errant dans des coins aussi éloignés que Neuquén, Bariloche et les marais de la Patagonie. Entre deux épreuves, elle décrivait à sa sœur les lacs de Santa Cruz et les pingouins de la Terre de Feu. Elle tenait à cacheter elle-même les enveloppes et à les envoyer dans des bureaux de poste. À cette époque-là, elle s'était déjà habituée à avorter ses fautes d'attention et à mordiller les chairs flasques, mais elle ne s'habituerait jamais à l'idée de raconter la vérité à Hannah. Elle devenait folle rien qu'à l'idée que pussent accidentellement se rejoindre deux réalités si distinctes, si absurdement incompatibles – et, pourtant, coexistant dans son cœur de battante. Elle ferait son possible et l'impossible pour séparer les choses. Toute dignité ne serait pas totalement perdue tant que Hannah, non seulement l'aimerait, mais encore l'admirerait.

À Ushuaia, Guita adoucit l'hiver d'un pénitencier avant de planter ses talons, en 1931, dans la cosmopolite Buenos Aires. Elle trouva le *métier** en panique car, deux ans auparavant, les révélations d'une vieille polaque avaient implosé la Zwi Migdal. En quelques mois, l'organisation avait eu ses tentacules coupés un à un. Soudain, il n'existait plus de bordels, de magasins de façade, de fonds d'assistance ni le somptueux siège de l'avenue Córdoba. Des ruffians hier millionnaires se retrouvaient aussi tondus que des moutons de Patagonie, en cavale, sans un sou pour recommencer leur vie. Par exemple, Jayme.

Le hasard voulut que tous deux partagent un appartement à La Plata, près de Buenos Aires. Guita n'en vint jamais à aimer ce type, en vérité un certain Augusto Strizansky, ex-trésorier de la Zwi Migdal, recherché par toutes les polices du continent. Pendant huit ans, l'homme sortit à peine de sa chambre, pendant que sa partenaire vendait son corps afin de réaliser le rêve de revoir sa sœur à Rio de Janeiro. Et c'est en couchant avec les domestiques d'un magnat de Buenos Aires qu'elle parvint à inscrire une adresse noble sur les enveloppes. Guita dévidait un millier de mensonges dans les lettres que Max traduisait, se prétendant aristocrate, hôte d'ambassadeurs, etc., etc. Elle fut extorquée, arrêtée, elle fit du trafic de drogues et même d'armes, importunée par le misérable qu'elle appelait son mari. Par un printemps froid, elle lui procura un passeport plus faux encore que la noblesse qu'ils interprétèrent sur le port de Buenos Aires, en appareillant sur un transatlantique.

Pendant la rencontre à Rio de Janeiro, en 1939, Jayme avait l'ordre de ne dire que l'indispensable et d'occuper sa bouche avec des cigares qui tairaient ses bêtises. Fermes, oranges, café? Que du pipeau. Pour tout dire, une farce aussi riche et convaincante que celle que Hannah et Max jouaient eux aussi. Deux intrigues, deux publics, deux coulisses. Qui aurait dit que Guita et Jayme n'avaient passé à l'hôtel Glória que la nuit où Hannah et Max étaient venus dîner? Qui aurait dit que les tenues fines de Guita avaient été achetées dans des friperies et raccommodées avec les fils de ses sacrifices? Qui aurait dit que Guita et Hannah étaient deux âmes aspirées par la même hydre, unies par le sort par lequel elles pensaient être séparées? Guita et Hannah mentaient pour préserver la seule vérité de leurs vies: l'amour réciproque.

Quand elle vit le cordonnier au commissariat de Santos, Guita se débattit et cria tellement, mais tellement, qu'on dut lui faire une injection pour la calmer. Le lendemain matin, dans un lit d'hôpital:

– Vous pouvez me tuer, mais ne racontez rien à Hannah!

Et Max, avec une affection perplexe :
– Soyez tranquille, je ne raconterai rien.
Il promit aussi d'oublier qu'Augusto Strizansky, alias Jayme, était le "requin" tombé dans les mailles de la police. Au commissariat de Santos, Strizansky s'était coupé les veines avec les tessons d'un parfum pour mourir dans les bras de sa "petite pute" (c'est ainsi qu'il parlait de sa conjointe).
– Elle ne peut pas savoir, elle ne peut pas… – Guita se tordait dans son lit, enveloppée de gazes et de sparadraps. – Au nom de Dieu, ne dites rien !
Sur ces mots, le cordonnier quitta la chambre de l'hôpital, escorté par un sergent qui l'emmena directement à la base aérienne de Santos. L'avion décolla à 10 heures du matin. Promesses mises à part, Max était bien décidé à dire la vérité à Hannah – et de toute urgence. Il prévoyait sa stupeur, son regard incrédule, un mélange d'horreur et de soulagement. Un nouveau monde proclamerait sa logique ! Combien de crimes expiés, de peurs renouvelées ? Max prétendait doser ses paroles de manière à être le prélude, l'agent et le complice de Hannah dans sa redécouverte – et, ainsi, la redécouvrir.

L'atterrissage eut lieu à l'heure du déjeuner. Depuis l'aéroport Santos Dumont, le cordonnier téléphona à tous les numéros auxquels Hannah pouvait répondre, avant de prendre un taxi pour Rio Comprido. Il tambourina à la porte du 310 du Topázio et interpella les voisins, tous sans exception, étage après étage, allant même jusqu'à insulter le portier dont il reçut un rondelet "je ne sais pas". Il enfonça le 310 avec un pied-de-biche. Personne dans la maison, la garde-robe intacte, le lit fait et la table dressée pour le dîner de la veille. La vaisselle, le cristal et l'argent brillaient à titre posthume. Dans la cuisine, gisaient un chandelier à deux bougies et trois casseroles pleines sur la cuisinière.
Max traversa la ville au pas de course. On n'en savait guère plus sur Hannah au bistrot d'à côté, au barbier d'en face, sur la place Estrela. Hannah avait manqué un rendez-vous important à la Maison jaune. Elle n'avait plus donné de nouvelles depuis vingt-quatre heures. Mme Ethel, du groupe

Bnei Israël, se chargerait d'avertir les *meraglim*, et le capitaine Avelar convoqua ses troupes. Le lendemain, toutes les polices brésiliennes étaient mobilisées. En quelques heures, des portraits-robots de Hannah ornèrent les coins et les recoins, même les prisons, les asiles et les cimetières. À Petrópolis, deux possibles Hannah furent arrêtées, ivres. À Juiz de Fora, sept. Au total, onze femmes prétendirent être Hannah dans les commissariats de São Paulo. Quarante-cinq se seraient trouvées avec elle, la veille, quatre auraient été témoins de sa mort, et deux folles, de sa naissance. Les fausses pistes tourmentaient la police, pendant que l'obstiné cordonnier revenait à Santos. Bien sûr qu'à ce moment-là, Hannah était au courant pour sa sœur. Ce n'était pas les raccourcis ni les radars qui manquaient pour le lui apprendre. Et la seule manière de la retrouver, bien entendu, c'était de surveiller Guita.

Mais le destin était pressé. Dès qu'il entra dans l'hôpital, Max entendit les cris du lieutenant Staub, qui tournait en rond, tout rouge, le doigt dressé, crachant des flammes à la figure des médecins, des infirmiers, des employés et des soldats. En vain: personne n'avait la moindre idée, ni même devinait comment cela pouvait être arrivé. D'ailleurs, Guita était surveillée jour et nuit, dans une chambre sans fenêtre ni aération. Et les menaces de Staub n'avancèrent à rien. Il pouvait mener ses enquêtes, arrêter ou renvoyer qui bon lui semblerait, en attendant que fût expliquée la disparition de Guita.

Les enquêteurs de l'armée ratissèrent l'hôpital, lit après lit, allant même jusqu'à arracher des bandages et à frapper des cadavres. Personne n'entrait ni ne sortait du bâtiment sans être interrogé. Pendant ce temps, des agents secrets et ostensibles infestaient la ville, violant des foyers et menottant des innocents. Ne tardèrent pas les emprisonnements accidentels, les contrebandes et les subversions que Staub n'amnistia que pour ne pas discréditer les recherches. Hannah Kutner était son seul objectif. Et celui de Max aussi.

**

À présent, nous dînions sur une petite table carrée, dans un coin de la salle à manger. Max remuait sa soupe sans appétit :

– J'ai recherché Hannah dans toute la ville. Je savais, j'étais sûr, que Guita et elle se trouvaient à Santos, mais où ? Comment, à faire quoi ?

"J'ai marché sous la pluie, sous le soleil, dans le vent, dans l'obscurité. J'ai marché de rue en rue, de canal en canal, pendant huit jours, recherchant Hannah dans tous les hôtels, pensions, bordels, impasses. Je suis allé à São Vicente, j'ai gravi le mont Serrat, je suis entré au casino, dans les églises, les cimetières, partout. J'ai maigri, je n'avais plus que la peau sur les os, je suis devenu célèbre sous le nom du gringo amoureux. Le lieutenant Staub avait déjà prévenu la police d'Argentine, d'Uruguay et aussi du Paraguay, de Bolivie et du Chili. À Rio, des soldats surveillaient l'immeuble Topázio et la Maison jaune."

J'ai commencé à me sentir intrigué, attentif au portrait du couple Kutner sur la table du centre. C'était bien Hannah, n'est-ce pas ?

– Pendant ce temps-là, je marchais et questionnais, questionnais et marchais. Magasins, marchés, maisons closes, musées, stations de train, de tramway, de bus, de bateau. J'étais un mendiant, un misérable à qui l'on disait non, non, non. Ou alors on se moquait de moi, me donnant de fausses pistes et me disant des bêtises. Il y eut un homme qui me proposa son épouse ; un autre, sa belle-mère. Un jour, je me suis évanoui.

"Je me suis réveillé dans un hôpital, anémique. Je suis resté interné pendant une semaine. Et une fois rétabli, quand j'ai mis le pied dans la rue, j'ai pris la décision la plus difficile de ma vie. Non pas que j'aie renoncé à la revoir. J'ai renoncé, oui, à la rechercher."

Max essuya sa bouche avec sa serviette.

– Tu sais, garçon, la seule chose qui puisse consoler celui qui recherche, c'est la certitude que la personne recherchée ne veut pas qu'on la trouve. Si j'avais pu la voir une dernière fois, je lui aurais dit ce que j'avais appris dans les rues de Santos. Que dire adieu est moins difficile que de ne pouvoir l'entendre.

– Je n'y crois pas! – Je lâchai ma cuiller: – Vous avez renoncé à Hannah?

– Oui.

– Pour toujours? Ce n'est pas possible!

– Et pourquoi pas?

– Eh bien… parce que!

Il y avait une certaine indulgence dans la voix du cordonnier. Il avait cette aura de pitié avec laquelle les sages minent peu à peu l'ingénuité de leurs disciples.

– Cette femme, là, cette femme! Je désignai le portrait.

– Oh, oui, mon épouse. Tu as cru que c'était Hannah?

Je frisai la grossièreté:

– Je n'aurais pas dû le croire?

Max ouvrit les mains:

– Sainte innocence! Crois-tu qu'il soit possible de vivre soixante ans avec une personne qu'on aime autant que j'ai aimé Hannah?

– Et croyez-vous qu'il soit possible de vivre avec une personne qu'on n'aime pas autant que ça?

– Eh bien apprends une chose! – Max s'échauffa: – Il existe deux genres de personnes au monde: celles qui nous font rêver, et celles qui nous maintiennent éveillés. Deux genres bien différents, tu m'entends? Et mon épouse était, bien sûr, du deuxième genre. Ou crois-tu que j'aurais pu supporter soixante ans avec Hannah? Ah, quelle sottise! L'amour et le respect ne résistent pas au jour le jour, mon garçon! – Désignant le plafond: – Les gens n'aiment et ne respectent Dieu que parce qu'ils n'ont pas besoin de partager la salle de bains avec lui!

J'en demeurai perplexe. Finalement, à part Hannah, qui pouvait bien être la petite vieille que Max avait embrassée le jour de son centenaire, au Mont Sinaï? Qui avait-il épousé, bravant les rabbins? Qui avait scandalisé le "Club de Mémé" et ravivé les traumatismes de la place Onze? Une autre polaque? Quelle absurdité! Qui que ce fût, le fait est que je ne m'attendais pas à ce dénouement. Je voulais écrire un livre d'amour, et pas de désamour, de résignation, ou de tristesse, qui commençait et finissait dans les années 30.

– Je n'ai pas été la seule victime de Hannah Kutner – souligna le cordonnier. – Le lieutenant Staub, le pauvre, est devenu fou pour de bon à cause d'elle. Il désobéissait aux ordres, il ne quittait Santos pour rien au monde. On en vint à l'interner dans un sanatorium de Campos do Jordão. Eh bien Staub s'évada, retourna à Santos, et on le vit ramer dans une barque sur les rivières de la région. Un jour, il serait récompensé.

– Comment ?

– Staub découvrit une colonie de pêcheurs qui s'appelait île Diana, cachée dans le méandre d'une rivière. Un endroit très simple, avec des maisons en bois, un sol de terre et guère plus de vingt familles. Il n'y avait même pas d'électricité. Hannah et Guita y seraient arrivées en canoë, et y seraient restées une semaine. Elles avaient dormi dans des hamacs, mangé du poisson, des fruits, pris leur bain dans la rivière, séduit les hommes et enseigné aux femmes à faire le *guefilte fish*. Elles n'arrêtaient pas de rire, de plaisanter, de dire des choses que personne ne comprenait. Puis elles étaient parties.

– Où ça ?

– Dieu seul le sait, mais on retrouva le canoë près du port de Santos. Elles ont dû s'évader en bateau vers d'autres mondes…

– … et être heureuses pour toujours, ajoutai-je avec sarcasme.

À ce moment-là, la soupe n'était plus qu'une pâte épaisse. Je ne réussis pas à dissimuler ma déception, mordillant un morceau de pain dans le seul but de m'occuper les mains. Blessé :

– Et qui est-elle ? Je me référais de nouveau au portrait.

– Tu veux vraiment le savoir ? – Max eut l'air d'un gamin. – Est-ce que je dois le dire ?

– Pourquoi pas ?

– D'accord. Revenons à Santos, au jour où je sortis de l'hôpital. Je n'avais plus rien à y faire, et il était temps de rentrer chez moi. J'ai bouclé ma valise et je suis allé à la gare. C'était tard le soir, il n'y avait personne dans les rues. Le train pour São Paulo allait partir dans une demi-heure et j'avais besoin de boire quelque chose. Il n'y avait qu'un seul bar d'ouvert. Je m'en souviens bien, un endroit étroit et long, avec un comptoir plein de bouteilles et des saucisses pendues au plafond. J'ai demandé un verre d'eau. J'étais triste, mais calme. Mon corps me faisait mal, et mes yeux ne voyaient plus très bien. Et tandis que je prenais la première gorgée, une personne est venue par-derrière, tout doucement, avant de s'arrêter à côté de moi et de rester là à me regarder. Qui était-ce ?

– Guita ? hasardai-je.

Max rit, ce n'était pas Guita.

– La femme me regardait, se méfiant à moitié. Elle était pâle et effrayée. J'ai eu l'impression de la connaître, mais je ne savais pas d'où, jusqu'à ce que j'entende : "Monsieur Kazinsky ?" – Une pause. Avec un sourire narquois : – Tu peux me croire, mon garçon, jamais je n'aurais pensé me marier avec Marlene Braun. Je te le jure !

Horreur :

– Qui ?

– Marlene, la femme de Franz.

– La nazie ?

– C'était Franz, le nazi, pas elle ! Marlene avait aidé la police à arrêter son mari et le groupe qu'il dirigeait, aussi fut-elle autorisée à rester au Brésil. C'était une brave femme, victime des circonstances. La pauvre. Elle était plus seule et désemparée que moi, ce soir-là...

J'étais stupéfait. Ça voulait dire que Max avait épousé la livide et aigre Mme Braun, l'anti-Hannah, la ruine de tous les rêves et, par conséquent, son inédite source de paix !

– Nous avons été heureux. Elle s'est arrêtée de fumer pour moi, tu sais ? Combien de maris et d'épouses feraient cela pour l'autre ? Je dormais bien, travaillais bien, menais une vie tranquille et nous avons même eu un chien. On ne peut pas dire que les nuits étaient torrides, mais nous étions satisfaits et ensuite nous prenions même un petit goûter. Biscuits, pommes, thé. Un jour, nous avons décidé de nous en tenir au petit goûter. C'était mieux comme ça.

Oï veï, la petite vieille, c'était Marlene Braun !

– Nous n'avons fait qu'un mariage civil, précisa le cordonnier. Quel rabbin nous aurait mariés ? Aucun.

– Et Franz ?

– Il fut déporté en Allemagne et mourut dans le bateau, que le diable l'emporte.

J'eus du mal à le croire.

– Nous avons quitté Flamengo en 1958, et nous avons déménagé ici car Marlene avait des problèmes pour monter les escaliers. Une bonne épouse, amicale et tranquille, qui m'a aidé dans l'atelier jusqu'au dernier jour.

De Hannah, aucune image ni aucun souvenir. Je ne pouvais pas l'accepter :

– Si votre véritable nom est Max Goldman, fils de Leon Goldman, pourquoi avoir conservé le faux nom ?

– Bonne question ! – Debout, débarrassant la table : – Je n'ai pas changé de nom quand je me suis fait naturaliser Brésilien. Il y avait des raisons pratiques, bien sûr. Pourquoi chercher des problèmes avec la police ?

Dans la cuisine, Max baissa des yeux larmoyants, respira profondément et s'assit sur un tabouret. J'avais touché un point névralgique.

– En vérité, j'ai gardé le nom de Kutner pour lui rendre hommage, pour la sentir près de moi. – Et, se mouchant dans une serviette en papier : – Tu sais, mon garçon, si le judaïsme avait une version masculine pour les *agounot*… s'il y avait des *agunim* ou quelque chose de ce genre, je serais le premier d'entre eux. J'ai été, je suis et j'aurai été un homme enchaîné.

Nous gardâmes le silence pendant un bon moment.

– Vous n'avez pas essayé de la rechercher ?

Très triste :

– Elle ne voulait pas qu'on la trouve.

– Marlene était au courant de votre sentiment ?

– Je ne lui ai pas parlé de Hannah. D'ailleurs, c'est la première fois que je parle de Hannah à quelqu'un.

– Soixante ans à se taire ?

– Eh bien… presque. Suis-moi.

Max m'amena dans sa chambre et me montra la table de chevet.

– Il ne m'a jamais fait faux bond.

En sépia, un visage très ancien. J'ai touché le cadre pour parvenir à y croire :

– Shlomo ?

Max confirma avec candeur :

– *Zayde*.

Il avait le visage hautain, la sérénité des justes. Le regard dominait des confins pleins de foi mais aussi d'angoisse. Qu'est-ce que Shlomo voyait ?

Assis sur le lit :

– Une fois Marlene m'a demandé qui était cette femme de São Lourenço. Je lui ai dit que c'était une espionne, une fonctionnaire publique, que je ne la connaissais même pas et que je ne l'avais pas revue.

– Elle y a cru ?

– Bien sûr que non ! – Sur un ton détaché : – Je ne crois pas non plus que Marlene ait oublié Franz.

Quel beau couple, ruminai-je en moi-même. Et Max :

– Marlene et moi avons toujours menti l'un à l'autre, mais jamais nous ne nous sommes trompés l'un, l'autre. Si ça n'est pas de l'amour, alors qu'est-ce que c'est ?

**

J'ai revu Max pour la dernière fois un dimanche d'été. Rio bronzait sur les plages quand il m'appela pour une “mission urgente”, sans entrer dans les détails. Il apparut à la porte de son immeuble dans une tenue légère et claire, sous un petit chapeau à large bord. Avant d'entrer dans la voiture, il ramassa une pierre par terre :

– Pour mettre sur la tombe de Fany. Tu connais le chemin pour aller à Inhaúma ?

Oï veï, ruminai-je dans ma barbe. Je ne connaissais pas ces parages, et n'avais même aucune idée sur la manière d'y arriver. Des quartiers tels qu'Inhaúma, Pilares ou Cascadura étaient, pour moi, une pelote suburbaine sans commencement ni fin. Quel casse-tête !

– Va jusqu'au Méier en suivant la voie de chemin de fer.

Ah, les vieux et leurs manies ! Je passai la première.

– Comment va ton roman ?

– Très bien, ai-je abrégé.

Ce n'était pas vrai. Pour tout dire, je n'avais pas surmonté la frustration de le savoir veuf de Marlene Braun. Comme si cela ne suffisait pas, je me demandais aussi si Hannah avait vraiment existé. Il était offensant de douter du cordonnier et de me sentir berné. Quant au roman, ce n'était qu'un brouillon au fond d'un tiroir, pendant que, sur Internet, je découvrais qu'un certain William Staub avait été colonel de la Force expéditionnaire brésilienne pendant la Deuxième Guerre mondiale. Dommage qu'il fût mort depuis vingt et quelques années. Je découvris, aussi, que la censure postale du gouvernement avait duré jusqu'en 1948, après que Vargas eut quitté le Catete et conclu sa dictature. Au Musée judaïque, j'appris que les polaques avaient maintenu une association d'assistance mutuelle jusqu'en 1968, quelques années avant que leur synagogue ne soit détruite pour la construction du métro, sur la place Onze. Il n'était rien resté de la place elle-même, démolie dans les années 40 par les tracteurs de l'avenue Presidente Vargas. Cinq cents et quelques bâtiments furent abattus, depuis la Candelária jusqu'à la Cidade Nova, dans la mire du progrès getulien. Les derniers restes du judaïsme seraient balayés des alentours peu à peu, jusqu'à ce qu'il n'en reste plus rien dans ce qui, aujourd'hui, est une partie défigurée de Rio.

– Je veux être le premier à le lire ! Il a déjà un titre ?

– *Traduire Hannah*, ai-je répondu pour répondre, tout en allumant la radio afin de changer de sujet. Pourquoi avouer mon angoisse, mes doutes des derniers mois ? Je préférais ne pas lui dire que les archives officielles ne connaissaient aucune Maison jaune ou que l'immeuble Topázio – réellement situé dans Rio Comprido – n'avait pas plus de six appartements par étage, auxquels manquaient le 310 où Hannah aurait vécu.

J'aurais fort bien pu attribuer à l'âge les erreurs et les imprécisions du cordonnier, ou bien reconnaître que mon obsession du réalisme cachait la peur de me mettre au travail. La semaine précédente, j'avais photographié l'ancien commissariat central, aujourd'hui un palais lugubre de la rue de la

Relação, tombé dans l'oubli auquel sont condamnés les maudits quand ils perdent le pouvoir. J'avais aussi traversé la baie de Guanabara pour visiter le cimetière des oiseaux, à Paquetá, une colline poétique à l'entrée de laquelle j'avais demandé à un concierge perplexe (pour ne pas dire oisif) s'il existait un livre avec les noms des défunts. Il me regarda, en silence. Peu après, je voulus aider un enfant en pleurs à enterrer ce que j'imaginais être son animal de compagnie, dans une boîte à chaussures, mais qui était en réalité une cuisse de poulet baignant dans du gombo.

– J'ai déjà dit à maman que je n'aime pas ça, se plaignit le gamin.

Bref, j'inventais n'importe quoi pour ajourner mon projet.

À la hauteur du Norte Shopping, quelqu'un nous montra le pont pour Inhaúma. Et le décor, qui ne brillait déjà pas par ses charmes, dégringola tout à fait quand nous entrâmes dans une rue à double sens. À notre droite, un trottoir crevassé ; à gauche, une favela. Nous longeâmes des bâtiments horribles, entre des carcasses de voitures, des gravats et des places abandonnées. Comment appeler cela la Ville Merveilleuse ?

À côté de moi, Max faisait un somme. Sur ses genoux, la pierre de Fany évoquait un usage millénaire – et, pour moi, mystérieux. Je n'avais jamais su pourquoi l'on mettait des pierres sur les tombes judaïques.

– Nous sommes arrivés.

Je stationnai près de l'entrée du cimetière. Tout en bâillant, Max faisait mine de descendre quand je le retins par le bras :

– Attendez-moi ici, je reviens tout de suite.

Je parcourus quelques mètres, clignant des yeux contre la clarté. Rien ni personne dans les alentours.

Je m'arrêtai devant un portail en fer orné d'une étoile de David rouillée. Il était fermé à clé, entouré d'une chaîne qui faisait plusieurs tours. Inutile de le forcer, d'appeler quelqu'un, de chercher la sonnette ou une chose de ce genre. Je fis claquer ma langue : et maintenant ? Aurais-je traversé la ville pour rien ? C'est alors que je me rendis compte. Et je frémis.

Les tombes étaient immondes, les pierres jaunies, quelques-unes fissurées. Une broussaille dense et brûlée envahissait les allées, secouée par des rats qui couraient entre les tombes. Sur un marbre poussait un arbuste picoré par des oiseaux qui souillaient des symboles et des inscriptions hébraïques. Du côté gauche, une maison tombait en ruine. De l'autre côté, un saule ombrageait des décombres. Soudain, l'explosion d'un pétard (ou d'un coup de feu) fit s'envoler une bande d'urubus dans le fond. On ne voyait pas le moindre concierge, le moindre souffle, tout n'était qu'abandon, indigence. Je me demandais la raison de tout cela. Il y avait d'autres cimetières dans le voisinage – à vrai dire, les polaques occupaient une concession dans un ensemble de cimetières – et j'aurais pu chercher de l'aide. Mais les chances d'en trouver étaient minces et l'étoile rouillée laissait prévoir la stupeur que je provoquerais en voulant entrer là où, délibérément, personne ne semblait être entré depuis des lustres. De plus, à quoi bon amener Max dans un lieu aussi dégradé ? Que ferait le cordonnier, sinon souffrir profondément et inutilement ?

Que Fany nous pardonne, mais je décidai de l'épargner ; d'épargner sa pierre, sa santé. Il faisait une chaleur de tous les diables et je voulais m'en aller. Mais pas sans tout d'abord avoir imaginé le cimetière à son apogée, ses allées propres, ses tombes brillantes, entre les rites que célébraient les polaques pour se consoler, s'honorer et s'affirmer. J'essayai d'imaginer les pique-niques, les larmes, la sueur, la foi de ces cœurs toujours soucieux d'élever et de garder leur amour-propre, envers et contre tout. J'essayai d'imaginer l'indignation des compatriotes en voyant leurs symboles et leurs crédos revendiqués par des "débauchées" qui s'obstinaient à se dire faites du même argile qu'eux.

J'étais atterré. N'y avait-il pas, dans les confins de la place Onze, une étincelle de tendresse ou de compassion pour ces femmes ? Est-ce que personne ne se doutait que la vie ne tient pas dans des bréviaires et que le destin est un navire sans gouvernail où il ne nous reste plus qu'à balayer le pont ? Personne, ici, ne se doutait que le bien et le mal ne s'en tiennent pas à des frontières doctrinaires et que, au nom de l'un, on a bien souvent commis l'autre ? Certains peut-être n'y pensaient même pas, car il était plus facile de s'accrocher à des traditions qu'à des valeurs ; car il était plus facile d'allumer des cierges que de trouver l'inspiration dans leur lumière.

Oui, j'étais révolté. Même si j'essayais de comprendre la place Onze à partir de son contexte, la vue de ce cimetière dépassait tout et n'importe quel contexte, prouvant que l'injustice est atemporelle. Hier, aujourd'hui et toujours, il y aura des boucs émissaires ; il y aura des purges et de fausses dichotomies prêchées par des gens qui, faute d'avoir quoi que ce soit de bon et de consistant à partager, n'auront pour toute consolation que le mépris envers ceux et cela qu'ils ne sont jamais parvenus et n'ont pas même cherché à comprendre.

J'apprenais finalement combien les hommes et les bêtes se ressemblent dans le marquage de leurs territoires. Cependant, les territoires les plus défendus par les hommes sont éthérés, c'est là qu'ils cultivent leurs certitudes, d'où ils grognent contre toute chose et contre toute personne qui leur font entrevoir l'impondérable, qui leur font se douter que l'élévation de leurs savoirs, leurs points culminants, ne sont que des proéminences dans une vallée profonde, entourée de montagnes vraiment élevées.

Inhaúma m'obligeait à agir. Au bon moment, j'admettais que, au lieu de spéculer si Hannah avait existé – où, comment, quand ? –, il m'incombait plutôt, au contraire, de la faire exister.

**

Max ne fut pas étonné quand je lui suggérai de conserver sa pierre pour une autre occasion.

– Bonne idée. – Telles furent ses paroles.

Cela me donna l'impression qu'il était au courant, qu'il avait tout programmé, et même prévu ma réaction. Ses raisons ? Mystère.

Peu après, nous étions dans l'avenue Brasil.

– Où allons-nous ? demandai-je comme ça, en me dirigeant vers le centre.

Max baissa la vitre :

– N'importe où.

Je conduisais sans hâte. Nous regardions les usines, les hangars, les bords de route. Nous sentions une odeur de poussière, la chose urbaine mélangée à la vase d'un canal. La voie était libre et l'asphalte brûlait devant nous. Je proposai que nous déjeunions dans une rôtisserie de l'Aterro do Flamengo, et il accepta. Alors, il me raconta qu'il avait quitté la censure postale en 1940.

– J'ai demandé à partir, j'en avais assez.

La dernière année de traduction fut marquée par l'espoir de recevoir des nouvelles, par le doute sur ce qui aurait pu se passer à ce dîner dans sa maison.

– C'était horrible de voir tant de lettres en sachant que Hannah n'était pas là... Si jamais elle y a été un jour.

– Comment ça ?

Max ne répondit pas, caressant sa pierre.

Nous prîmes vers le centre, en passant par le canal du Mangue. Le soleil décolorait le paysage et un thermomètre indiquait trente-six degrés devant la gare de Leopoldina. Dans un souffle :

– Je n'ai jamais perdu l'espoir de la revoir.

Je tournai à gauche, nous gravîmes le pont des Pracinhas, et nous arrivâmes dans l'avenue Presidente Vargas. Nous étions là, dans cette énormité asphaltée, roulant dans ce que les livres de mon enfance décrivaient comme "l'avenue la plus large du monde". J'aurais pu ajouter "et la plus laide", aussi. Après le bâtiment des Correios, tout ce qu'on voyait, c'était un plateau bétonné avec un arbre par-ci, ou un muret par-là – un lieu inhumain, pour ne pas dire plus. Les tracteurs de Vargas n'avaient vraiment pas hésité à déchirer la ville et à répandre des cicatrices. La mendicité dormait et le Sambodrôme* s'embellissait pour le carnaval. Nous passâmes sous un pont près du bâtiment connu sous le nom de "Tremble sans tomber". Un peu plus loin, la tour de la Central do Brasil, avec son horloge gigantesque.

– Arrête-toi ! Maintenant !

* Lieu où défilent les écoles de samba lors du carnaval.

– Où ?
– Ici, maintenant !
Je garai la voiture : que se passait-il, mon Dieu ? Max ouvrit la portière et se mit à marcher sur le terre-plein central. Je ne compris rien ! Je fermai la voiture à clé et je le suivis. Il courait et gesticulait, indifférent à mes cris. On aurait dit deux soldats marchant comme des dingues, jusqu'à ce qu'il s'arrête à l'extrémité du terre-plein, entre deux voies et un croisement. Il étudia le décor avant d'envahir l'asphalte, comme mû par un commandement supérieur, zigzaguant entre les voies de circulation. Il s'arrêta de nouveau et étendit les bras, mesurant allez savoir quoi, avant de faire trois pas sur la gauche, de reculer un peu et de tourner comme un danseur.
– Ici !
– Quoi, ici ?
Rougissant de certitude :
– Mon atelier se trouvait ici.
J'en eus la chair de poule. On ne voyait personne, rien sur un rayon considérable. Nous étions sur un plateau inhospitalier.
– Comment le savez-vous ?
– Grâce aux montagnes.
Derrière nous, il y avait la colline de la Providência ; devant, la colline de São Carlos ; au fond, le Corcovado et le Sumaré.
– Bienvenu à la rue Visconde de Itaúna – Max sourit cordialement. Et, me tirant par la main : – Viens par ici ! Monsieur Pedro, bonjour !
Quel Pedro ?
– Madame Helena, ça va mieux ?
Quelle Helena ?
– Tu vois celui-là, là-bas ? – Il mit sa main devant sa bouche : – C'est le fils de la voisine… un enquiquineur de communiste.
Une voiture faillit nous renverser, une autre freina brusquement. Max ne retirait pas son pied de l'asphalte :
– *Oï veï,* pourquoi viennent-ils défiler ici ?
- Qui ?
– Les intégristes ! Ils veulent nous provoquer. Fachos, fachos ! – Et il partit en courant vers l'autre voie.

Max était devenu fou pour de bon.

– Attention, garçon ! Regarde le tramway ! Pas plus tard qu'hier, un imprudent s'en est allé. Bonjour, monsieur Hector ! Non, non, je ne veux rien acheter. – Soufflant à mon intention : – *Clientelshiks*...

Et il s'enfonça dans l'au-delà, entre les maisons et les impasses d'autrefois – "là, c'est la Fédération sioniste, ici, la synagogue des orthodoxes". Euphorie :

– Nous sommes dans la rue Senador Eusébio. – Et il m'entraîna avec force, le doigt dressé : – Je ne mets pas les pieds dans ce bouge !

– Pourquoi pas ?

Élevant la voix, les mains sur les hanches :

– Suis-je du genre à jouer au billard ? Je vis grâce à mes chaussures, je n'ai pas de temps à perdre avec des petites boules de couleur ! – Avant que je ne réagisse, il écarquilla les yeux : – Tu vois ? C'est elle !

– Qui, Hannah ?

– Non, la place Onze ! Ne vois-tu pas le kiosque, le jardin, le cinéma Centenário ? Comme elle est belle, mon Dieu ! On a taillé les jardins, on a nettoyé la fontaine !

Et il avança, haletant, saluant des fantômes, contournant l'incontournable, avant de s'arrêter brusquement. Il ferma les yeux, brûlé par le soleil de midi. Je crus que Max allait mourir devant moi, mais il retira seulement la pierre de sa poche, rouvrit les yeux et, accroupi, la déposa par terre. Il se redressa, inspira et me regarda solennellement : – Ci-gît la place Onze.

J'éprouvai un autre frisson. Nous étions dans un non-lieu, dans un désert, dans une artère grisâtre ; nous étions où l'on ne va pas, d'où l'on ne vient pas.

Max soupira avec une lucidité indubitable :

– Sais-tu pourquoi nous autres, Juifs, nous déposons des pierres sur les tombes quand nous rendons visite aux morts ?

Il était le plus sobre des maîtres :

– Il existe plusieurs versions, mais je préfère la plus simple. C'est que notre peuple vivait dans le désert et que les gens étaient enterrés dans des fosses qui pouvaient être découvertes par le vent, par les tempêtes de sable. Alors, pour protéger les morts et signaler leurs tombes, on déposait des pierres. Qui passait à côté faisait une bonne action en y mettant une pierre de plus.

Le calme régnait dans l'avenue. Il n'y avait ni voitures ni passants dans les alentours. Bras écartés :

– Tu vois, garçon ? Tu vois ce qui est arrivé ? Les temps sont différents, tout a changé, mais les pierres sont restées sur les tombes.

Max parlait posément, d'une voix tranquille. Les vieillards ont une aura de sagesse et de prévoyance dans les rites funèbres. Ils se montrent épiques dans ce que les jeunes apprennent encore à cultiver – le regret.

– Tu vois, garçon ? Aujourd'hui, les cimetières ont des pierres tombales et des adresses. En Europe, les nobles se font même enterrer dans la cour de leurs châteaux. – Il garda le silence, épongea son front. – Oui. Aujourd'hui, plus personne n'a besoin de Dieu, de pierre, de sable, de rien. À quoi bon ? Les hommes ont découvert comment faire leurs propres tempêtes…

Je baissai la tête, pour entendre sereinement :

– Et leurs déserts.

Glossaire

Alyah (hébreu) : au sens moderne, migration vers la Terre d'Israël.
Ashkénazes (hébreu) : Juifs originaires de l'Europe occidentale, centrale et orientale.
Bar Mitsvah (hébreu) : Fils du Commandement ; cérémonie pour fêter la majorité religieuse de l'homme juif, à l'âge de treize ans. Pluriel : *Bar Mitsvot.*
Beit Israël (hébreu) : Maison d'Israël (du peuple d'Israël, des Juifs).
Bnei Israël (hébreu) : Enfants d'Israël (du peuple d'Israël, des Juifs).
Bortsch (yiddish) : soupe de betterave, de légumes et de viande de bœuf.
Brit Milah (hébreu) : circoncision ; littéralement, alliance de la circoncision.
Clientelshik (yiddish) : vendeur ambulant, représentant.
Dreck (yiddish) : merde.
Got (yiddish) : Dieu.
Goyim (yiddish) : pluriel de *goy* ; non-juifs.
Guefilte fish (yiddish) : gâteau de poisson fourré, typique de *Pessah.*
Guenizah (hébreu) : sous-sols ou dépôts où l'on garde les livres inutilisés dans les synagogues.
Guevalt (yiddish) : exclamation de désespoir ; forces, pouvoir.
Guit Iur (yiddish) : bonne année ; bon nouvel an judaïque.
Hanoukah (hébreu) : fête des Lumières, qui célèbre la victoire des Juifs sur les Gréco-Syriens qui tentèrent d'éradiquer le judaïsme par l'assimilation, entre 167 et 165 av. J.-C.
Kabbalat Shabbat (hébreu) : veille du *Shabbat*, service religieux qui introduit le jour sabbatique, les vendredi soirs.
Kaddish (araméen) : prière des morts.

Keren Kayemet LeIsraël (hébreu) : Fond national judaïque ; fond créé pour promouvoir l'installation et le développement des Juifs sionistes en Palestine, visant à la fondation de l'État d'Israël.

Kocher (yiddish) : aliment qui suit les préceptes diététiques du judaïsme.

Kurve (yiddish) : prostituée.

Le Chaïm (hébreu) : à la vie ; salutation utilisée pour trinquer.

Matzah (hébreu) : pain azyme, sans levain, que mangent les Juifs à *Pessah*. Pluriel : *matzot*.

Matzeiva (hébreu) : pierre tombale.

Mazel Tov (hébreu) : bonne chance ; expression de félicitations qu'on utilise à l'occasion des fêtes.

Menorah (hébreu) : chandelier à sept branches, symbole traditionnel du judaïsme.

Meraglim (hébreu) : espions.

Meshouguene (yiddish) : fou.

Mezouzah (hébreu) : amulette traditionnelle fixée au montant droit de la porte d'entrée des maisons et des logements, contenant des inscriptions sacrées qui bénissent le lieu.

Mohel (hébreu) : homme chargé d'effectuer la circoncision selon la tradition judaïque.

Oï (yiddish) : oh ; mot qui exprime la stupeur, l'effroi, la surprise, la lamentation.

Oï main Got (yiddish) : oh, mon Dieu.

Oï veï (yiddish) : oh, douleur ; mots qui expriment la stupeur, la souffrance, la lamentation (oh, ciel ; oh, mon Dieu).

Parashah (hébreu) : portion, morceau ; portion hebdomadaire de la *Torah* qui est lue dans les synagogues pendant le service de *Shabbat*.

Pessah (hébreu) : traversée ; fête qui célèbre la fin de l'esclavage des Hébreux en Égypte.

Pogrom (russe) : massacre.

Pourim (hébreu) : fête qui célèbre la victoire des Juifs sur les Perses qui tentèrent de les exterminer sous le règne d'Ahashverosh (Assuérus), il y a 2500 ans en Perse.

Relief (anglais) : soulagement ; institution créée pour fournir un appui financier et logistique aux Juifs à leur arrivée au Brésil dans la première moitié du XXe siècle.

Seder (hébreu) : dîner célébrant *Pessah*.

Séfarades (hébreu) : Juifs originaires des pays ibériques (ou de toute la région méditerranéenne, selon une interprétation extensive).

Shabbat (hébreu) : samedi, septième jour de la semaine, jour du repos sabbatique.

Shalom (yiddish) : paix, à l'arrivée (salut) ; au départ (au revoir, adieu).

Shammes (yiddish) : employé de la synagogue ; aide du rabbin.

Shana Tova (hébreu) : heureux nouvel an.

Shana Tova Oumetouca (hébreu) : heureux et doux nouvel an.

Shavouot (hébreu) : semaines ; fête des semaines (ou Pentecôte).

Shema (hébreu) : premier mot de la prière *Shema Israël, Adonai Eloeinu, Adonai Errad* : "Écoute, ô Israël, le Seigneur est notre Dieu, le Seigneur est unique."

Shivah (hébreu) : sept ; première étape du deuil judaïque, qui dure sept jours à partir du décès.

Shlepper (yiddish) : mendiant, indigent, pauvre misérable.

Shloshim (hébreu) : trente ; cérémonie célébrée au trentième jour du décès.

Shmok (yiddish) : idiot.

Shofar (hébreu) : instrument sonore fait d'une corne de bélier.

Shtetl (yiddish) : village.

Simhat Torah (hébreu) : Joie de la *Torah* ; fête du savoir.

Talmud (hébreu) : livre de commentaires et d'interprétations sur la *Torah*.

Torah (hébreu) : instruction ; Pentateuque, Cinq livres de Moïse : Genèse, Exode, Lévitique, Nombres et Deutéronome.

Varénike (yiddish) : beignet cuit farci à la pomme de terre.

Yom Kippour (hébreu) : Jour de l'Expiation ou du Pardon ; jour sacré du judaïsme, quand on demande pardon à Dieu pour les péchés commis durant l'année écoulée.

Zayde (yiddish) : grand-père.

BIBLIOTHÈQUE BRÉSILIENNE

João ALMINO
Hôtel Brasília

Adolfo CAMINHA
Rue de la Miséricorde

Fernando Henrique CARDOSO
Les Idées à leur place

Lúcio CARDOSO
Chronique de la maison assassinée
Inácio

Bernardo CARVALHO
Mongolia
Neufs nuits
Le soleil se couche à São Paulo
Ta mère

Euclides DA CUNHA
Hautes terres

Maria Carolina DE JESÚS
Journal de Bitita

Rachel DE QUEIROZ
Maria Moura

Cyro DOS ANJOS
Belmiro (Belo Horizonte 1935)

Autran DOURADO
La Mort en effigie
Le Portail du monde

Carlos DRUMMOND DE ANDRADE
Conversation extraordinaire avec une dame de ma connaissance

João GUIMARÃES ROSA
Premières histoires

Evelyne HEUFFEL
L'Absente du Copacabana Palace

Adriana LISBOA
Des roses rouge vif

J.-M. MACHADO DE ASSIS
L'Aliéniste
Ce que les hommes appellent Amour
Dom Casmurro
Esaü et Jacob
Mémoires posthumes de Brás Cubas
La Montre en or
Quincas Borba

Betty MINDLIN
Fricassée de maris

Cornelio PENNA
La Petite Morte

Maria Valéria REZENDE
Le Vol de l'ibis rouge

Tabajara RUAS
La Fascination

Luiz RUFFATO
Tant et tant de chevaux
Des gens heureux
Le Monde ennemi

Mario SABINO
Le jour où j'ai tué mon père

Herberto SALES
Les Visages du temps

Silviano SANTIAGO
Stella Manhattan

Ariano SUASSUNA
La Pierre du royaume

Cristovão TEZZA
Le Fils du printemps

Antônio TORRES
Cette terre

Dalton TREVISAN
Le Vampire de Curitiba

Vinicius VIANNA
La Dernière Ligne

Ronaldo WROBEL
Traduire Hannah

Suite brésilienne

Des nouvelles du Brésil (n°12)

Adolfo Caminha
Rue de la Miséricorde (n°131)

Lúcio Cardoso
Chronique de la maison assassinée (n°103)

Bernardo Carvalho
Neuf nuits (n°171)

Euclides Da Cunha
Hautes Terres (n°7)

Fernando Gabeira
Les guérilleros sont fatigués (n°9)

J.-M. Machado de Assis
Le Philosophe ou le chien (*Quincas Borba,* n°4)
La Montre en or (n°10)
Mémoires posthumes de Brás Cubas (n°33)
Dom Casmurro et les yeux de ressac (n°51)
La Théorie du médaillon et autres contes (n°52)
L'Aliéniste (n°101)
Esaü et Jacob (n°104)
Ce que les hommes appellent Amour (n°130)

Luiz Ruffato
Tant et tant de chevaux (n°172)

Marcio Souza
L'Empereur d'Amazonie (n°13)
Mad Maria (n°50)

Hans Staden
Nus, féroces et anthropophages (n°102)

Antônio Torres
Cette terre (n°64)

Dalton TREVISAN
Le Vampire de Curitiba (N°11)

Vinicius VIANNA
La Dernière Ligne (N°26)

Cet ouvrage a été composé par
Atlant'Communication
au Bernard (Vendée)

Impression réalisée par
CPI Firmin Didot
à Mesnil-sur-l'Estrée
en février 2013

N° d'édition : 0343001 – N° d'impression : 115866
Dépôt légal : mars 2013

Imprimé en France